KB201178

Secrets to
SPIRITUAL POWER

영적 능력의 비밀

Secrets to SPIRITUAL POWER

영적능력의 비밀

워치만 니 WATCHMAN NEE 지음

센티넬 컬프 편집
한길환 목사 옮김

C·O·N·T·E·N·T·S

주님을 경외하는 것만이 지혜의 시작이요
거룩하신 분의 길을 완전히 아는 것만이 완전한 명철이니라.

(잠언 9:10)

편집자 역

이 책을 이해하기 위해서는 먼저 사전 지식이 필요하다. 교계는 그동안 인간의 구성 요소에 대하여 신학자들간에 이분설과 삼분설로 나뉘어 많은 논쟁을 해왔다.

이분설은 인간이 영혼(靈魂)과 육체(肉體)라는 두 부분으로 구성되었고, 삼분설은 영(靈-Spirit), 혼(魂-Soul), 육(肉-body) 세 부분으로 구성되었다는 견해이다. 영(靈)은 히브리어로 루아흐, 헬라어로 프뉴마로 영의 기능은 하나님과 교통하는 기관이다. 곧 직관, 영교, 양심으로 영원한 것을 추구하는 기능으로 영은 하나님을 추구한다.

혼(魂)은 히브리어로 네페쉬, 헬라어로 프쉬케로 정신, 또는 마음이라고도 한다. 혼을 다시 세 가지로 분류한다. 감정, 마음, 의지로 혼의 욕구는 지식, 명예, 사랑, 우정, 사람들과 친교의 욕구가 있다. 사실상 "나"라고 하는 자아(自我)가 혼을 의미한다.

육(肉)은 히브리어로 바사르, 헬라어로는 쏘마로 몸, 또는 육의 욕구는 그야말로 본능적인 욕구인 식욕, 성욕과 한없이 편안한 것을 추구한다. 워치만 니는 삼분설을 바탕으로 그의 메시지를 전개하고 있다.

이 책의 번역은 저자의 메시지를 조금이라도 손상시키지 않기 위해서 할 수 있는 한 의역(意譯)을 지양(止揚)하고 시종일관 직역(直譯)을 원칙으로 했다.

많은 그리스도들은 하나님의 구원의 은혜를 체험한 후, 한 동안 자아(自我)에 속한 모든 것을 주님께 내려놓고, 주님과 동행하며 성령의 능력에 힘입어 주님을 섬긴다. 하지만, 머지않아 처음 신앙을 잃어버리고 영적인 침체에 깊이 빠져 살았다고는 하나, 실상은 죽은 자로서 신앙생활이 아니라, 의식적인 종교생활로, 성령의 인도하심이 아니라, 자신의 의지로 신앙생활을 하면서 영적인 갈급함으로 고통을 받고 있다.

어떤 그리스도인들은 그리스도 안에서 참 기쁨과 만족을 누렸던 과거의 생활을 동경하며 그 생활을 다시 회복하려고 자신의 의지로 몸부림친다. 또 다른 그리스도인들은 의지가 없는 자신의 무능을 자책하면서 자포자기에 빠져서 옛 생활로 되돌아간다.

우리는 보편적으로 그리스도인은 구원을 받으면, 이 세상을 살아가는 데 있어서 그리스도인으로서의 삶이 자동적으로 보장되거나, 또는 자신의 힘으로 열심히 노력해서 그리스도인으로서의 삶을 살 수 있다고 믿고 그리스도인으로서의 삶을 살기 위해서 힘을 쏟는다.

그러나 워치만 니는 우리가 주님의 피를 통하여 죄를 용서받고, 주님의 부활을 통하여 새 생명을 얻었다할지라도, 이 세상에서 그리스도인으로서의 삶이 자동적으로 보장되거나 우리의 힘과 의지로 그리스도인으로서의 삶을 살 수 있는 것이 아니라고 말한다. 다음 단계가 남아있다. 이것은 세상으로부터 날마다 구원을 받아야 한다는 것이다. 그가 말하는 세상으로부터의 구원은 세상 죄를 이기고 그리스도인으로서 승리하는 생활을 의미한다.

그러면 옛 사람에서 구원받아 새 사람이 된 우리가 어떻게 세상을 이기고 승리하는 생활을 할 수 있는가?

워치만 니는 우리가 구원받은 것도, 구원받은 이후의 생활도 하나님의 은혜이며 하나님의 능력이라고 믿는다. 우리의 구원과 승리하는 삶이 전적으로 하나님의 능력의 원천인 십자가에 달려 있다.

그르므로 우리는 날마다 십자가에서 우리의 자아가 죽어야만 한다. 우리가 어떻게 죽을 수 있는가? 주님께서 십자가에서 이루어 놓으신 사역에 근거하여 우리 자신을 죽은 자로 여겨 전적으로 하나님께 내어 드려야만 한다. 그러면 우리가 우리의 힘으로 세상을 이기는 것이 아니라, 주님의 능력, 곧 우리 안에 내주하시는 성령의 능력으로 죄를 이기고 세상을 이기며 주님을 기쁘시게 하는 생활을 할 수 있는 것이다. 여기에 승리의 비결이 있다. 워치만 니는 줄곧 우리 그리스도인의 생활의 모든 영역에 이 원칙을 적용해야 한다고 역설한다.

이 책은 빌리 그래함 복음 전도 집회에서 하나님의 구원의 은혜를 체험하고 그 은혜에 감사하여 주님을 위해 무엇인가를 해야 한다는 생각으로 열심히 자신의 의지와 힘으로 주님을 섬기려고 힘을 쓰다가 영적 침체에 깊이 빠져 오랫동안 뼈가 마르는 고통 속에서, 주님을 영접하고 한 동안 경험했던 은혜를 다시 회복하려고 몸부림쳤던 한 그리스도인이 워치만 니의 메시지를 통하여 하나님의 은혜를 회복하고 자신과 같은 처지에서 방황하며 영적으로 긴 어둠의 터널 속에서 한 줄기 주님의 빛과 긍휼을 갈망하는 그리스도인들을 위하여 자신이 받은 은혜를 나누기를 간절히 바라는 마음으로 워치만 니의 방대한 메시지의 저작을 한 권씩 요약하여 한 권의 책으로 편집한 것이다.

이 책은 워치만 니의 모든 메시지를 모두 망라하는 것은 아니지만, 독자들은 이 책을 통해서 워치만 니가 주님께 받았던 영적인 통찰력의 핵심 내용을 얻기에는 충분하리라고 생각한다.

　이 책을 통하여 십자가의 의미를 깨닫지 못하고 구원의 확신이 없이 방황하는 영혼들과 주님께서 주신 첫 사랑을 잃어버리고 무기력하고 메마른 종교생활을 하면서 영적으로 방황하는 그리스도인들에게 우리 주님께서 당신의 놀라운 십자가를 통해서 다시 한 번 은혜와 긍휼 가운데 구원의 확신과 은혜를 회복시켜 주시기를 간절히 기원한다.

　먼저 역자가 휘태커 출판사 Whitaker House에 이 책을 번역 출판 요청하였을 때, 쾌히 승낙해준 관계자 여러분께 심심한 사의를 표한다.

　또한 나에게 사랑하는 주님을 전해 주셨던 어머니, 손이 불에 타고 온 몸이 피투성이가 되는 참으로 견딜 수 없는 무서운 핍박 속에서도 육신으로 저항하거나 주님을 부인하지 않고 주님을 뜨겁게 사랑하셨던 어머니, 항상 부족하고 연약한 종을 위해서 늘 골방 기도와 신앙의 조언을 아끼지 않고, 자신은 늘 헐벗고 굶주리면서도 자족하며, 이 땅에서의 삶을 마감하는 순간까지 자신의 모든 것을 아낌없이 부족한 자식에게 쏟아 부어 주셨던 사랑하는 나의 어머니, 당신은 진정 그리스도인의 삶이 무엇인가를 일생동안 몸으로 보여 주셨습니다. 지금은 만왕의 왕이신 우리 주님 품에서 영원한 안식을 누리시는 나의 어머님을 추모하면서….

주후 2012년 2월
수지 신봉동 교회 목양실에서
한길환 목사

워치만 니는 어떤 사람인가?

워치만 니는 1903년 11월 4일 중국에서 태어났다. 그는 니 수추 (Ni(Nee) Shu-Tsu)라고 불렀다. 그는 그의 어머니의 기도 응답이었다. 그의 어머니는 앞서 두 딸을 낳은 후 여섯 명의 딸을 낳았던 그녀의 의자매처럼 딸만 낳지 않을까 두려워서 주님께 간청했다. 그녀는 만일 주님께서 은혜로 아들을 주신다면, 주님을 섬기도록 그를 주님께 바치겠다는 서원을 했다. 이어서 일 년 뒤에 첫 아들이 태어났다. 그러나 하나님께서 바친 아들을 기쁘게 받으신 것은 그녀의 아들이 성년이 된 몇 년 후였다. 아마도 이러한 서원이 주님의 부르심이 그의 생애에 일어났을 때, 워치만 니가 주님의 부르심을 최대한 엄숙하고 진지하게 다루었던 이유였을 것이다. 그는 구원의 문제를 깊이 생각하고 구원의 문제가 주님께 자신이 헌신하는데 있어서 전부가 되든지 또는 가치가 없는 것이 되어야 한다고 생각했다. 그처럼 헌신을 결단하는 문제에 대해서 깊이 생각한 후, 1920년 그는 17세에 마음으로 예수 그리스도를 영접했다. 그의 생애를 거슬러 올라가서, 그가 주님께 드렸던 헌신에 대한 기록을 살펴보면, 그가 그의 전부를 주님께 드렸다는 것을 볼 수 있다.

두 가지 사건이 워치만 니가 주님을 위해서 가졌던 열성적인 헌신과 열심을 보여준다는 생각이 떠오른다. 1922년 그가 몇 시간 동안 전적으로 성령의 능력을 구한 결과, 하나님께서는 성령의 능력을 받는 문제에 있어서 장애물을 그에게 보여주셨다. 그 장애물은 구원받지 못한 그의 오랜 연인 췌리티(Charity)였다. 그는 마음이 찔렸지만 그녀와 함께 있게 해 주시기를 하나님께 간절히 간청했다. 그러나 결국 하나님의 뜻에 무릎을 꿇었다. 그녀를 떠나보냈을 때, 그에게 능력이 임했다. 그러나 하나님께서는 역사하심을 끝내지 않으셨다. 여러 해 후에 췌리티는 구원을 받았다. 그녀와 워치만 니는 재회했고, 1934년 그들은 결혼했다.

다른 사건은 1926년에 일어났다. 워치만 니는 결핵으로 쓰러져 죽게 되었다. 그러나 그는 하나님께서 그분의 말씀에서 자기에게 가르쳐 주신 놀라운 진리들을 글로 기록하지 않고는 이 세상을 떠나기를 원치 않았다. 그는 병약함과 고열에도 불구하고 "영적인 사람"이라는 표제를 붙인 세권의 저작물을 쓰기 위해서 열정적으로 작업을 해서 1928년에 마쳤다. 수개월 후 놀랄만한 기적으로, 의사들이 그의 생존에 대한 어떤 가능성도 포기 한 바로 그때, 그는 하나님께 치유를 받았다. 생생한 기억의 은총을 입은 후, 워치만 니는 그것이 중국에 있는 믿음의 형제 자매들을 위해서 주님께서 그를 부르신 것이라는 사실을 깨달았다. 자신의 놀라운 기억을 정확하게 활용하기 위해서 그는 겉껍질을 샅샅이 가려내려는 기대를 가지고 할 수 있는 한 그리스도인의 믿음에 관하여 쓴 모든 책을 읽었다. 워치만 니는 영적인 성장과 성숙으로 인도하는 길에 있어서 어떤 그리스도인들과도 견해 차이가 없었지만, 과거에 그를 강력이 움직였던 것, 즉 대부분의 그리스도인들이 그들의 영적인 경험에서 도달하는 것을 하나님께서 그분이 구속하신 사람들에게 제공하시는 것을 충만하게 제공해서 경험하도록 하는 것이 그의 열의였다.

그 결과 영적인 문제에 있어서 그의 위상이 아주 오랜 세월이 걸리지 않아서 그를 아는 사람들에게 곧 눈에 띄게 되었다. 더욱이 그의 업적에 대한 소문이 퍼졌을 때, 그는 세상 도처에 있는 그리스도인들의 지도자들에게 널리 존경을 받게 되었다. 몇 년이 지난 후, 그는 하나님의 구원하는 지식으로 많은 개심자를 얻었을 뿐만 아니라, 중국과 서동 아시아 도처에 무수한 지역 모임을 세우는 일에 하나님께 크게 쓰임을 받았다.

워치만 니는 구원의 중요성과 죄의 용서를 경시 하지 않았지만, 그가 불러 일으켰던 능력과 권위는 그가 거기에서 멈추지 않았다는 사실에서 기인한다. 그는 사역을 하는 동안 계속해서 구속은 그저 그리스도인의 걸음걸이의 시작에 지나지 않는 다는 점을 강조했다. 그는 사람들에게 자아 생명이 죽고 그리스도의 부활생명으로 대체됨으로 주관적인 경험 속에서 일어나는 완전한 성화를 끊임없이 권고했다. 이와 같이 그의 메시지는 혼의 구원을 포함할 뿐만 아니라, 부활하신 구세주 그리스도께서 우리를 통해서 그분의 삶을 사실 때만이 성취될 수 있는 것, 곧 영적인 삶과 행실의 완전한 성숙으로 나아가도록 권장했다.

주님께서는 어려운 시기에 그분의 백성들을 섬기도록 이 사람을 일으켜 세우는 긍휼을 베푸셨다. 그 당시는 중국뿐만 아니라 보편적으로 세계가 변화와 혼란의 시기였다. 워치만 니는 공산주의자들이 1952년에 그를 투옥할 때까지 주님을 계속 충실히 섬겼다. 그는 감금 된지 20년 후 1972년 감옥에서 죽었지만, 주님께서 그에게 주신 통찰력은 여전히 전 세계 그리스도인들의 삶을 풍요롭게 하고 있다.

나는 그 때 겨우 열세 살에 지나지 않았다. 내 생애에 있어서 그 때
는 너무 어려서 삶이 무엇인지에 대한 기본문제 조차도 이해할 수가 없
었다. 그럼에도 불구하고, 나는 사랑하는 하늘 아버지께서 타락한 세
상 사람들에게 주기를 기뻐하시는 귀중한 선물에 대해서 설명하고 있
는 한 설교자의 설교를 대부분의 사람들이 열심히 듣고 있는 사람들로
가득 채워진 경기장의 한 가운데에 앉아 있었다. 아아! 나는 전에 그 선
물에 대한 이야기를 여러 번 들었다. 그리고 또한 나는 전에 그 선물을
진리로 받아들였다. 나는 마음속으로 내가 필요한 것은 구원이라는 것
을 알았다. 그러나 그 당시에는 무언가 다른 것이 있었다. 그 때는 마치
그리스도께서 권하시는 개인적인 초청인 것처럼, 그 메시지는 무언가
나에게 말씀하시는 것이라고 여겨졌다. 내가 결단해야할 현실에 직면
한 것은 그 순간이었다. 그 날 이후로 나는 해명해야할 의무가 있고 그
분 앞에서 내가 어떤 사람이며 무슨 일을 했는가에 대해서 그분께 대답
해야만 했다. 나는 내가 이 거룩한 나의 창조주께서 요구하시는 완전한
의(義)의 높은 기준에 대해서 적합하지 않다는 것을 인정한 후로, 만일
내가 심판의 두려움 없이 그분 앞에 서기를 바란다면, 필요로 하는 것이
부족하다는 것은 나에게 의심할 여지가 없었다. 나는 그분이 약속하신
구속이 필요했다. 더욱이 그것은 내가 원하는 것이었다. 게다가 나는
그것은 내가 얻을 수 있는 것이라는 것을 알았다. 내가 해야 할 모든 것
은 아버지께서 그분의 아들의 완성된 사역을 통해서 주고 싶어 하시는

은혜로운 선물에 응하는 것이었다. 이렇게 해서 나는 하나님께서 빌리 그레이엄(Billy Graham)을 통해서 내미시는 초청에 응해서 대중들 앞에서 그리스도께 신앙을 고백하기 위해서 앞으로 나갔다.

　나는 언제나 쉐이 스타디움(Shea Stadium : 미국 뉴욕에 있음-역주)에서 형제 그레이엄에 의해서 나에게 제공된 기회에 대하여 감사할 것이다. 이는 주님께서 구원을 통해서 영생을 얻도록 하기 위해서 나에게 그분의 관대한 초청을 받아들이도록 깨닫게 하신 것이 그때였기 때문이다. 그러나 나는 또한 건강상 이유로 아프리카 선교현장에서 고향으로 부름을 받은 작은 도회지의 복음주의 루터파 교회의 목회자였던 나의 목사님께 감사를 드린다.

　나의 유년기 동안 내내, 나의 마음의 굳은 땅을 깨뜨려서, 마침내 하나님의 말씀의 씨를 받아드리도록 고랑을 일군 것은 그분의 설교였다. 나의 형제 플로스메이어(Flothmeier), 주님께서 당신을 축복하시기를 기원합니다.

　그 때 나는 구원을 받았다. 아무튼 나는 구원에 대해서 설명할 수는 없었지만, 나는 달라졌고, 나는 구원을 경험했다. 나는 내가 구원 받은 것을 깨달았다! 이 사실을 확인하는 것이 내 마음에 얼마나 큰 기쁨이었던가. 나는 그리스도를 영접했으며 영생을 얻었다! 이 때문에 나는 나에게 그와 같은 놀라운 선물을 주신 분을 기쁘시게 해드려야 한다는 강렬한 욕망이 있었다. 나는 속마음이 변화되었다. 어떤 면에서, 이 변화 때문에 나는 내가 살아가면서 나의 외적인 행실이 그 때 부터 계속 달라질 것이라는 확신을 하게 되었다. 더욱이, 나는 이제 하나님의 자녀가 되었기 때문에, 그분을 섬길 수 있으며, 그토록 놀랍게 나를 축복하셨던 분을 기쁘게 해드릴 수 있다고 생각했다.

오순절의 경험 이래 새 신자들의 마음속에 다시 일어났던 생각이 그때 나의 생각이었다. 그러므로 어떤 의미에서 축복을 받았던 야곱처럼(창 32:24-30), 나는 내 방법으로, 내가 하나님을 섬기는 법을 알고 있었던 것만큼 최선을 다해 그분을 섬기기 시작했다. 이것 때문에, 이후 나의 그리스도인으로서의 생활 20년은 너무나도 자주 믿음의 롤러 스케이트(Roller skates : 바닥에 4개의 바퀴를 단 스케이트-역주)를 타는 것에 비교될 수 있었다. 왜 그랬는가? 나는 내 안에 생명의 성령의 씨가 있었지만, 내가 처해 있었던 열매 없이 반복되는 삶속에서 뛰쳐나와 성경에 말씀한 대로 내게 가능한 자유와 승리의 생활로 밀고 들어갈 수가 없었다. 원인이 무엇이었는가? 나는 그리스도와 관계되는 가장 중요한 원리에 대한 확고한 기초가 여전히 부족하다는 것을 전해 듣지도 깨닫지도 못했다(히 6:1-3).

이 수년간 올라갔다 내려갔다 하는 몸부림과 좌절감의 한 가운데서 나는 하나님의 은혜가 결코 나를 떠나지 않았다는 사실을 거의 몰랐다. 그러나 나는 내안에 있는 갈등에 대한 무지 때문에, 나의 구원의 경험조차도 몇 번이고 의심했다.

하나님께서는 나의 생애의 후반에서야 비로소 수년전 내가 구원받은 그날 이후로 배우기를 그토록 싫어했던 교훈, 곧 내가 믿음 다음에 오는 교훈을 배우는데 필요한 시간을 얻도록 하기 위해서 여전히 나와 함께 하시고, 인내로 기다리시고 역사하신 것이 실로 그분의 은혜였다는 진리를 나에게 보여주셨다. 내가 이 진리를 깨달은 것이 그렇게 오래 걸렸다는 것을 이상하게 생각하지 말라. 우리의 영적인 삶을 통하여, 이 교훈은 아마도 그리스도인으로서 우리가 배우기에 가장 어려운 교훈 일 것이다.

우리가 처음 그리스도인의 생활을 시작할 때, 우리가 새로 태어난 의식의 결과로, 우리는 통상 자신들의 죄를 용서받았던 사람들에게서 동시에 일어나는 황홀경과 기쁨의 감정에 압도당한다. 한편으로는, 우리는 이런 감정들이 우리가 하나님께 받아들여졌다는 것을 우리의 마음속에 받아들이도록 확증하지만, 다른 한편으로는, 이 새로 발견된 감정들을 인정하는 면에서는 실제로 주저한다. 우리는 우리가 구원받았기 때문에 우리가 하나님께 완전히 받아들여졌다는 것과 우리가 선한 의도에서 비롯된 것이라고 여겨지는 한, 우리가 그분께 드리는 것은 무엇이든지 그분께서 기뻐하실 것이라고 생각한다. 그러나 우리의 영적인 삶의 이 시점에서, 우리는 우리가 아직 이해할 만큼 성숙하지도 또한 분별하지도 못하는 것은 하나님께서 차이를 두신다는 사실에 여전히 무지하기 때문이다. 당신이 알다시피, 그분께서는 우리가 구원받기 전에 우리를 거절하셨던 것처럼, 우리의 육신으로부터 나오는 모든 것을 여전히 거절하신다. 우리가 그리스도를 영접할 때 일어났던 변화는 단지 우리의 영에 영향을 끼쳤고, 그 영향은 지금 우리의 몸은 말할 것도, 우리의 혼의 영역까지도 아직 들어가지 못했다. 그럼에도 불구하고 우리는 무지해서, 우리가 받은 은혜에 보답하려는 우리의 소원 때문에, 우리는 그분께서 우리에게 주신 바로 몇 가지 것으로 그분을 섬기기 시작한다. 그와 같이, 우리는 우리의 육신의 행실을 그분께 바친다.

이것은 내가 나의 삶 속에서 20년이 넘게 걸려 배운 영적인 교훈이었다. 믿는 사람으로서, 이것은 우리가 배워야할 가장 중요한 교훈이다. 왜 그런가? 하나님께서는 성령을 통해서 우리가 우리 자신에 대해서 보거나 또는 인정하기를 원치 않는 무엇인가를 우리들에게 가르치려는 것이 있으시기 때문이다. 이것은 이스라엘 백성들이 광야를 여행할 때와 매우 유사하다. 왜 하나님께서 그들을 시험하셨는가? 하나님께서 광야 생활 내내 그들에게 무엇을 가르치려고 하셨는가? 하나님께서는 그들이 참으로 어떤 사람들이며 무슨 일을 했는가에 대한 사람들의 무지에 대해서 무엇인가를 보여주려는 반복된 시도를 하고 계셨던 것이다. 그들은 반복되는 약속을 받았던 사람들이었다. 그럼에도 불구하고 그들은 그들의 말로 공격을 계속했던 사람들, 곧 하나님께서 그들의 길에 놓으신 모든 시험에 대해서 불평하고 투덜거렸던 사람들이었다. 그들의 광야의 시련은 하나님께서 "그들 자신을 알도록 하시기 위한 것이었다"(신 8:2 참조). 그러나 그분의 옛 백성들처럼, 나는 내 자신을 확실히 알지 못했다. 그 결과, 나는 장기간 하나님을 기쁘시게 하려는 반복된 시도를 한 후 필연적으로 실패한 후에야 비로소 자포자기를 하고 결국 포기했다. 나는 내 자신의 한계에 이르렀다. 나는 수건을 던졌고 완전히 패배를 인정했다. 이것은 7년 전이었다. 그러나 내가 그때까지 깨닫지 못했던 것은 내 자신의 한계가 하나님께서 시작하시는 바로 그 시점이라는 것이었다.

그런 이후에 나는 과거에 그토록 배우기 싫어했던 교훈을 배울 준비가 되어 있었기 때문에, 하나님께서는 내 생활을 안팎으로 철저하게 변화시키기 시작하셨다. 때로는 단지 성령의 인도하심을 따르기를 배우기보다는 오히려 필사적으로 매달린다는 생각이 들었지만, 그 결과는 천천히 나타나기 시작했다. 이후 몇 년 동안에 걸쳐서, 나는 내가 열망했던 영의 성장과 성숙에 접어들게 되었다. 나는 이 성장이 대가가 없는 것이 아니었다는 것을 인정해야만 한다. 그러나 영원한 가치가 있는 것에 어떤 값을 매길 수 있겠는가? 주님을 기쁘시게 하는 것에 비해서 지나치게 높은 가치가 있는 것이 무엇이 있겠는가?

주님께서 주안에서 내가 성장하는 데 필요한 기초를 놓는 것을 돕도록 하기 위해서 나에게 한 형제를 데려다 주신 것은 이 시기였다. 그는 또한 매일 말씀에 전념하는 것과 경건의 시간의 필요성에 대해서 가르쳐 주었다. 이것들이 나의 생활과 주님과의 교제에 영향을 미치기 시작했을 때, 이것들은 또한 더 많이 읽고 배우려는 강한 내적인 욕구에 부채질을 했다. 몇 년 후에, 나의 영적인 생활의 정체 동안 죽 나를 진척시킬 필요가 있었던 이와 같은 훈련이 철저히 나에게 서서히 가르쳐지고 있을 때, 주님께서는 관대하게 내가 주님을 더 많이 알고 이해하려는 열렬한 소원이었던 것을 알고 있는 많은 성도들을 나에게 보내 주셨다. 이 몇 명의 소중한 성도들은 나에게 결코 들어본 적이 없는 워치만 니라고 부르는 사람의 저작물을 읽어보라는 조언을 해 주었다. 그들은 그가 주님과 영적인 문제에 대한 이해가 아주 깊다는 것을 나에게 설명을 해 주었다. 그리 하여 많은 증언에 의해서 그의 이름을 확인한 후, 나는 지역 서점에서 그의 책 몇 권을 구입했다.

그의 책을 읽기 시작했을 때, 나는 이 사람이 매우 친밀한 점에서 하나님을 알게 되었다는 것을 나의 영으로 느낄 수가 있었다. 그러나 그의 저작물은 내가 단 시간에 읽을 것이라고 여겨지지는 않았다. 그 저작물 가운데 대부분은 이해하기가 어려웠다. 실은, 일 이년이 지나서야 비로소 나는 그 이유를 이해하게 되었다. 육으로 영의 일들을 이해하는 것은 어렵다. 그럼에도 불구하고, 그때 나는 육이 나의 하는 일을 방해하게 할 마음이 전혀 내키지 않았다. 그래서 나는 할 수 있는 만큼 워치만 니의 저작물에 계속 몰두했다. 그 때가 1994년이었다. 1996년 말경, 나는 지역 서점에서 구입할 수 있는 60권이 넘는 양에 달하는 책의 마지막 부분을 읽기를 끝마치고 있었다. 나는 이 책을 읽으면서 이

종과 그가 받은 통찰력을 사용할 권리를 갖게 된 것에 대해서 주님께 감사하기를 그치지 않았다.

내가 약 백 명의 저자들의 저작물을 읽었지만, 그리스도인의 영적인 생활에 대한 이해의 깊이와 그리스도인의 영적인 생활에 대해서 개인적이고 실제적인 경험을 설명하는데 있어서 워치만 니에 근접한 사람은 거의 없었다. 그리스도인이 어떤 행실과 성숙 단계에 있든, 각 단계의 강점과 결점이 니(Nee)의 저작물 전체에 걸쳐서 상세하게 검토된다. 이것이 이 책이 당신 앞에 있어야 하는 요인으로 이끌고 간다.

내가 워치만 니에 의해서 손에 넣을 수 있었던 것의 끝부분에 가까워지고 있었을 때, 주님께서는 나의 영적인 행실과 성장에 그토록 도움이 되었던 많은 놀라운 통찰력 가운데 일부를 나누도록 나의 마음에 짐을 지우셨다. 나는 나누기를 원했지만, 내가 이 모든 책들을 통해서 경험했던 것만큼 평범한 그리스도인들은 하나님의 말씀의 고기를 먹을 시간과 기회가 결코 없다는 것이 나의 마음을 아프게 했다. 이런 이유로, 많은 공감을 불러일으키는 니(Nee)가 하나님께 얻은 통찰력을 발췌하기 시작했다. 이것을 그리스도의 몸(교회-역주)이 이용하기에 쉽고 집중하기에 쉬운 형태로 한 권의 책으로 묶었다.

그 결과물이 당신 앞에 있다. 내가 이 겸손하고 신실한 주님의 종의 원 저작물을 읽고 축복을 받았던 만큼 주님께서 이 편찬물을 통해서 당신을 축복하시기를 기원한다.

| 감사의 말 |

이 책에 있는 발췌된 대부분의 내용은 나의 말로 의역을 하였다. 그러나 이것은 니(Nee)의 자료의 판권을 갖고 있는 사람들에게 허락을 얻는데 있어 타당하고 불가피한 일이었다. 다음 단체들은 이 저작권을 갖고 있는 단체들로 그들은 이 책의 사용을 관대하게 승낙해 주었다.

이 책의 출처로 사용된 니(Nee)의 다수의 저작물은 뉴욕, 크리스챤 휄로우쉽 출판사(Christian Fellowship Publishers)를 통해서 이용할 수 있다. 책의 완전한 목록은 크리스챤 휄로우쉽 출판사에서 그들을 만남으로서 구할 수 있다.

"정상적인 그리스도인의 생활," "주님의 형상으로 변화되어," "앉으라 행하라 서라," "세상을 사랑하지 말라," 그리고 "이 사람이 무엇을 할까?"는 킹스 웨이 출판사(King's way)에 저작권이 있다. "정상적인 그리스도인의 생활," "주님의 형상으로 변화되어," 그리고 "앉으라, 행하라, 서라," 이 세 권은 틴데일 하우스 출판사(Tyndale House Publishers)에 의해서 미국에서 출판되었다.

"영의 해방(The Release of the Spirit)"은 슈어 파운데이션(Sure Foundation)에 저작권이 있다. 이 단체들, 그리고 특히 그들 배후에 있는 사람들에게, 나는 그들의 배려와 이 책의 사용 승인에 대해 마음으로부터 감사를 표한다. 이 책을 쓰는 일은 원본에 충실한 한 종에게 위탁되어 완결되었지만, 다른 사람들이 이 책으로 축복을 받을 기회를 갖는 것을 보는 것은 기쁨의 근원이다.

나는 당신 앞에 놓인 저작물의 배후에 있는 목적을 당신이 더 잘 이해하도록 돕기 위해서 몇 가지 요점을 말하고자 한다. 그 결과 당신은 저자가 의도했던 시각으로 이 저작물을 검토할 수 있을 것이다.

그러나 무엇보다도 먼저, 이 책은 무엇에 대해서 설명하고 있는 것이 아니다. 이 책은 워치만 니의 자료의 대부분을 편집하려고 계획된 것도 아니다. 만일 누구든지 워치만 니에 대하여 입수할 수 있는 책의 대부분을 검토하기를 바란다면, 내가 한 대로 되풀이 해야만 할 것이다. 나는 워치만 니에 관해서 출판된 손에 넣을 수 있는 모든 자료를 구입해서 읽었다. 이는 하나님께서 이 사람에게 주셨던 통찰력 가운데 대부분은 대단히 영적인 깊이가 있어서, 설사 이해한다 할지라도, 그들 전부를 이해하기에 이르는 지름길은 거의 없기 때문이다.

이 책은 섬김과 희생의 그의 생애 동안에 하나님께서 이 사람에게 주셨던 대부분의 공감케 하는 통찰력을 모아서 간결한 형태로 편집해서 온전한 영적인 음식을 절박하게 필요로 하는 몸(교회-역주)을 먹이는 데 사용할 수 있는 도구가 되게 하려고 계획되었다. 가능한 경우, 저자로부터 직접 인용 했다. 그렇다고는 하지만 대부분의 경우, 전반적인 메시지의 문맥에서 특정한 교훈을 꺼내서 표현을 바꾸지 않고 주안점과 의미를 이전 것과 마찬가지로 유지하는 것은 불가능했다. 이 때문에, 두 가지 주요한 목적을 고수(固守)하기 위해서 다음과 같은 면에 크게 신경을 썼다. 이는 영적인 진리를 본래의 모습대로 보존하는 것과 그들이 저자의 자료에서 넘겨받은 효력을 유지함과 동시에 가능한 한 분명하게 저자의 생각과 영적인 통찰력을 전달하는 것이었다. 워치만 니에게 통찰력을 주신 분을 불쾌하게 해드리지 않을 방법으로 이 일을 해 낼 수 있도록 하는 것이 나의 기도였다.

주님께서 워치만 니에게 나타내셨던 신중히 선택된 선집(選集)을 처음부터 한 목록으로 만들어서, 믿는 사람들이 적절히 소화할 수 있는 부분으로 지금 당장 이용할 수 있게 하였다. 나는 주님께서 이 사람의 저작물로 이미 만족을 얻었던 사람들보다 많은 다수의 사람들을 축복하시고 만족시키기 위하여 이 책을 사용하시기를 바라며 기도한다. 또한, 나는 주님께서 워치만 니를 통해서 이용 가능하게 하셨던 많은 자상한 배려 가운데 일부를 더 깊고 주의 깊게 보게 하시기를 바라며 더 많은 갈증과 배고픔에 처한 많은 영들을 각성시키시기를 기도한다. 나는 마음속으로 책의 전반적인 요점, 곧 색인을 참고하게 함으로 내가 사용했던 개개의 저작물의 참조를 쉽게 해야겠다는 생각을 했다.

나는 그리스도께서 이 하나님의 종이 우리에게 물려준 영적인 자양분의 유산까지도 탁월하게 사용하시기를 기도한다.

Chapter 1

정상적인 그리스도인의 생활

그리스도인에 대한 하나님의 기준은 다음과 같이 요약될 수 있다. 나는 더 이상 살아 있지 않다! 이제 내 안에서 그분의 생명을 사시는 분은 그리스도이시다(갈 2:20).

그리스도인의 생활 속에서 나타나야 하는 구원에는 두 면이 있다. 하나는 죄의 용서이다. 또 하나는 죄를 짓는 행동으로부터의 해방이다. 자신의 생활 가운데서 이 면의 둘 다를 경험하지 못하는 사람은 누구든지 하나님께서 그리스도 안에서 우리를 위해서 완성하신 특권에 미치지 못하는 생활을 하는 것이다.

우리는 우리의 타락한 본성의 상태에 대한 이해의 한계 때문에, 선천적인 사람이 실제로 얼마나 무력한 가를 진정으로 이해하지 못한다.

따라서 우리는 여전히 우리 자신에 대해서 대단한 기대를 가지고 있다. 이 그릇된 생각의 한계의 결과로, 우리는 우리 스스로 하나님을 기쁘시게 할 수 있다고 생각한다.

피는 나의 죄를 씻어 버릴 수는 있지만, 나의 "옛 사람"을 씻어 버릴 수는 없다(롬 6:6). 이 때문에 우리는 옛 사람을 못 박을 십자가가 필요하다. 피는 죄를 처리하지만, 죄인을 처리하는 것은 십자가다.

그리스도인의 생활을 시작하는 초기에, 우리는 우리의 존재가 아니라, 행함을 걱정한다. 우리는 우리가 어떤 사람이냐 보다는 무엇을 행하였느냐를 더 괴로워한다. 우리는 만일 우리가 어느 정도의 행위를 고칠 수만 있다면, 좋은 그리스도인이 될 것이라고 생각한다. 그 결과, 우리는 우리의 행동을 고치기 시작한다. 우리는 주님을 기쁘시게 하려고 힘쓰지만, 우리 안에 있는 무엇인가가 그분을 기쁘시게 하기를 원치 않는다는 것을 깨닫는다. 그래서 우리는 외면적인 문제를 고치려고 힘을 쓰면 쓸수록, 문제가 실제로 얼마나 뿌리가 깊은가를 더욱 더 깨닫는다.

우리는 출생으로 세상에 들어왔기 때문에, 죽음으로 세상에서 벗어나야만 한다. 우리의 죄를 멸하려면, 우리는 우리의 생명을 멸해야만 한다. 하지만 우리가 어떻게 죽는가? 우리는 스스로 죽으려고 힘쓰기보다는 오히려, 하나님께서 우리를 그리스도 안에서 이미 멸하셨다는 것을 인정함으로 죽는다. 이것은 사도의 진술에 요약되어 있다. "예수 그리스도 안으로 세례를 받은 우리가 그분의 죽으심 안으로 그같이 세례를 받은 줄을 너희는 알지 못하느냐"(롬 6:3, KJV).

십자가는 첫 피조물을 끝내고, 죽음으로 그리스도 안에서 새로운 피조물, 곧 둘째 사람을 낳는다.

그리스도인으로 사는 삶의 조건은 네 부분으로 되어 있다.

(1) 앎-그리스도께서 우리를 위해서 행하신 일에 대하여 하나님께서 계시하신 것을 아는 것.

(2) 여김-하나님께서 우리 생활 속에서 계시하신 것을 경험하는 것.

(3) 자신을 드림-하나님께서 우리 안에 존재하게 하신 새 생명에 합당하게 하나님께 헌신하는 것.

(4) 성령 안에서 행함-하나님의 모든 인도하심에 민감하도록 우리의 영이 성숙하는 것.

모든 그리스도인의 경험은 이 네 가지 조건을 포함해야 한다.

하나님의 해방 방법은 인간의 방법과 전혀 다르다. 인간의 방법은 죄를 이겨내려고 애를 씀으로 죄를 억누르려고 힘쓴다. 하나님의 방법은 죄인을 멸하는 것이다. 허다한 그리스도인들은 만일 그들이 더 강하면 만사가 잘될 것이라고 생각하면서, 그들의 연약함을 한탄한다. 그러나 하나님께서 죄에서 우리를 해방시키시는 방법은 우리를 점점 더 강하게 하시는 것이 아니라, 반대로, 점점 더 약하게 하시는 것이다. 하나님께서는 우리의 옛 사람을 강하게 하시는 것이 아니라, 십자가에 못 박음으로 우리를 죄의 지배에서 해방시키신다. 우리가 무엇을 하도록 도우시는 것이 아니라, 우리를 행동의 무대에서 완전히 떼어놓으심으로 해방시키신다.

우리가 그리스도 안에 가지고 있는 것을 보는 것은 전혀 지식이 아니라 우리의 마음의 눈을 여는 것이다.

하나님의 기록된 말씀이 하나님께로부터 당신에게 살아 있는 말씀이 되려면, 하나님께서 당신에게 "그분의 지식 안에 있는 지혜와 계시의 영"을 주셔야만 한다(엡 1:17, KJV).

우리는 공장이며, 우리의 행동은 제품이다. 주 예수 그리스도의 피는 제품의 문제, 곧 우리의 죄를 처리했고, 십자가는 제품을 생산하는 공장을 완전히 제거했다.

"그리스도 안에" 있는 것은 죄를 범할 수 없다. "아담 안에" 있는 것은 죄를 범할 수 있다. 그러나 사탄이 아담 안에 있는 것에 그의 능력을 행사할 기회를 넘겨받을 때마다 죄를 범할 것이다.

믿음은 바라는 것들의 실체이다(히 11:1, KJV). 이것은 바라는 것들의 실체를 경험으로 실재(實在)가 되게 하는 것을 의미한다. 실체는 내 앞에 있는 것, 곧 내가 가지고 있는 실재적 대상이다. 구체화하는 것은 내가 그 실체를 내게 실재가 되게 하는 능력 또는 재능이 있는 것을 의미한다.

하나님의 약속들은 우리가 그들을 붙잡을 수 있도록 하나님의 성령을 통해서 우리에게 계시되었다.

그리스도인으로, 우리는 결코 그리스도 안으로 들어가기 위해서 몸부림치라는 당부를 하나님께 받은 적이 없다. 우리는 거기에 이르라고 당부를 받지 도 않았다. 이는 우리가 이미 거기에 있기 때문이다. 그러나 우리는 하나님께서 우리를 두신 곳에 머무르라는 당부를 받았다.

그리스도를 처리함으로, 하나님께서는 그리스도인을 처리하셨다. 머리를 처리하심으로, 모든 지체를 처리하셨다. 우리가 그분과 별개로 다만 우리 스스로 영적인 생활에 관련된 무엇인가를 경험할 수 있다고 생각하는 것은 아주 잘못된 것이다.

온갖 진정한 영적인 경험은 우리가 그리스도 안에서 특정한 사실을 깨닫고 그분의 경험으로 들어간 것을 의미한다.

세상에서 가장 큰 부정은 십자가다. 이는 십자가로 하나님께서는 그분께 속하지 않은 모든 것을 멸하셨기 때문이다. 세상에서 가장 큰 긍정은 부활이다. 이는 부활을 통해서 하나님께서는 만물의 새로운 체계로 그분이 소유하실 모든 것을 존재하도록 하셨기 때문이다. 십자가는 옛 창조로 인해서 우리 안에 있는 모든 것은 죽어야만 한다는 하나님의 선언이다. 이는 첫 사람 아담에게 속하는 아무 것도 십자가를 넘어서 통과할 수 없기 때문이다.

옛 세상과 새 세상이 있다. 둘 사이에 무덤이 있다. 하나님께서 나를 이미 그리스도와 함께 십자가에 못박으셨다 할지라도, 나는 그럼에도 무덤에 놓여있다는 것을 동의해야만 한다.

죽음을 통과하지 않은 것은 결코 하나님께 봉헌될 수 없다. 이는 하나님께서는 만물을 새로운 체계에 속하는 것, 곧 그분의 영에 속하는 것만 받아들이실 것이기 때문이다.

자신을 하나님께 드리는 것은 내가 이미 전적으로 그분의 것이라는 것을 인정하는 것을 의미한다.

우리가 만일 우리의 삶을 그분께 드리지 않는다면, 어떻게 주님께서 우리 안에서 그분의 생명을 사시기를 기대할 수 있겠는가?

만일 우리가 하나님께 자신을 주저 없이 드린다면, 많은 조정(調整)이 있어야만 할지도 모른다. 하나님께서는 우리의 옛 자아에 속하는 어느 것도 남아 있게 하지 않으실 것이다. 하나님께서는 우리의 옛 본성에서 유래된 모든 것이 제거될 때까지 그분께 속하지 않은 것들을 하나씩 손을 대실 것이다.

하나님께서는 언제나 그분께 드려진 것을 쪼개실 것이다. 무엇보다도 먼저 하나님께서는 받으신 것을 쪼개신다. 그러나 쪼개신 후, 축복하신다. 그리고 나서 그것을 다른 사람들의 필요를 채워주기 위해서 사용하신다(막 6:41).

우리 모두는 십자가로 나아가야만 한다. 이는 선천적으로 우리 안에 있는 것은 자아 생명이기 때문이다. 아담은 하나님께서 주신 생명보다는 자아 생명을 선택했다. 그러므로 하나님께서는 "아담 안에" 있는 모든 것을 끌어 모아서 멸하여야만 하셨다.

만일 우리가 성령의 기름 부으심의 경험이 없다면, 우리는 성령의 기름 부으심이 그분의 교회에 주신 고귀한 주님의 선물이라는 영원한 사실의 계시를 달라고 주님께 구해야 한다. 그 다음에 우리가 이 사실을 경험하면, 우리의 노력은 찬양으로 변할 것이다.

고린도에 있는 그리스도인들은 성령의 기름 부으심의 가시적인 표적에 마음을 빼앗겼다. 동시에, 그들의 삶은 완전히 자가당착에 빠졌고 주님의 이름에 불명예를 안겼다. 그들은 성령께서 내주(內住)하셨지만, 그분의 현존에 대한 지식이 부족했다. 따라서, 내주하시는 성령의 계시(啓示)는 바울이 그들의 세속성에 대해서 고린도에 있는 그리스도인들에게 권고했던 개선책이었다(고전 2).

실제적인 면에서 그리스도의 생명을 경험하려면, 우리가 우리의 회심의 날과 마찬가지로 확실하게, 우리 자신의 모든 권리를 포기하고 삶의 모든 영역에서 예수 그리스도의 절대적인 주권에 순종하는 어느 날이 와야만 한다. 이 계시의 필요조건이 거룩에 이르는 첫 단계이다. 헌신(우리의 삶 전체를 드리는 것)은 둘째 단계이다.

주님의 주권이 우리의 마음에 확립될 때까지 성령께서는 우리 안에서 효과적으로 일하실 수 없다. 만일 우리가 우리의 삶속에서 절대적인 권위를 그리스도께 넘겨드리지 않는다면, 주님께서 임재하신다 할지라도, 주님께서는 능력이 되실 수 없다. 이는 성령의 능력이 관계하지 않기 때문이다.

용서받은 죄인은 일반적인 죄인과 아주 다르다. 헌신된 그리스도인은 일반적인 그리스도인과 아주 다르다.

은혜는 하나님께서 나에게 무엇인가를 행하신 것을 의미한다. 율법은 내가 하나님께 무엇인가를 해야만 하는 것을 의미한다.

율법의 문제점은 율법의 요구가 부당한 것이 아니라, 죄인인 내가 율법의 요구를 충족시킬 수 없다는 것이다.

율법은 우리의 연약함을 분명하게 보여준다. 율법이 없었더라면, 우리는 결코 우리가 얼마나 연약한 존재인가를 모를 것이다. 율법은 우리의 참 본성을 폭로한다.

율법은 우리가 지킬 것이라는 기대로 주어진 것이 아니라, 어길 것이라는 완전한 지식을 위해 주어진 것이다. 우리가 우리의 전적인 부족을 깨달을 만큼 철저히 율법을 어길 때, 따라서 율법은 율법의 완전한 목적을 다한 것이다. 율법은 우리를 그리스도께 데리고 가는 선생이 되어서, 우리 안에서 그리스도 자신이 율법을 성취하셨다(갈 3:24).

율법으로부터 해방된다는 것은 무엇을 의미하는가? 그것은 내가 이 제부터는 더 이상 하나님을 기쁘시게 하기 위해서 무엇인가를 하려고 힘쓰지 않는다는 것을 의미한다. 이는 내가 그렇게 한다면, 나는 곧 내 자신을 율법의 지배아래 두는 것이 되기 때문이다. 그러므로 나는 대안이 없다. 그리스도께서 내 안에서 율법을 성취하시도록 해야만 한다. 마침내, 나는 이것만이 하나님을 기쁘시게 하는 것이라는 것을 깨닫는다(마 5:17). 이것이 율법으로부터 해방이다!

우리가 실로 힘쓰는 것을 멈추고 우리 안에 주님의 부활생명이 나타나도록 신뢰를 주님께 두는 것은 우리 자신이 완전히 자포자기 단계에 이른 후이다. 우리가 하려고 하는 것을 빨리 포기하면 할수록, 더욱 더 좋다. 이는 우리 스스로 하던 것을 멈추는 것만이 성령께 자리를 내어드리는 것이기 때문이다. 그때야 비로소 우리는 우리 스스로 하는 것보다 더 강한 능력을 경험할 것이다.

우리가 무엇인가를 하려고 하는 한, 주님께서는 아무 것도 하실 수 없다. 우리가 실패하는 것은 우리가 해보려고 하기 때문이다.

우리 모두는 "주여 나는 당신을 위해서 아무 것도 할 수 없지만, 당신이 내 안에서 모든 것을 능히 하시리라 믿나이다"라고 고백하는 단계에 이를 필요가 있다.

그리스도인들 가운데서 일반적으로 잘못 생각하는 하나의 경향은 다음과 같다. 우리는 칭의(죄인이 회개하고 예수님을 믿으면 하나님께서 죄를 용서해 주시고 의로운 사람으로 인정해 주시는 것-역주)가 주 예수 그리스도를 통해서 우리의 것이라는 것과 우리 편에서 어떤 행위도 요구하지 않는다는 것을 알고 있지만, 성화(예수님을 믿음으로 새 생명을 얻고 의롭다함을 얻은 자들이 그 인격과 삶이 거룩하여지는 과정-역주)는 우리 자신의 노력에 달려 있다고 생각한다. 우리는 주님을 완전히 믿음으로만 용서받을 수 있다는 것을 알고 있지만, 그럼에도 우리는 여전히 스스로 무엇인가를 행함으로 해방(解放)을 얻을 수 있다고 믿는다. 우리는 구원을 받은 후, "행함"의 옛 습관 자체를 다시 주장한다. 따라서 우리의 옛 자아에 속한 노력을 다시 시작한다. 그러나 성경은 칭의와 성화 둘 다, 주님께서 행하신다는 것을 선언한다. "너희 안에서 행하시는 분은 하나님이시다"(빌 2:13, KJV).

성령 안에서의 삶은 내가 스스로 할 수 없는 것을 성령께서 내 안에서 하시도록 성령을 신뢰하는 것을 의미한다. 성령 안에서의 삶은 하려고 노력하는 문제가 아니라, 신뢰하는 문제이다. 애쓰는 문제가 아니라, 그분을 의지하는 문제이다.

십자가는 우리에게 구원을 얻도록 하기 위해서 주셨다. 성령은 우리 안에 구원을 불러일으키기 위해서 주셨다.

우리는 그리스도인의 삶을 "고치는 삶"으로 생각하지만, 그렇지 않다. 하나님께서 우리들에게 주시는 삶은 "대체된 삶," "대신하는 삶,"이다. 그래서 그리스도께서는 우리들의 대리자이시다.

많은 그리스도인들은 성화에 대하여 잘못된 이해를 하고 있다. 성화는 일반적으로 우리의 삶의 모든 조항이 거룩해야 한다고 생각한다. 그러나 성화는 거룩이 아니다. 좀 더 정확히 말하면, 거룩의 열매이다.

거룩은 그리스도이시다.

나는 하나님을 기쁘시게 할 수 없지만, 그리스도 안에서 "내가 할 수 없는 것"은 없다. "나는 나를 강하게 하시는 그리스도를 통해서 모든 것을 할 수 있다"(빌 4:13, KJV).

만일 우리가 우리 자신의 뜻을 내려놓고 전적으로 주님을 신뢰한다면, 땅바닥에 넘어져서 부러지지 않을 것이다. 반대로, "생명의 성령의 법"에 빠질 것이다(롬 8:2). 이는 하나님께서는 우리에게 생명을 주셨을 뿐만 아니라, 또한 생명의 법을 주셨기 때문이다.

계시는 언제나 믿음에 우선한다.

오늘날 교회 안에 하나님의 가장 큰 문제 가운데 하나는 인간이 만든 눈에 보이는 교파나 몸의 분열이 아니다. 그렇기는커녕, 이런 분열을 일으키고 계속 지지하는 우리 자신의 이기적인 마음이다.

하나님께서 다른 어떤 것보다 원하시는 것은 그분의 마음에 맞는 사람이 되기를 원하는 사람이다.

그리스도인으로 우리들 대부분의 결점은 우리는 우리의 에너지가 유도되는 쪽으로 방향을 바꿨지만, 이런 에너지의 근원을 바꾸지 않았다는 것이다. 우리는 하나님의 일을 처리하는 문제에 있어서, 그것이 상대적인 가치의 문제가 아니라, "근원"의 문제라는 사실을 잊어버리는 경향이 있다. 자원이 어디에서 나오는가? 우리의 육체인가? 또는 그리스도의 부활 생명인가!

성령께서는 우리를 가르치는 일을 맡으셨다(요 14:26). 성령께서는 그분이 우리 안에서 보시는 옛 본성의 무언가에 자상하게 손을 대시고 이렇게 말씀하신다. "이것은 선천적이다. 이것은 옛 창조 안에 그 근원이 있다. 내게서 시작된 것이 아니다. 이것은 살 수 없다." 성령께서 그렇게 하실 때까지, 우리는 원칙적으로 동의할지는 모르지만, 결코 실제적으로 진리를 깨달을 수는 없다. 우리는 가르침을 인정하고 받아들일지는 모르지만, 결코 우리 자신을 진심으로 몹시 싫어하지는 않을 것이다.

빛은 오직 하나의 법칙이 있다. 빛은 허용하는 곳은 어디든지 비춘다.

우리는 하나님께서 행하시는 것을 우리에게 깨닫게 하시는 그분의 계시의 빛을 경험할 때 까지 죄에 대한 증오도, 우리의 본성의 반역 행위도 알 수 없다.

우리 안에 현존하는 생명이 배출구를 찾을 수 없도록 혼이 그 생명을 감싸 가둬 넣고 있기 때문에, 영적인 삶의 증거가 아주 적다. 만일 우리가 혼에 속한 삶을 살고 있다면, 우리는 하나님께 받기 보다는 우리의 선천적인 힘으로 섬기고 일하고 있는 것이다.

하나님께서는 우리가 감히 더 이상 우리 자신을 신뢰하지 못하도록 우리의 선천적인 힘이 손상되어서 근본적으로 약해지는 단계까지 우리를 데리고 가기를 원하신다(창 32:24-25).

우리가 우리들 자신을 하나님께 허비할 때 하나님의 마음에 참 만족을 드린다(마 26:7-8).

우리는 강제로 다른 사람들 속에 영적인 욕구를 주입할 수 없다. 우리는 다른 사람들을 억지로 갈망하게 할 수도 없다. 갈망은 일어나야만 한다. 갈망은 그들에게 하나님의 생각을 관철시키는 사람들을 통해서만 다른 사람들 속에 일어나게 할 수 있다. 우리는 또한 우리가 가지고 있는 그리스도의 향기로 해방을 주어 다른 사람들 속에 절박한 욕구의 자각을 불러일으키는 무엇인가가 우리 안에 있어야만 한다. 그 무엇이란 기꺼이 내어 드리는 것, 곧 하나님께 모든 것을 깨뜨려 쏟아 붓는 것이다. 이것이 다른 사람들을 잡아끌어 주님을 알도록 유도(誘導)하는 것이다.

Chapter 2

주님의 형상으로 변화되어

하나님께서는 그리스도 안에서 그분과 기꺼이 협력하여 일하는 우리의 새로운 본성의 길을 열기 위해서 우리의 옛 본성, 곧 제멋대로 구는 본성을 끝내게 하신다. 이와 같이 성령께서는 그분 자신의 방법으로 하나님의 목적을 이루기 위해서 역사하신다. 이것이 성령께서 친히 하나님과 교제하시는 목적이다.

우리의 구원(칭의)은 전적으로 하나님께 받는다. 따라서 만일 이것이 우리의 구원의 근원에 해당된다면, 그것은 또한 우리의 성화의 과정에서 잇따라 일어나는 모든 것에도 해당된다. 만일 우리의 생명의 근원이 하나님께 있다면, 뒤이어 일어나는 모든 것 또한 하나님께 있다. 우리에게서 시작되는 것은 아무 것도 없다.

모든 지식은 순종의 결과이다. 우리가 하나님의 뜻을 더 많이 알 수 있는 것은 그분의 뜻을 행할 때이다. 어떠한 사람이라도 하나님의 뜻을 행하려고 결심한다면, 그는 그 뜻이 무엇인지 알 것이다(요 7:17).

하나님을 아는 사람은 그들의 권리를 방어할 필요가 없다. 그들은 그분을 믿기 때문에, 곧 그분의 뜻이 무엇이든지 간에, 그것이 어떻게든 그들에게 유익이 될 것이라는 것을 알기 때문에 그 결과에 대해서 그분을 신뢰할 수 있게 된다.

영의 순결을 일으키는 것은 사람의 생명 안에서 역사하는 그리스도의 죽으심이다. 하나님께로부터 더 깊은 빛 또는 계시에 이르게 하는 것은 이 영의 순결이다.

우리가 하나님의 회복의 그릇이 되기 위해서 그리스도를 그 상황으로 모시고 갈 수 있을지는 우리가 그분께 자리를 양보하기 위해서 길을 비켜 드릴 수 있을지에 달려있다.

사람의 일과 하나님의 일의 차이점은 근원의 문제와 시간의 문제이다.

언약의 표는 할례였다. 우리는 육체에 신뢰를 두지 않는 사람이 되어야 한다(빌 3:3). 이는 우리가 영적으로 무력한 것은 육체 안에 있을 때이기 때문이다.

참 믿음이란 무엇인가? 그것은 우리가 패배해서 우리 자신의 한계에 이르렀을 때, 곧 우리의 완전한 신뢰를 그분께 두어야만 할 때이다. 이것이 믿음이다.

우리는 결코 우리의 구원을 위해서 노력하지 않았고, 구원을 획득할 때까지 서서히 고지를 오르지도 않았다. 주님께서 우리를 찾아서 구원하셨다. 죄에 대한 승리도 동일하다. 노력하여 얻는 것이 아니라, 주님께서 이루어 놓으신 것을 받아들이는 것이다.

만일 우리가 우리를 위한 그분의 역사에 복종하면, 우리의 옛 본성의 생명이 점점 영향력이 감소되어 그 결과 그리스도의 생명이 우리 안에서 완전히 드러날 것이다.

참 기독교의 뚜렷이 구별되는 특징은 참 기독교는 사람들에게 할 수 없이 받아들이게 한다.

하나님께서는 죄를 짓는 혼에게는 "죄를 깨끗케 하라"고 말씀하지 않으신다. "죄를 짓는 혼은 죽을지니라"고 말씀하신다(겔 18:4, KJV).

그리스도인의 생명은 그리스도의 생명이다. 내 안에 계시는 그리스도께서 나의 생명이 되셨고 나를 대신해서 나의 생명을 살고 계신다. 하나님께서는 나의 생명이 되도록 하기 위해서 그리스도를 나에게 보내셨다.

그리스도인의 일상생활은 한 마디로 이렇게 요약될 수 있다. "받아들이는 것이다."

하나님께서는 우리의 죄가 그리스도께 뒤집어 씌워진 것을 보도록 하기 위해서 우리의 눈을 한번 여신 것처럼, 다시 한 번 우리가 그리스도 안에서 우리의 자아를 보도록 우리의 눈을 여셔야만 한다. 이것은 하나님께서 행하기를 기뻐하시는 꽤 중요한 것이다.

우리가 하나님을 꽉 붙들 수 있는 것은 우리의 대퇴부(선천적인 힘)가 손상을 입었을 때이다(창 32:25-26). 우리는 가장 약할 때 가장 강하다(고후 12:10).

선천적인 힘이 풍부하기 때문에, 우리는 하나님께 쓸모가 없다. 전혀 힘이 없을 때, 우리는 그분을 계속 붙잡을 수밖에 없다. 우리를 통해서 솟아나는 그분의 힘으로 우리는 "정복자들보다 더 나은 자들이 된다"(롬 8:37; 창 32:24-28, 참조 KJV).

Chapter 3
앉으라. 행하라. 서라

모든 새로운 영적인 경험은 하나님께서 이미 행하신 것을 믿음으로 받아들임으로 시작된다.

하나님께서는 당신이 행하고 있는 것을 그만두기를 기다리고 계신다. 일단 당신이 이렇게 하기만 하면, 그분께서 시작하실 것이다.

우리를 통한 그분의 생명의 작용은 우리 자신의 노력이 없는 참으로 자연스러운 것이다. 아주 중요한 법칙은 하려고 노력하는 것이 아니라, 신뢰하는 것이다. 우리 자신의 능력을 의지 하는 것이 아니라, 그분의 능력을 의지하는 것이다.

우리의 외적인 노력을 그만두고 우리의 마음가짐이 자연스러울 때

만큼, 곧 우리의 말, 우리의 기도, 그리고 우리의 현실적인 삶 모두가 우리 안에 계시는 그리스도의 생명을 자연스럽고 순수하게 나타내는 것만큼의 축복은 아무 것도 없다.

아주 많은 그리스도인들은 모든 교리를 알고 있지만, 교리에 모순되는 삶을 산다.

하나님께서는 그분을 믿는 모든 사람을 완전케 하실 것이다. 우리는 "우리 안에 선한 일을 시작하신 분께서 예수 그리스도의 날까지 그 일을 이루실 것, 바로 그 일을 확신 한다"(빌 1:6, KJV).

다윗과 그의 적들이 솔로몬의 왕국이 세워지기 전에 싸움이 있었던 것처럼, 지금도 역시 그렇다. 합법적으로 솔로몬이 영광스러운 통치를 시작하기 전에, 다윗의 실례를 보면, 먼저 그의 적들과 영적 전투를 수행하는 시기가 있어야만 했다. 하나님께서는 전투를 준비하는데 있어서, 다윗이 했던 것처럼, 오늘날 그분과 협력할 사람들을 찾고 계신다.

모든 일이 바람직한 결과를 얻으려면 하나님에 의해서 시작되어야만 한다. 만일 우리가 일을 계획하고 나서 하나님께서 그 일을 축복해 주시기를 바란다면, 우리는 하나님께서 그 일을 떠맡으실 것이라는 기대를 할 필요가 없다. 하나님의 이름은 우리가 계획한 일을 허가하는 고무도장이 아니다. 참으로, 그런 일이 축복이 될지는 모르나, 그것은 단지 전부가 아니라, 일부분에 지나지 않을 것이다. 그 일에는 "그분의 이름으로"가 없을 것이다. 단지 우리의 이름만 있을 것이다.

모든 참 그리스도인의 일의 영원한 원칙은 "처음에 하나님"이다(창 1:1, KJV).

하나님께서는 결코 우리가 "할 수 있는" 무엇이든지를 하라고 요구하지 않으신다. 하나님께서는 우리가 결코 살 수 없는 삶을 살고 우리가 결코 할 수 없는 일을 하라고 요구하신다. 아아! 그리스도인들이 얼마나 이 진리를 깨달을 필요가 있는가!

Chapter 4
세상을 사랑하지 말라

아 담이 하나님의 창조세계에 악이 들어오도록 문을 연 그날 이 후로, 세상 체계의 자연스러운 경향은 사탄 편에 있고 하나님 으로부터 떠나 있다.

사형 선고는 죽은 자에게 내려지는 것이 아니라, 살아있는 자에게 내려진다. 어떤 의미에서, 세상은 오늘날 살아있는 힘이다. 세상은 가차 없이 세상의 지배하에 놓인 사람을 추적해서 찾아내고 있다. 사형이 선고되었을 때, 죽음은 아직도 미래의 일이지만, 그럼에도 죽음이 확실한 것은 틀림이 없다. 사형 선고를 받고 교도소 독방에 감금되어 있는 사람에게는 미래가 없다. 마찬가지로, 사형 선고 아래 있는 세상은 미래가 없다. 우리가 세상이 사형선고 아래 있다는 사실을 깨달을 때, 그 사실이 우리에게 세상에 대한 매력을 잃게 한다.

세상에 기독교의 열매를 보여 주라. 그러면 세상이 박수갈채를 보낼 것이다. 그러나 세상에 기독교를 보여 주라. 그러면 세상은 기독교를 단호히 적대할 것이다.

소위 기독교 국가들은 세상과 그리스도를 화해시키려는 헛된 노력의 산물이다.

종교적인 사람들은 세상에서 벗어남으로 세상을 이겨내려고 한다. 그리스도인들은 초자연적인 존재로 세상을 이겨낸다.

교회(초대 교회-역주)가 세상의 방법을 거부(拒否)한 때가 있었다. 지금은 교회가 이런 방법을 사용할 뿐만 아니라, 그것을 남용한다.

세상을 사랑하는 문제를 해결하는 그리스도인의 방법은 세속적인 것들에서 벗어나는 것이 아니라, 세속적인 것들을 단단히 붙잡으려는 마음에서 해방되는 것이다.

당신 자신을 하나님께 드리라. 전적으로 철저하게 그분을 위해서 살라. 왜 그래야 하는가? 이는 "세상도 정욕도 사라지되 오직 하나님의 뜻을 행하는 자는 영원히 남기" 때문이다(요일 2:17, KJV).

Chapter 5
십자가로 돌아가라

십자가의 영향력이 대속적인 면, 말하자면, 사람을 멸망시키지 않고 영생을 얻게 하는 면으로 한정되어 있다면, 하나님께서 주시는 구원은 여전히 불완전할 것이다. 설사 십자가가 사람들을 죄의 형벌에서 구원할지라도, 십자가는 그들의 삶을 지배하는 죄의 능력에서 그들을 구원하지 못할 것이다. 이 때문에, 구주께서는 두 가지 일을 마치셨다. 그분께서는 사람들을 죄의 형벌에서 구원하셨고, 죄가 그들을 지배하는 능력과 지배력에서 구원하셨다. 슬프게도 대다수는 다만 전자(죄의 형벌에서 구원-역주)만 활용한다!

하나님의 말씀은 옛 사람을 씻을 필요가 있다고 말씀하지 않으신다. 죄의 요인인 이 옛 사람은 회복할 수 없을 정도로 타락되었다. 그러므로 옛 사람을 처리하는 하나님의 방법은 옛 사람을 죽음에 처하게 하는 것이다. 이것은 옛 사람이 주 예수님과 연합되어 십자가에 못박힘으로 성취되었다. 이 사실에 대한 무지(無知)가 왜 그토록 많은 사람들이 패배 속에서 사는지를 설명하고 있다. 그리스도와 함께 죽는 것 외에 옛 사람을 죽음에 처하게 할 다른 방법은 없다(갈 2:20). 옛 사람을 죽음에 처하게 하는 것 외에 승리의 삶을 살게 하는 방법은 없다.

이 죄의 원인이 되는 옛 사람이 십자가에 못박힌 결과는 무엇인가? "죄의 몸을" "멸하는 것"이다(롬 6:6). "멸한다"는 것은 "무력하게 하는 것"을 의미한다.

당신이 주 예수님의 대속적인 죽음을 얻는 방법은, 믿음으로 그분과 함께 죽음으로 들어가는 것이다! 그리스도의 대속적인 죽음을 믿는 모든 사람은 구원을 얻는다. 그리스도와 함께 죽었다는 사실을 믿는 모든 사람은 죄를 이겨낸다.

옛 사람은 "공감" 또는 "느낌"으로 십자가에 못박힌 것이 아니다. 옛 사람이 십자가에 못박혔다는 것을 "여김"으로 십자가에 못박힌 것이다(롬 6:11). 믿는 사람이 자신이 십자가에 못박혔다는 사실을 간주하지 못할 때마다, 그의 옛 사람은 되 살아 난다. 그러나 만일 그가 참으로 자신이 십자가에 못박혔다는 사실을 사실로 여긴다면, 주님께로부터 나오는 초자연적인 능력이 있을 것이다.

사탄은 항상 옛 사람을 부활시킬 기회를 찾고 있다. 우리가 부주의하거나 또는 방심하고 있을 때마다, 우리가 갈보리에서의 죽음에 대한 근거를 주장하지 않을 때마다, 우리의 옛 사람은 활동을 재개하고 그 지위를 되찾을 것이다.

주 예수님께서는 십자가 위에 계실 때, 그분이 참으로 원하셨다면, 내려오실 권위가 있으셨다. 같은 이유로, 주님과 함께 십자가에 못박힌 사람들도 실로 원한다면, 그들의 옛 사람을 십자가에서 내려오게 할 수 있다.

하나님의 자녀들 가운데 대다수는 흔히 그들의 옛 사람이 왜 되살아났는가에 대해서 이상하게 여긴다. 이는 그들은 십자가의 죽음이 장기간의 죽음(승리의 삶과 관련해서 단회적 죽음이 아니라 연속적인 죽음-역주)이라는 것을 깨닫지 못했기 때문이다.

자아가 죽는 것은 경험적으로, 죄가 죽는 것보다 더 깊고 더 향상된 죽음이다.

믿는 사람이 죄가 무엇이고 자아가 무엇인가를 구별할 수 있게 된 것은 그리스도인의 영적인 삶의 중간 단계이다. 이 분별력은 죄에 대한 승리를 경험하고 있는 결과이다(롬 6:11). 그러나 자아에 대한 승리는 아니다. 믿는 사람이 자아를 완전히 이겨내는 경험을 지니고 있을 때, 그는 사도들이 경험했던 성숙한 삶을 경험한다. 이 같이 월등히 향상된 사람의 관점에서 보면, 자아보다는 죄를 이겨내는 것이 훨씬 더 쉽다.

주님을 떠나서 우리는 아무것도 할 수 없다(요 15:5)! 그분만이 우리에게 자아가 죽음에 이르는 방법을 보여주시고 우리를 위해서 그것을 성취하셨다. 그것은 다름 아닌 바로 십자가이다. 그러나 그것은 그분께서 홀로 또는 도맡으셔서 십자가에 못박히신 것이 아니다. 그것은 실로 우리와 함께 십자가에 못박히신 것이다(갈 2:20).

우리의 자아가 십자가에서 내려오는 순간, 그 자아는 옛 지위로 되돌아간다. 자신 안에 그리고 자신 속에 속해 있는 믿는 사람은 이 자아를 다스릴 능력도 방법도 없다.

자아를 부인하는 것은 결코 끝나지 않은 일상의 문제이다. 사도 바울은 "나는 날마다 죽는다"고 말했다(고전 15:31, KJV).

"자기 생명(혼)을 사랑하는 자는 잃어버릴 것이요(영생의 열매가 없다). 이 세상에서 자기 생명(혼)을 미워하는 자는 영생 하도록(영적인 생명) 생명을 보전하리라"(그는 열매가 있을 것이다)(요 12:25, KJV). 만일 믿는 사람이 이 세상에서의 모든 활동에 있어서 이 영적인 생명이 아닌 자아 생명이 큰 영향을 끼치는 힘이 되도록 한다면, 이 사람은 구원을 받았을지라도, 오는 세대(천년왕국-역주)에서 그의 생명을 잃고 열매의 조건으로 주어지는 보상에 대한 영원한 손실을 입을 것이다(마 6:1-6; 고전 3:8, 참조 KJV).

그리스도인에게 있어서, 자아의 죽음은 생명에 이르는 관문이다. 자아의 죽음은 많은 열매를 맺는 유일한 통로이다. 그러므로 죽음은 단연 필연적이다. 그러나 과연 우리 가운데 얼마나 많은 사람이 실제로 죽었는가? 자아의 죽음은 모든 자아 활동을 중단하는 것이다!

그리스도께서는 우리의 죄에서 우리를 구원하신 구원자이실 뿐만 아니라, 우리 자신으로부터 우리를 구원하신 구원자이시다. 자아 생명이 죽는 것은 영적인 생활에 이르는 유일한 길이다. 하나님의 완전한 구원을 경험하는 분기점은 자아로부터 해방에 달려 있다. 하나님만이 우리의 자아를 죽게 하실 수 있다. 그밖에 어느 누구도 그렇게 할 수 없다.

만일 당신이 자아의 죽음을 경험하지 못했다면, 당신의 영적인 생활은 거의 실질적인 향상이 없을 것이다.

그리스도인으로서, 우리가 상속을 받은 것이 사실이지만, 이것이 반드시 우리가 상속을 누리는 경험에 이르렀다는 것을 의미하지는 않는다. 이 때문에 사실과 경험은 서로 아주 다르다.

상속을 소유하고 누리려면, 상속자는 두 단계의 조처를 취해야 한다. 첫째, 그는 그와 같은 상속권이 있다는 것을 믿어야 한다. 둘째, 그는 이 상속권을 을 얻기 위해서 남다르게 일어나야만 한다.

이 영적인 유산을 마치 우리 것처럼 사용하고 관리하는 것, 곧 우리가 주 예수 그리스도 안에서 가지고 있는 상속권을 확실하게 붙잡기 위해서 우리의 믿음을 행사하는 조치를 취하는 것은 우리의 책임이다. 하나님께서 우리에게 이미 상속으로 주신 소유물을 나아가서 얻지 못하게 막는 것은 우리의 믿음의 부족이다(민 13:30, 참조).

사실(Fact)은 하나님의 일이다. 믿음(Faith)은 하나님께서 하신 일을 우리가 신뢰하는 것이다. 경험(Experience)은 하나님의 일이 실제적인 면에서 우리의 삶을 통해서 현실화된 것을 경험하는 것이다.

믿는 사람은 영적인 경험이 더 많을 때, 결과적으로, 영적으로 더 단순하게 된다. 이와 같은 경험들은 자기가 만드는 것이 아니라, 영적인 사실들에 근거 한다.

영적인 향상에 있어서, 사실은 기초이며 믿음은 과정이다 그리고 경험은 결과이다. 바꿔 말하면, 사실은 원인이며 믿음은 통로이다 그리고 경험은 결과이다.

그리스도를 아는 것은 부활의 능력을 아는 것이며 그리스도의 부활의 능력을 아는 것은 우리가 그리스도 그분 자신에 대해서 더 깊은 지식을 갖는 것을 의미한다. 주님의 부활의 능력을 아는 것(경험하는 것)이 그분에 대한 참 지식에 이르도록 우리를 돕는다. 우리가 이것을 어떻게 아는가? 이는 그분의 부활의 생명 없이는 성령의 능력이 있을 수 없기 때문이다.

첫 사람 아담에게서 유래된 것은 죽음을 겪은 후에는 살지 못한다. 이는 주님의 부활생명만이 죽음에서 벗어나기 때문이다. 오늘날 어이없는 상황은 많은 사람들이 그들의 선천적인 생명으로 그리스도를 증언하려고 노력한다는 것이다. 주님의 부활 생명의 능력에 대한 그들의 경험적인 지식으로 증언하는 사람은 아주 적다.

성경에서, 우리는 하나님의 백성 가운데서 전혀 다른 계층을 본다.

(1) 세상 사람들 가운데서 선택받은 이스라엘 백성들.

(2) 이스라엘 백성들 가운데서 선택받은 레위인들.

(3) 레위인들 가운데서 선택받은 아론과 그의 아들들.

오늘날 우리 주 예수 그리스도께서 친히 행하고 계시는 중보 사역, 곧 주님과 함께 가장 고귀한 일을 하도록 부름 받은 예수 그리스도와 아주 친밀한 교제가 있는 사역자 계층이 있다(롬 8:34).

하나님께서는 그리스도인들을 그분의 제사장이 되도록 하기 위하여 부르신다. 슬프게도, 이와 같은 부르심에도 불구하고, 대다수 사람들은 이 고귀한 특권을 포기하고 더 비천한 계층으로 타락한다.

누구든지 하나님의 발 앞에서 겸손하면 할수록, 더욱 더 하나님의 손에 유용하다.

그들의 성화로서 그리스도를 붙잡는 그리스도인들은 오늘날의 레위인들이다. 이들은 그들 자신을 세상과 구별해서 하나님께 가까이 가는 그리스도인들이다. 이 때문에, 그들은 오늘날 레위인의 역할을 하고 있는 것이다.

지성소 안에서 섬기는 일은 좀처럼 사람들에게 보이는 것이 없다. 하나님 외에 아무도 섬기는 사람을 보지 못한다. 그들은 사람들에게 영광도 칭찬도 받지 못한다. 그들은 문을 닫고 은밀히 기도한다. 그들은 은밀히 보상을 받는다. 사람들에게 알려지지 않는 곳에서, 그들은 하나님의 얼굴을 뵙고, 그분의 음성을 듣고, 그분과 동행한다. 그들은 베일에 가려진 그 어둡고 고립된 곳에서 섬긴다.

나는 당신이 오늘날 제사장다운 더 고귀한 삶과 제사장다운 더 고귀한 섬김을 추구하기를 간청한다. 기꺼이 손에 쟁기를 잡고 세상을 돌아보지 말라(눅 9:62). 그리스도를 얻기 위해서 세상의 모든 것들을 손실로 여기라(빌 3:7-8).

하나님의 말씀 안에 없는 진리는 없다. 이는 모든 진리가 성경에 기록되어 있기 때문이다. 그러나 진리가 모두 성경에 기록되어 있지만, 진리 중 대다수가 그럼에도 불구하고 사람들의 어리석음, 불성실, 무책임 그리고 불순종 때문에 하나님의 말씀 속에 파묻혀서 사람들에게 숨겨져 있다.

오늘날 성도들이 생기가 없고 연약한 것은 그들이 주로 진리를 이성으로 받아들이고 이성에 따라 행동하는데 원인이 있다. 이것은 율법에 지나지 않는다. 문자의 정확성에도 불구하고 율법은 전혀 성령께 속한 것이 아니다.

오늘날 모임에서 생명이 없는 이유가 이런 까닭에 있다. 인간의 손이 성령의 주권 자체를 대신해 왔기 때문이다.

하나님 앞에서 사람의 태도는 그가 하나님의 말씀을 해석하는 것과 대체로 관계가 있다. 많은 사람들은 그들 자신의 행실을 정당화시킬 어떤 근거를 찾으려는 기대를 가지고 하나님의 말씀에 다가 간다. 그들의 동기는 하나님의 말씀을 자신들에게 만족을 주는 하나의 법칙으로 변개(變改)시키는 것이다. 이것은 십자가를 통해서 처리되지 않은 사람들 가운데서 흔히 일어나는 일이다. 따라서 십자가를 경험한 사람만이 성경을 올바르게 해석할 수 있고 해석할 자격이 있다.

하나님께서는 우리가 만나의 원리에 따라서 살기를 원하신다. "많이 거둔 자도 남음이 없고 적게 거둔 자도 부족함이 없이 각 사람이 먹을 만큼만 거두었더라"(출 16:18, 고후 8:15, 참조). 만일 어떤 모임에, 믿는 사람들 중 몇 사람이 그들의 생계를 유지할 수단이 없다면, 교회 또는 모임 안에 있는 몇 몇 사람들이 그들을 도와주어야 한다. 지역교회는 실직한 그리스도인들의 비참한 처지를 교회가 할 수 있는 한 최선을 다하여 돕지 않고 쳐다만 볼 수는 없다. 이것은 물론, 일하기를 싫어하는 사람들을 포함하는 것은 아니다.

승리는 우리가 자아를 의지하기 때문이 아니라, 그와 반대로 갈보리에서 완성된 사역에 서 있기 때문이다.

구원받은 사람들에 대한 사탄의 전략은 하나님께 불완전한 헌신을 하게 하는 것이다(행 5:1-3). 사탄이 가장 크게 두려워하는 것 가운데 하나는 구원받은 사람이 하나님께 전적으로 헌신 하는 것이다.

주님께서는 우리에게 승리에 이르는 길을 약속하셨다. 그것은 십자가다(살전 3:3). 사탄의 패배는 십자가에 있다. 그러므로 사탄은 십자가로 나아가서 일상생활에서 갈보리의 승리를 얻는 사람들을 가장 두려워한다.

완전한 죽음으로, 완전한 부활에 이른다. 이것은 사탄이 가장 싫어하는 것이다. 이는 사탄은 죽은 사람들에게는 발 디딜 곳이 없기 때문이다.

적에 대한 승리를 유지하는 비결이 시편 25편 15절에 있다. "내 눈이 항상 주를 바라봄은 그분께서 내 발을 그물에서 끌어내실 것임이로다."(KJV) 이와 같이 우리는 끊임없이 하나님을 바라보아야만 한다. 이는 하나님께서는 그물이 어디에 있는지 아시며 그분만이 이런 그물에서 우리의 발을 끌어내실 수 있기 때문이다. 그분께서는 우리가 목적지에 도달 할 때까지 우리의 모든 걸음을 돌보실 것이다.

우리의 적이 갖고 있는 것은 우리보다 더 강한 능력이지만, 우리가 갖고 있는 것은 적의 능력을 제압하는 권위이다(눅 10:19).

항상 너희 자신을 죄에 대하여는 죽은 자요 그리스도 예수 안에서 하나님께 대하여는 살아있는 자로 여기라는 로마서 6장 11절의 가르침에 굳게 서라. 이 방법으로, 당신은 오늘 승리를 거둘 수 있고 오는 세대(천년왕국-역주)에서 통치할 수 있다.

Chapter 6

기도하자

하나님의 사람들은 하나님께서 친히 일어나셔서 일하시기 전에 기도해야만 한다. 이것이 하나님의 일을 하는 원칙이다.

기도는 하나님께서 우리의 간청에 굴복하셔서 우리의 이기적인 욕망을 채워주시도록 우리의 소원을 표명하는 것이 아니다. 기도는 믿는 사람이 자신의 생각을 하나님의 뜻에 일치시키는 것이다. 기도는 단지 믿는 사람이 그의 입을 통해 하나님의 뜻을 터놓고 말씀드리는 것이다.

기도는 하나님께서 결정하신 것을 바꾸는 것이 아니다. 기도는 결코 아무 것도 바꾸는 것이 아니다. 기도는 단지 하나님께서 이미 결정하신 것을 성취하는 것이다. 그렇다고는 하지만, 기도 없이 변화는 일어나지 않는다. 하나님께서는 그분의 사람들의 기도의 협력이 부족하기 때문에 그분께서 해결해야할 많은 일에 대한 결정을 보류하실 것이다.

"진실로 내가 너희에게 이르노니 너희가 땅에서 무엇이든지 묶으면 하늘에서도 묶일 것이요. 땅에서 무엇이든지 풀면 하늘에서도 풀리리라"(마 18:18, KJV). 땅은 하늘이 묶기 전에 먼저 묶어야만 한다. 따라서 땅은 하늘이 풀기 전에 먼저 풀어야만 한다. 그러나 하나님께서는 결코 그분의 뜻에 반하는 어느 것도 행하지 않으신다. 주님께서 묶고 싶지 않으신 것을 묶을 수밖에 없는 것은 땅이 무엇인가를 묶었기 때문이 아니다. 그렇지 않다. 주님의 원래 의도는 땅이 묶었던 것을 항상 묶으셨기 때문에 결국 땅에서 묶은 것을 하늘에서 묶으신다. 주님께서는 땅에 있는 그분의 사람들이 하늘이 묶기를 열망하는 것을 묶을 때까지 기다리시고, 그 다음에 그들이 구하는 것을 들으시고 그들이 구하는 것을 그들을 위해서 묶으신다.

만일 하나님의 사람들이 그들의 뜻을 하나님께 포기함으로서 하나님께 공감을 보여드리지 못한다면, 하나님께서는 그분의 일을 얼마간 멈추시고 연기하실 것이다.

믿는 사람들이 자신의 일에 지나치게 많은 마음을 쓰고 하나님과 함께 일하기를 게을리 하기 때문에, 많은 적들과 불법이 묶여지지 않고 많은 죄인들과 많은 은혜가 풀어지지 않는다. 땅에 의해서 하늘이 얼마나 크게 제한을 받고 있는가! 하나님을 아는 것은 그 만큼 하나님을 공경하게 한다. 왜 우리가 기도한 만큼 그분을 신뢰할 수 없는가?

참으로 우리의 기도가 얼마나 하나님의 뜻을 표명하고 있는가? 우리가 기도 중에 얼마나 자주 자아를 완전히 잊어버리고 전적으로 주님의 뜻을 구하고 있는가?

우리는 기도를 흔히 우리가 필요한 것을 나타내는 표현 수단, 곧 하나님께 도움을 요청하는 부르짖음으로 생각한다. 우리는 기도란 하나님께서 필요로 하시는 것 또는 그분의 목적을 성취하시도록 구하는 것이라는 사실을 깨닫지 못하고 있다.

믿는 사람은 궁핍할 때마다, 먼저 이렇게 자문해야 한다. 그런 결핍이 하나님께 영향을 미치는가? 하나님께서는 내가 궁핍에 처하기를 원하시는가? 또는 나의 궁핍을 충족시키는 것이 그분의 뜻인가?

우리는 하나님께서 그분의 뜻을 성취하시도록 기도해야 한다. 그렇다면 기도는 더 이상 우리가 필요한 것이 채워질지 아닐지의 문제가 아니라, 오히려 하나님의 뜻이 이루어질지 어떨지의 문제가 된다.

주님께 우리가 필요한 것을 채워달라고 구하는 것은, 그토록 필요한 것이 무엇이든지 간에, 최고 단계의 기도로 여겨질 수는 없다. 하나님의 목적은 우리가 그분의 뜻으로 채워져서 우리 자신의 관심을 잊어버리는 것이다. 하나님께서는 그분의 뜻을 성취하기 위해서 그분과 함께 일하도록 우리들을 부르신다.

하나님의 일을 위한 기도는 기차의 철로로 비유될 수 있다. 기도는 철로다. 그분의 일은 기차다. 하나님께서는 행하기를 원하시고 하고자 하는 많은 일이 있으시지만, 그분의 손은 그분의 자녀들이 그분과 함께 하지 않고 그분을 위한 길을 준비하기 위해서 기도하지 않기 때문에 묶여있다.

참으로 기도하는 사람은 자주 하나님께 다가가는 사람일뿐만 아니라, 그의 뜻이 흔히 하나님의 뜻에 공감하는 사람, 곧 그의 생각이 하나님의 생각에 공감하는 사람이다.

우리는 탄식으로 중재할 수 있도록 하기 위하여 하나님께서 그분이 행하기를 원하시는 것을 우리의 마음에 새겨 주시도록 하나님께 가까이 나아가야 한다(롬 8:26). 우리가 이런 짐을 지고 기도할 때, 우리는 바로 하나님의 뜻을 공표하고 있다는 감각이 있을 것이다. 주님께서 우리에게 맡기신 뜻 또는 짐이 무엇이든지간에, 그것이 어떤 사람의 마음속에서 재생될 때마다. 그 사람은 주님의 뜻을 자기 자신의 뜻이 되게 해서 그분의 뜻에 알맞게 분명히 기도할 수 있다.

우리가 마땅히 그렇게 기도할 때, 우리의 기도는 지옥을 흔들고 사탄에게 악영향을 미칠 것이다. 이 때문에, 사탄은 그런 기도를 막기 위해서 들고 일어날 것이다. 하나님께로부터 나오는 모든 기도는 어둠의 세력들의 급소를 찌를 것이다.

하나님의 뜻 가운데서 어느 것도 사람을 통과하지 않고는 조금도 풀어지지 않는다. 더구나 하나님의 뜻이, 사람을 통해서 풀어질 때, 사탄과의 싸움에서 결코 자유로울 수 없다.

교회가 시작된 이후로, 하나님께서는 세상에서 그분의 자녀들의 기도 없이 하신 일은 아무것도 없으시다.

당신이 기도의 짐을 느낄 때, 이것은 당신의 기도를 필요로 하는 하나님의 뜻 안에 어떤 항목이 있다는 것을 암시하는 것이다. 당신이 기도의 짐을 느낄 때 기도하라. 이것이 하나님의 뜻에 따라 기도하는 것이다. 하나님께서 우리에게 기도의 생각을 불어넣으실 때마다, 성령께서는 그 특별한 문제를 위해서 기도하도록 우리에게 짐을 지우신다. 우리는 그런 느낌을 받자마자, 즉시 기도에 전념해야 한다.

실로 많은 사람들이 이 부분에서 성령을 억제하는 것은 얼마나 애석한 일인가. 그들은 성령께서 기도하도록 그들을 움직이시는 바로 그 감각을 억제한다. 만일 성령의 자극으로 전해진 느낌에 반응이 없다면, 잠시 후에는, 그런 느낌을 거의 받지 못할 것이다. 그런 이유 때문에, 우리는 성령께서 우리에게 주시는 느낌을 처리하는데 있어서 각별히 유의해야 한다.

만일 짐이 너무 무거워서 기도로 짐을 내려놓을 수 없다면, 우리는 금식을 해야만 한다. 기도로 어떤 짐을 내려놓을 수 없을 때, 금식을 계속해야만 한다.

기도 모임에서, 우리는 먼저 하나의 문제를 철저하게 끝까지 기도하기 전에 우리의 기도가 하나의 문제에서 다른 문제로 바뀌어서는 안 된다. 만일 이런 경우라면, 기도하고 있는 사람들이 그들 자신의 특별한 관심사에만 관심이 있는 것이 분명하다.

한 사람 이상이 기도하기 위해서 모일 때, 각각의 문제에 대한 짐은 다른 문제로 옮겨가기 전에 먼저 내려져야 한다. 짐이 내려질 때까지 기도하는 것은 중요하다. 이것이 기도 모임의 성공의 비결이다.

기도 모임에 나오는 모든 형제 또는 자매는 마땅히 기도해야할 기도의 짐이 있어야만 한다. 그들은 전체 모임의 영들을 접촉하는 법을 배우고, 전체 모임의 생각으로 들어가는 법을 배워야 한다.

협력하는 기도는 자동으로 발생하는 것이 아니다. 그것은 배워야만 한다. 우리는 다른 사람들의 생각을 감지하는 법을 배우고, 교회의 기도 요청을 받은 것을 접촉하는 법을 배우고 그리고 기도의 짐에서 해제(解除)된 것을 분간하는 법을 배워야 한다.

참된 기도를 하기 위해서, 우리는 다만 우리 자신의 번영에 관한 것들을 구해서는 안된다. 우리는 하나님의 영광과 땅 위에 하늘의 통치가 이루어지도록 기도해야 한다.

그들의 기도가 오직 그들 자신의 번영만을 강조하는 것은 육에 속한 그리스도인의 경우이다.

우리의 씨름은 "혈과 육을 상대하는 것이 아니다"(엡 6:12, KJV). 그러므로 우리는 영적인 영역에 대한 지식을 얻어서 사탄의 "보이지 않는" 소행을 많이 관찰할 수 있도록 내적으로 훈련해서 영적인 통찰력을 가져야 한다.

"우리의 싸우는 무기는 세상(육신)에 속한 것이 아니다"(고후 10:4). 그러므로 우리는 사탄이 사용했던 육신적이고 세속적인 방법에 대비해서 조금도 세속적인 수단들을 사용해서는 안 된다.

기도는 우리의 적에 대한 최고의 공격 무기이다. 우리의 기도로, 하나님께서 사탄을 묶으셔서 무력하게 해 주시도록 구해야 한다. 만일 먼저 우리가 기도로 사탄을 묶는다면, 우리의 승리는 보장된 것이다.

"마귀의 일을 멸하는 것"이 하나님의 목적이다(요일 3:8). 그리스도인들의 원수를 갚는 것은 의심할 여지없이 그분의 뜻이다. 그럼에도 불구하고, 하나님은 그분의 자녀들이 기도하기를 기다리신다.

신뢰하는 마음은 기도 생활과 온전한 그리스도인의 삶에 있어서 필수적이다. 만일 주님과 우리의 관계가 확신도 신뢰도 없이 끊임없이 불안정하다면, 우리의 전체 삶은 치명적으로 타격을 입을 것이다.

우리의 연약함은 대개 기도에서 쉽게 나타난다. 영적인 영역에서 기도보다 더 우리의 연약함이 드러나는 것은 아무 것도 없다. 그럼에도 불구하고 하나님께 감사하라. 우리는 우리를 도우시는 전능하신 성령님이 계신다.

사탄의 책략은 성도들을 지치게 하는 것이다(단 7:25, 참조). 지치게 하는 것은 그 안에 여기 조금 저기 조금 이렇게 하여 쇠약하게 하려는 의도가 있다. 그러므로 지치게 하는 것은 실질적으로 지각할 수 없다. 우리는 사탄이 우리를 어떻게 지치게 하기를 바라고 우리가 어떻게 이 책략과 싸워야하는가를 분별할 수 있도록 하나님께 우리의 눈을 열어 주시도록 기도해야만 한다.

성별(신성한 일에 쓰기 위해 따로 구별하는 것-역주)의 상실은 능력의 상실을 의미한다. 그리고 증거의 상실은 하나님의 임재의 상실을 뜻한다(삿 16:16-21).

Chapter 7
십자가의 전달자

우리는, 주님의 사역자로서, 왜 우리가 전하는 복음이 더 많은 신자를 얻지 못하는지를 알아야만 한다. 당신과 내가 가지고 있는 것은 지나치게 흔한 그저 말재주에 불과하다. 말솜씨 배후에는 마음을 쪼개는 능력이 없다.

우리는 사람들에게 칭찬받는 웅변가가 되려고 애를 써서는 안 된다. 우리는 단지 그분의 생명이 사람의 마음으로 흘러 들어가도록 하는 통로가 되어야 한다(고전 2:1-4).

십자가를 전하는 것은 비교적 쉽지만, 십자가를 전하는 사람이 못 박히는 것은 그만큼 쉽지 않다.

십자가를 전하기를 원하는 사람은 십자가의 방법을 택해야만 한다.

그토록 자주 우리가 전하는 것은 실로 십자가다. 그러나 우리의 태도, 말, 그리고 감정은 우리가 전하는 십자가를 증언하는 것 같지 않다. 이것은 많은 십자가에 대한 설교가 십자가의 정신으로 행해지지 않기 때문이다. 십자가에 못박힌 사람만이 십가가의 정신으로 십자가의 메시지를 전한다.

십자가는 십자가를 믿으려 하지 않는 세상에 어리석은 것처럼 보이는 방법으로 나타난 하나님의 지혜이다(고전 1:18). 이와 같이 만일 우리가 그리스도를 위하여 "바보가 되려면, 우리는 "어리석은" 방법을 당연한 일로 생각하고 "어리석은" 태도를 택하여 "어리석은" 말로 "어리석은" 메시지를 선포해야만 한다.

사람들이 생명을 받아들이지 않는 것은 전하는 사람들이 부족한 것이 틀림없다! 그것은 말씀이 능력이 없는 것이 아니다. 부족한 것은 사람들이다. 사람들이 하나님의 생명이 흘러나오는 것을 가로막았다.

어떻게 우리 자신이 가지고 있지 않은 것을 다른 사람에게 줄 수 있겠는가? 만일 십자가가 우리의 생명이 되지 않는다면, 우리는 그 생명을 다른 사람들에게 전할 수 없다. 우리의 사역의 실패는 우리 안에 없는 십자가를 열심히 전하려는 사실에 기인한다.

우리가 다른 사람들에게 전하는 십자가가 우리를 먼저 십자가에 못

박아야 한다.

우리는 우리가 가지고 있지 않은 것을 전할 수는 없다. 만일 우리가 가지고 있는 모든 것이 사상이라면, 우리는 사상만을 전할 수 있다. 그러나 사람들이 필요로 하는 것은 사상이 아니라, 생명이다!

만일 우리가 전하는 말의 배후에서 성령께서 그분의 권위와 능력으로 역사하지 않으신다면, 듣는 사람들은 그들의 삶에 어떤 변화도 경험하지 못할 것이다.

성경에서 "행하라"는 말씀은 우리 자신의 힘으로 행하는 것이 아니다. 그보다는 성령께서 우리를 통해서 주님의 말씀을 행하시도록 하는 것이다.

주 예수님께서는 사람들에게 영원한 생명을 주기 위해서 십자가에 매어 달리셨다. 마찬가지로, 우리가 만일 사람들에게 영원한 생명을 전하는 사람이 되기를 원한다면, 우리 역시, 성령께서 우리를 통해서 흘러 나오실 수 있도록 십자가에 매어 달려야만 한다.

십자가의 죽음을 알지 못하는 사람은 누구든지 다른 사람들을 위한 십자가의 생명이 없다.

우리는 십자가의 죽음뿐만 아니라, 십자가의 생명을 경험해야만 한다. 십자가의 죽음을 경험한다면, 우리는 죄와 우리의 옛 본성까지 죽는다. 그러나 십자가의 생명을 경험한다면, 우리는 날마다 십자가의 영속에서 산다.

우리가 다른 사람들의 마음에 십자가가 재현되는 것을 볼 수 있는 것은 십자가가 고난과 역경의 시련을 통해서 우리의 마음속에 새겨지게 할 때뿐이다.

세상의 시각으로 보면, 십자가는 낮고, 보잘 것 없고, 어리석고, 그리고 천한 것이다. 뛰어난 말과 세상의 지혜로 십자가를 전하는 것은 십자가의 참뜻과 전적으로 모순된다. 그러므로 헛수고가 될 수 있다(고전 2:1).

우리가 영적으로 성숙한 행실에 까지 이르기 전에, 우리의 선천적인 재능을 의지해서 행한 일이 성령의 생명을 다른 사람들에게 전하지 못함에도 불구하고, 우리는 통상적으로 왕국을 섬기는데 있어서 우리의 선천적인 재능을 무해하지 않고 유익한 것이라고 생각한다. 일반적으로 우리는 우리의 선천적인 모든 노력이 영적인 문제에 있어서 무익하고, 우리의 선천적인 능력이 얼마나 무력한가를 기꺼이 인정한 후에야 비로소 우리가 더 큰 신적인 능력을 구하는 것이 얼마나 필요한가를 깨닫는다. 얼마나 많은 사람들이 그들 자신의 선천적인 능력으로 십자가를 선포하는가!

한마디로 말하면, 십자가는 죽음을 의미한다. 그래서 우리의 옛 사람을 십자가에 못박는 것은 무력함, 연약함, 두려움, 떨림을 나타낼 것이다.

우리의 선천적인 생명을 의지해서 행하는 일은 무엇이든지 대개 무익하지만, 초자연적인 생명의 능력으로 행하는 일은 많은 열매를 맺는다. 죽음은 열매를 맺는데 있어서 없어서는 안 되는 과정이다. 사실상, 죽음은 열매를 맺는 유일한 방법이다(요 12:24-25).

흔히, 우리는 오순절을 성취하려는 시도에서, 갈보리를 회피한다. 따라서 우리는 십자가에 못박혀서 선천적인 사람의 모든 장식을 벗어 던지지 않고서는 성령께서 많은 사람들을 얻기 위해서 우리를 통해서 일하실 수 없다. 여기에 영적인 원리가 있다. 죽어라. 그러면 많은 열매를 맺을 것이다.

우리는 우리의 몸에 있는 선천적인 힘을 다 써버릴 때까지, 성령의 능력을 의지하는 시작조차도 할 수 없다. 만일 우리가 참으로 우리의 선천적인 힘이 죽는 법과 하나님께서 우리 안에 두신 영의 생명의 능력을 전적으로 의지하는 법을 안다면, 우리는 선천적인 힘이 있든지 또는 없든지, 결코 혼의 생명의 힘으로 일하지 않을 것이다.

주 예수님께서는 우리에게 우리의 혼의 생명 또는 선천적인 생명이 한 알의 밀처럼, 땅에 떨어져서 죽어야 한다고 가르치셨다(요 12:24).

만일 우리가 항상 우리의 혼의 생명을 미워하는 단호한 자세를 유지한다면, 우리는 영의 생명의 능력을 의지하여 하나님께 영광을 돌려

드리는 많은 열매를 맺는 방법을 경험적으로 배우게 될 것이다.

그저 마음에서 나오는 것은 겨우 다른 사람의 마음을 움직일 수 있지만, 결코 그들의 영을 접촉해서 생명을 전해 줄 수는 없다.

우리는 우리의 선천적인 생명에 속하는 힘을 몹시 싫어하며, 우리 자신이나 또는 자아로부터 유래한 어떤 것에도 신뢰를 두지 않고, 주님을 위해서 우리 자신을 기꺼이 날마다 죽음에 내어주기 위해서 십자가가 우리 안에서 역사하도록 해야만 한다. 이런 방법으로만이 우리는 하나님의 생명과 그분의 능력이 우리의 말을 통해서 다른 사람의 영으로 흘러들어가는 것을 볼 것이다.

우리는 사탄이 이미 패배한 적이라는 것을 깨달을 필요가 있다.

구원의 방법은 하나님께서 우리를 선하게 만드시는 것이 아니라, 아담으로부터 우리를 구원하여 그리스도 안에 두시는 것이다. 이것이 오늘날 우리의 실체이다. 이는 우리가 아담, 곧 육신 안에 있을 때, 우리는 죄를 짓고, 그리스도, 곧 그분의 영안에 있을 때, 우리는 항상 의(義)를 행하기 때문이다.

대다수 믿는 사람들의 마음과 생각 속에는 간과할 수 없는 잘못된 생각이 있다. 그들은 하나님께서 그들을 변화시키실 것이라는 기대를 한다. 그러나 하나님께서는 우리 안에서 어떤 것도 하지 않으시고 결코 하지 않으실 것이다. 그보다는, 우리를 그리스도 안에 두실 것이다.

하나님의 일은 그리스도 안에서 성취되어 왔다. 오늘날 우리는 다만 그분이 이미 그리스도 안에서 행하신 것을 받아들일 수 있을 뿐이다. 그것을 믿음으로, 당신은 그것을 받을 것이다. 당신은 다만 "그리스도 안에서" 그것을 붙잡음으로 그것을 소유할 수 있을 뿐이다. 하나님께서 우리에게 계시를 주셔서 우리가 이미 그리스도 안에서 가지고 있는 모든 것을 볼 수 있기를 기원한다.

만일 우리가 그리스도 안에 있으면, 그리스도께 속한 모든 것은 우리의 것이다.

내가 그리스도 안에서 얻으려는 승리하는 삶은 실은 내가 이미 손에 넣은 것이다.

"모든 의"는(마 3:15) 우리가 요단강의 세례(죽음)를 선택할 때만 성취된다.

겟세마네에서 순종이 없었다면, 갈보리에서 죽음도 없었을 것이다. 대다수 사람들은 갈보리 동산에서 전적인 헌신이 없었기 때문에 십자가 앞에서 달아난다.

하나님께서는 우리가 전적으로 그분의 영으로 사는 곳으로 우리를 인도하신다. 이는 성령 밖에 있으면 생명이 없기 때문이다. 하나님의 영 밖에 있는 모든 것은 죽은 것이다.

그리스도인들은 단지 죄악을 범하는 것을 그만 둘 뿐만 아니라, 죽음을 이기고 생명으로 충만해야만 한다. 육신에 속한 것은 무엇이든지 죽음이다. 그러나 영에 속한 것은 무엇이든지 생명이다(요 6:63).

성령께 접촉하지 않고 하나님의 말씀을 접촉하는 사람은 누구든지 하나님의 말씀의 능력을 경험하지 못할 것이다. 이는 하나님의 영이 없으면, 말씀은 단지 생명이 없는 문자에 지나지 않기 때문이다.

어떤 사람에게는, 그들이 하나님의 말씀을 읽을 때, 말씀이 생명이 된다. 다른 사람에게는, 말씀은 단지 종이 위에 있는 낱말에 불과하다. 그 이유가 무엇인가? 어떤 사람은 성령의 능력으로 하나님의 말씀을 받는다. 한편 다른 사람은 같은 말씀을 그들의 선천적인 생각의 지혜로 이해하려고 힘쓴다. 하나님의 말씀은 예리하고 능력이 있고 생명이 있다(히 4:12). 그러나 어떤 사람이 오로지 말씀을 자신의 지적 능력으로 받을 때, 그는 하나님의 말씀 속에 있는 능력과 생명을 경험하지 못할 것이다.

지적 능력으로 진리를 받아들이는 것은 책, 선생, 또는 성경으로부터 진리를 직접 받는 것을 의미한다. 한편 그것은 성령을 무시하는 것이다. 바리새인들은 이런 식으로 직접 성경을 알았다. 이 때문에, 그들이 알고 있는 것은 생명이 없었고, 하나님에 대한 살아있는 어떤 경험도 없었다. 그 결과 그들은 그분이 그들 앞에 서 계셨음에도 불구하고, 성경의 저자를 인정하지 않았다.

성령께로부터 나오는 것은 무엇이든지 믿음에 속하는 것이다. 그러나 육으로부터 나오는 것은 죽은 행실이다.

제자들이 하나님의 영을 받기 전에는 실제로 그리스도를 알거나 경험할 수 없었던 것처럼, 그와 같이 오늘날 믿는 사람들도 성령의 능력이 아니면 참으로 하나님의 말씀을 이해하거나 깨달을 수 없다.

육신으로 밤새워 일하고 아무 것도 성취하지 못하는 것보다 성령을 통해서 말씀하시는 주님의 말씀을 기다려 한번 그물을 던져서 그물이 가득 차게 고기를 얻는 것이 더 낫지 않겠는가?(요 21:1-6, 참조).

오늘날 교회에서 가장 위험한 상황은 아주 많은 교회의 지도자들이 그들의 영성보다 오히려 타고난 재능 때문에 주요한 지위에 있다는 것이다.

하나님께서는 어떤 다른 부류의 사람을 필요로 하는 이상으로 성령 충만한 사람을 필요로 하신다.

우리가 사람은 오직 성령으로만 구원받을 수 있고, 진리는 오직 성령으로만 이해될 수 있고, 그리고 기도는 오직 성령을 통해서만 응답될 수 있고, 우리의 영적인 삶은 오직 성령으로만 향상될 수 있다는 것을 깨달을 때, 우리는 참으로 성령을 믿고 의지할 것이다.

교회 안에 있는 대다수 사람들은 그들이 많은 진리를 알기 때문에 성령을 무시하고 "승리자들 이상"이 될 수 있다고 생각한다(롬 8:37). 그럼에도 불구하고 경험에 있어서, 그들은 능력이 부족하기 때문에 되풀이해서 실패한다. 이것은 다윗이 골리앗과 싸우기 위해서 사울의 갑옷과 투구를 이용하려고 힘썼던 것에 비유될 수 있다(삼상 17:38-39). 육신의 무기들은 영적인 전투에서는 효과가 없을 것이다. 그러나 성령께서 그분의 검을 사용하실 때, 그것은 아주 강력하다.

혼과 영(히 4:12)을 구별하는 것은 영적인 성장과 관계가 있기 때문에, 아주 필수적이다. 왜 그런가? 이는 만일 그리스도인이 영적인 것과 혼적인 것을 구별하는 것조차도 모른다면 영적인 것을 추구할 수 없기 때문이다.

영적인 사람은 어떤 사람인가? 만일 어떤 사람이 하나님께서 말씀하시기전에는 말할 수 없고, 하나님께서 먼저 움직이지 않으시면 움직일 수 없다면, 만일 하나님을 바라보고, 하나님을 기다리고, 모든 것에서 하나님을 의지한다면, 그 사람은 영적인 사람이다.

하나님의 일을 할 때, 무슨 일을 하고 있느냐가 문제가 아니라, 그보다는, 그 일이 어디에서 시작되었는가가 문제이다. 그 일이 우리의 육신으로부터 시작 되었는가 또는 성령께로부터 시작되었는가?

만일 당신이 하나님을 접촉한다면, 당신은 다른 사람들 역시 그분을 접촉하게 할 수 있다. 그러나 만일 당신이 그저 혼만 접촉한다면, 당신은 사람들에게 단지 당신만 접촉하게 할 뿐이다. 그 차이가 얼마나 엄청난가!

하나님의 말씀이 들어가자마자, 당신은 즉시 혼적인 것과 영적인 것을 구별할 수 있다. 당신 안에 어떤 사람의 판단력보다 더 예리한 판단력이 있다.

육신은 타락해서 당신이 생각하고 느끼는 것 조차도 전혀 믿을 수 없다.

우리 자신을 알도록 하는 것(신 8:2), 이것이 광야 여정의 교훈이다. 하나님께서는 우리가 타락했고, 믿을 수 없고, 회복할 수 없을 정도라는 것을 깨달을 수 있는 곳으로 우리를 데리고 가기 위해서 우리를 실패하게 내버려 두신다.

우리를 향하신 하나님의 계획은, 우리가 구원받은 후, 한 걸음 한걸음 우리가 타락 했다는 더 깊은 지식에 이르게 할 뿐만 아니라, 우리 자신의 의(義)를 더 크게 배제하도록 하는 것이다. 하나님께서는 우리가 자아에서 완전히 해방될 때까지 우리 안에서 계속 일하기를 원하신다. 이것은 믿는 사람 속에 역사하시는 성령의 첫 번째 일, 곧 자아를 자각하도록 이끄시는 것이다.

참으로 있는 그대로 자아를 깨닫는 경험이 얼마나 어려운가! 우리가 자아를 아는 것은 영광을 빼앗기는 것이다. 우리가 자아를 부인하는 것은 우리의 자아가 고통을 당하게 하는 것이다.

믿는 사람이 그와 같이 자기 이해를 경험하는 것을 내켜하지 않기 때문에, 성령께서 그분의 참 모습을 그에게 나타내실 수가 없다. 그 결과, 주님께서는 믿는 사람이 자신을 알도록 하기 위해서 몇몇 괴로운 수단을 사용할 수 밖에 없으시다.

하나님께서 보시기에, 자아보다 더 부정한 것은 없다. 자아는 모든 죄의 근원이다. 자아는 하나님의 가장 큰 적이다. 이는 자아는 언제나 그분으로부터 독립을 선언하기 때문이다. 자아란 무엇인가? 인간이 지니고 있는 것 또는 하나님을 찾고, 기다리고, 또는 의지하지 않고 할 수 있는 것은 무엇이든지 자아다.

하나님께서는 당신이 당신 자신을 알도록 하기 위해서 당신을 죽음으로 인도하는 것 외에 다른 뜻이 없으시다.

하나님께서는 그분의 자녀들이 그들의 노력이 얼마나 무익한가를 깨달을 때까지 그들이 육신적으로 몸부림치고 몸부림치도록 내버려 두신다. 왜 그런가? 이는 우리가 육신적으로 몸부림치는 것이 헛되고 쓸모가 없다는 것을 깨닫게 되는 것은 다만 많은 몸부림을 친 후 뿐이기 때문이다.

하나님께서는 이스라엘의 자녀들을 40년 동안 장기간에 걸쳐서 광야를 통해서 인도하셨다. 따라서 하나님께서는 그들이 그들 자신을 알도록 하려는 이 한 가지 목적으로 매번 그들이 타락해서 죄를 짓는 것을 내버려 두셨다.

만일 당신이 당신의 대단한 자아에 집착하기를 고집한다면, 하나님께서는 당신을 억지로 더 오래 광야에 붙들어 두실 것이다. 그러면 당신은 당신 자신을 죽음에 이르게 하는 광야의 패배를 더 많이 경험할 것이다.

하나님께서는 언제나 인간이 얼마나 타락했는지 알고 계셨다. 더구나, 그분은 우리가 우리 스스로는 이것을 깨닫지 못한다는 것을 알고 계신다. 그러므로 그분은 우리가 그분이 우리 자신에 대해서 언제나 알고 계시는 다는 것을 알도록 우리를 가르치기 위해서 방법과 수단을 사용하신다. 이는 우리가 그분이 우리를 유익하게 하시는 모든 은혜를 받아들이는 것은 우리가 단지 타락했다는 것을 인정한 후 뿐이기 때문이다.

십자가는 원리이다. 이 원리는 자아가 죽고 하나님을 의지하는 것이다.

로마서 6장은 우리가 그리스도와 함께 죽었다고 말씀한다. 로마서 7장은 옛 사람과 새 사람 간의 싸움에 대해서 말씀한다. 그리고 로마서 8장은 성령 안에서 이미 우리 것인 승리에 대해서 말씀한다.

죄가 있는 곳은 어디든지, 자아의 활동이 있다. 따라서 자아가 활동하는 곳은 어디든지, 하나님 앞에 죄가 있을 것이다.

성령의 열매는 하나의 원리, 곧 자아의 완전한 죽음으로만 결정이 된다.

사심(私心)이 없는 것은 사람 속에 있는 모든 선행의 근원이다. 마찬가지로, 이기심은 사람 속에 있는 모든 죄의 근원이다.

사람의 자아의 근원에서 행해지는 것은 무엇이든지, 그리스도의 심판의 보좌에서 그날에 불태워지고, 하나님의 근원에서 행해지는 것은 무엇이든지, 살아남을 것이다(고전 3:12-15).

우리의 육신이 만일 창조된 생명에서 떨어진다면, 살 수 없는 것처럼, 우리의 영적인 생명도 창조자의 생명에서 떨어져서는 살아 갈 수 없다.

하나님께서는 우리가 그분 밖에서 활동하기를 원치 않으신다. 하나님께서는 마치 우리가 그분 없이는 움직일 수 없는 것처럼, 우리 자신이 죽고 그분을 의지하기를 원하신다.

주님께서는 당신의 일이 얼마나 선(善)한지를 묻지 않으실 것이다. 그분은 다만 누가 그 일을 하느냐, 곧 그분의 성령이 하시느냐 또는 당신의 육신이 하느냐?를 물으실 것이다.

하나님에 대해서 배우고 순간순간 그분을 신뢰하는 것 외에는, 내가 성화된 삶을 사는 어떤 방법도 모른다는 것을 당신에게 말하도록 하라. 하나님을 의지하지 않고 우리는 아무것도 할 수 없고, 단 하루도 그리스도인으로 살 수 없다.

자아를 의지하는 것은 모든 패배의 원인이다.

타락으로 사람의 최초 마음속에 존재하는 작용은 그의 마음이 기능에 있어서 역량(力量)이 커졌다는 것이다. 타락이전, 사람은 마음의 분명한 선천적인 특질이 있었다. 그러나 타락 후, 그의 마음은 그에게 갖도록 하는 것이 원래 하나님의 의도였던 것들의 일부분을 갖기 시작했다. 그러나 그 방법으로 그는 그런 것들을 얻지 못했다. 이런 이유 때문에, 바울은 에베소서 6장 17절에서 믿는 사람들이 "구원의 투구를 쓰라"고 말씀한다. 이 구절은 사람의 마음의 해방에 대한 필요성을 보여 주는데 도움이 된다.

우리는 하나님의 뜻을 행할 책임이 있다. 그러나 우리가 그분의 뜻을 행한 후 우리에게 확실한 결과를 경험하게 하는 그것을 보여 줄 책임이 있는 분은 하나님이시다.

어떤 부류의 사람이 하나님의 뜻을 알 수 있는가? 하나님께서 그 사람 자신의 빈틈없는 재능에서 그 사람을 해방시키신 사람이다. 당신의 마음은 당신이 하나님의 뜻이 무엇인지를 입증하기 전에 새로워져야만 한다(롬 12:2).

어떤 사람은 자신의 육신 또는 선천적인 생명이 얼마나 잘못되었는가를 끊임없이 자백하지만, 그럼에도 불구하고 시종 자신의 모든 생각과 판단을 소중히 여긴다. 그는 자신의 연약함을 입으로는 인정하지만, 그의 마음은 여전히 자기 자신의 생각과 영리함으로 가득 차 있다. 그는 자신의 생각이 다른 사람의 생각보다 더 낫고 자신의 방법이 다른 사람들의 방법보다 더 낫다고 생각한다. 이런 사람들은 그의 입술은 하나님의 뜻으로 가득 차 있지만, 실제로는 하나님의 뜻을 거의 알지 못하는 사람들이다.

당신의 선천적인 생명이 하나님에 의해서 처리될 때, 그분의 뜻이 분명해지기 시작할 것이다.

우리는 이 세상의 수재(秀才)가 다른 문제에 있어서는 유능할지 모르지만, 이 한 가지는 확실하다. 이 세상의 수재는 영적인 문제에 있어서는 전혀 무익한 것이 확실하다.

Chapter 8

믿음에서 믿음으로

" **복**음에는 하나님의 의가 믿음에서 믿음까지 계시되어 있나니 이것은 기록된 바 오직 의인은 믿음으로 말미암아 살리라 함과 같으니라"(롬 1:17, KJV). 우리의 믿음이 커지면 커질수록, 더욱 더 하나님의 의(義)에 대한 계시를 깊이 경험한다.

교리는 사람들이 어떤 진리를 이 세상에 알기 쉽게 하려고 노력하는 것이다. 진리는 내가 그리스도의 형상으로 변화되어 주 예수님께서 성취하신 실체들을 경험함으로 하나님 앞에서 어떤 사람이 되는 것이다. 실체란 무엇인가? 진리가 실체이다. 예수님께서는 진리이시다(요 14:6). 이것이 우리의 실체가 되어야 한다.

흔히 우리는 실제로 진리가 무엇인지를 모른다. 우리가 하나님께

다가 갈 때, 우리는 하나님의 진리보다 오히려 우리 자신의 감정을 의지하고, 그분의 진리보다 우리 자신의 경험을 의지한다. 우리는 때로 하나님의 진리는 우리의 감정 그리고 경험과 반대가 된다는 것을 깨달아야 한다. 그 해결책은 무엇이 진리인가를 분별하는 법을 배우는 것이다. 어느 것이 진리인가. 주 예수님께서 나를 위해서 하나님 앞에서 성취하신 것인가 아니면 내가 느끼는 것인가 또는 경험하는 것인가?

우리가 언제나 우리의 감정으로 자유를 얻을 수 없고, 우리를 자유하게 하는 것은 유일무이한 하나님의 실체 또는 진리임을 기억하기를 기원한다.

우리는 구원은 감정의 문제가 아니라, 진리의 문제라는 것을 속지 말고 언제나 기억해야 한다.

무엇이 사람을 자유롭게 할 수 있는가? 오직 진리만이 인간을 자유롭게 할 수 있고, 오직 실체만이 우리를 자유롭게 할 수 있다. 만일 누구든지 자기 자신의 감정과 경험을 의지한다면, 그는 끊임없이 패배하게 될 것이다(요 8:32; 14:6, 참조).

진리는 설교를 통해서 얻어지는 것이 아니라, 하나님의 깨우침을 통해서 나온다.

계시를 받는다는 것은 진리를 소유한다는 것이다. 깨달음이 없는 교리를 소유하고 있는 사람들은 모두 그들의 마음이 지식으로 가득 차 있다. 계시를 받은 사람만이 생명과 실체가 있다.

당신이 계시를 받을 때, 당신은 당신 자신의 경험에 마음을 쏟지도 또 자신의 감정에 주의를 기울이지도 않을 것이다. 그보다, 당신은 하나님께로부터 나오는 것이 절대적으로 믿을 수 있고 확실하다는 것을 믿을 것이다.

성령께 계시를 받는 사람만이 실체로 들어갈 수 있다.

성경에 하나님께서 언제나 둘째 사람을 선택하시는 것처럼 보이는 이유는 무엇인가? 이스마엘은 큰 아들이었지만, 그럼에도 하나님께서는 작은아들 이삭을 선택하셨다. 에서는 형이었지만, 하나님께서는 동생 야곱을 선택하셨다. 왜 하나님께서는 첫째를 거절하시고 둘째를 받아들이셨는가? 이 세상에 먼저 온 것은 영에 속한 것이 아니요, 본성에 속한 것이요 그 다음에는 영에 속한 것이라(고전 15:46, KJV). 이것이 성경에서 시종 볼 수 있는 둘째의 원리 또는 법칙이다.

"사람이 거듭나지 아니하면 하나님의 왕국을 볼 수 없느니라"(요 3:3, KJV). 이 구절에서, 우리 주님께서는 이전에 태어난 것은 적합하지 않다는 것을 암시하신다. 사람은 다시 태어나야 한다. "육에서 난 것은 육이요 성령께로부터 난 것은 영이다"(요 3:6, KJV). 부모로부터 선천적으로 우리에게 주어진 것, 곧 육으로부터 태어난 것은 무엇이든지 첫째에 속한다. 그러나 육신의 수단으로 태어난 것이 아니라, 성령으로 태어난 것은 무엇이든지, 둘째에 속한다. 오늘날 그리스도인들은 부모를 통해서 주어진 것과 성령을 통해서 하나님께서 우리에게 주신 것, 곧 첫째와 둘째를 구별하는 법을 배워야 한다.

하나님께서는 결코 선한 일 그 자체에 주목하지 않으신다. 그분은 오직 이런 선한 일의 근원에 주목하신다. 당신의 선한 일의 근원은 무엇인가? 그 선한 일이 자아로부터 나오는가 또는 성령으로부터 나오는가? 그런 질문을 하는 우선적인 원칙은 무엇인가? 그것은 아주 분명하게, 이 첫째 또는 둘째 문제와 관련되어 있다. 하나님께서는 언제나 첫째를 거절하시고, 둘째를 받아들이신다.

실제로, 그리스도인들은 보통 첫째의 악한 것을 제거하고, 선한 것을 사용한다. 이와 같이, 하나님께서는 영적인 것에 선천적인 것을 혼합하는 것을 기뻐하지 않으신다.

만일 하늘에서 오신 분이 육신을 전적으로 의지하지 않으시고 그보다도 성령을 의지하셨다면, 우리는 훨씬 더 많이 성령을 의지하여야 하지 않겠는가?

우리가 주님께서 다시 오시는 그 날까지 하나님의 생명으로 선천적인 생명을 날마다 죽음에 처하게 하기를 기원한다. 하나님의 새로운 피조물이 우리의 옛 피조물을 완전히 삼켜 버리기를 기원한다.

하나님께서는 오늘날 당신을 위해서 무엇인가를 하시는 것이 아니다. 아니다. 그분은 이미 그리스도 안에서 모든 것을 하셨다. 만일 당신이 이 사실을 믿는 다면, 그 성취된 사실이 오늘날 당신의 경험이 된다.

대다수 미숙한 믿는 사람들은 승리를 얻기 위해서 그들 자신의 힘으로 필사적으로 매달리려고 한다. 그러나 그들은 시험을 받자마자, 넘어진다. 우리가 배울 필요가 있는 교훈은 우리가 승리를 얻기 위해서 끝까지 매달려서 발버둥 칠 필요조차 없다는 것이다. 하나님께서는 당신과 내가 승리를 바라는 훨씬 이상으로 그분의 말씀에 충실히 마음을 쓰신다. 단지 믿기만 하라, 그러면 하나님께서는 그 결과를 책임지고 떠맡으실 것이다.

만일 당신이 승리하지 못한다면, 그 까닭은 당신이 믿지 않기 때문이다. 이는 우리는 믿자마자, 즉시 승리하기 때문이다(마 17:19-20, 참조).

만일 우리가 우리의 삶을 위한 하나님의 뜻을 알지 못한다면, 무엇인가 아주 분명히 잘못되어 있다. 이는 "나를 따르는 자는 어둠속을 다니지 아니하리라"고 말씀하셨기 때문이다(요 8:12, KJV).

하나님의 뜻은 우리 밖에 있지만, 그리스도의 마음은 우리 안에 있다. 그 결과, 만일 우리가 그분의 뜻을 찾는다면, 그분은 우리에게 그분의 뜻을 이해하게 하실 것이다.

십자가는 교리일 뿐만 아니라, 경험이다. 만일 실제로 죽었다면, 실제로 열매가 있을 것이다. 만일 죽음이 없다면, 열매도 없을 것이다. 죽음의 정도가 생명의 양을 결정 한다. "채찍의 수"(잠 20:30, KJV)가 생명이 넘쳐 나오는 총량(總量)의 척도가 된다,

한 알의 밀은 열매를 맺기 전에 땅에 떨어져 죽는 것이 필요하다(요 12:24). 밀은 부드럽든지 또는 단단하든지, 선천적인 자아생명 밖에 있는 껍질이 안에 있는 신적인 생명이 넘쳐 나오는 것을 방해한다. 오직 십자가의 역사를 통해서만 이 겉껍질이 깨어질 것이다.

그의 겉껍질이 깨어지지 않고 남아 있다면, 안에 있는 그 실제적인 사람을 접촉하는 것이 얼마나 어려운 일인가.

열매를 맺는 법칙은 죽음이다. 하나님께서 많은 열매를 수확하실 수 있도록 우리가 땅에 떨어져 죽기를 기원한다.

영적인 법칙 또는 원리가 있다. 고난이 없는 곳에는 능력도 없다. 그러나 고난은 능력을 초래(招來)할 수 있고 능력을 초래한다. 그리스도인이 능력이 무엇인가를 알려면, 그는 먼저 고난이 무엇인가를 아는 것이 필요하다. 신약의 사도들에게 고난은 항상 있었다. 그들은 날마다 고난을 받았고 무거운 짐을 지고 있었다. 이는 사도들이 몹시 압박을 받고 있었기 때문이다. 그러나 아무도 그들과 같은 능력이 없었다. 이는 고난이 사도들에게 하나님을 바라보도록 했기 때문이다.

성경이 고난과 능력의 관계에 대해서 우리에게 가르치는 것은 무엇인가? 한쪽은 다른 쪽과 정 비례한다. 고난으로 압박을 경험해본 사람만이 능력이 무엇인지를 안다. 따라서 고난이 크면 클수록, 더욱 더 능력이 크다.

대다수의 형제 자매들은 고난 중에 연약하기 때문에 죄에서 해방되지 못한다. 그들은 죄가 그들에게 지우는 고난을 적절하게 이용하는 방법을 배우지 못했다. 그들은 고난을 이겨내기 위해서 그들의 선천적인 힘을 완전히 버리고 그분의 힘을 전적으로 의지하지 않았다.

우리가 행동하지 않는 어떤 기도도 하나님을 움직일 수 없다. 그것은 단지 능력의 문제이다. 더욱이, 능력은 고난에 의해 결정되므로, 모든 고난은 어떤 목적이 당연히 따른다.

부활은 죽음을 겪고도 존재하는 생명이다. 선천적인 것은 죽음을 겪은 후에는 되살아날 수 없다. 하나님께 속한 모든 것은 죽음을 겪은 후에 살아날 것이다. 하나님께서는 우리가 죽음을 겪는 것과 죽음을 겪을 수 없는 것, 그리고 선천적인 것과 그리스도께 속한 것, 또는 자연적인 것과 초자연적인 것이 무엇인가를 알도록 하기 위하여 우리들을 죽음에 이르도록 내버려 두셨다.

하나님께서 우리 모두가 다만 그분의 부활의 사실만이 아니라, 그분과 그분의 부활의 "능력"을 알(경험) 수 있도록 바울 사도처럼 밀어 붙이는 은혜를 주시기를 기원한다(빌 3:10).

우리가 새로운 고난을 만날 때마다, 우리는 그것을 능력으로 바꾸어 놓아야 한다. 만일 우리가 이렇게 한다면, 우리의 능력은 각각 새롭게 마주치는 고난을 통해서 커질 것이다. "우리가 사방에서 고난을 당하나 괴로워하지 아니하며 곤란을 당하여도 절망하지 아니하며 핍박을 받아도 버림받지 아니하며 거꾸러뜨림을 당하여도 망하지 아니하며 우리가 항상 주 예수님의 죽으심을 몸에 짊어짐은 예수님의 생명 또한 우리 몸에 나타나게 하려 함이라"(고후 4:8-10, KJV). 오직 고난을 능력으로 바꾸어 놓을 때만이 예수님의 생명이 우리를 통해서 나타난다.

오늘날 그리스도인들이 어려움이 거의 없고 고난이 거의 없는 행복한 삶을 바라보는 것은 얼마나 부끄러운 일인가. 그들은 고통스러운 일을 만날 때마다, 하나님께 그것을 없애달라고 기도한다.

어떤 사람이 죄를 저지를 때마다, 그것은 두 가지 결과를 낳는다. 첫째, 그것은 그에게 죄의 쾌락을 준다. 둘째, 그것은 그에게 더 많은 죄에 대한 갈망을 일으킨다.

어떤 그리스도인이 그리스도인의 경험은 사슬과 같다는 것을 깨달았다. 이 경험은 그리스도인이 영광에 이를 때까지, 계속해서 경험하는 죽음과 부활과 그리고 휴거의 사슬고리이다.

Chapter 9
주의하라

사탄은 사람의 혼을 원한다. 아 아 , 사람들이 얼마나 그들의 혼을 대가없이 기꺼이 팔고 있는가!

만일 교회에서 사람들이 높아지려고 애를 쓴다면, 이것은 세상의 가치를 교회로 받아들이는 것이다.

의(義)의 가치는 모든 다른 것들을 훨씬 능가한다.

이 세상에서 우리에게 이득이 되는 무엇이든지 그분의 일을 하는데 있어서 그리스도에 의해서 손실로서 계산된다. 그렇다, 예수 그리스도를 깊이 알고 섬기는 특별한 특권과 비교해 볼 때, 모든 것들은 진정한 가치가 없고 정말로 찌기와 같다(빌 3:7-8, KJV).

복음이란 무엇인가? 복음은 그분의 선하신 뜻에 따라서 하나님께서 사람들에게 주시는 은혜다. 복음은 죄인들의 필요에 따라서가 아니라, 하나님의 부요하심에 따라서 죄인들에게 주신 풍족한 용서다.

주님께서는 두 가지 이유 때문에 우리를 용서 하신다. 첫째, 그분은 우리가 자유 할 수 있도록 우리의 죄를 용서하신다. 둘째, 그분은 또한 우리가 용서하는 능력을 갖기를 원하신다. 이와 같이 그분은 우리가 용서하는 마음으로 충만할 때까지 우리를 성령의 훈련 하에 맡기신다.

비판과 용서하지 않는 마음이 교회 안에 커질 때, 많은 문제가 일어난다. 우리가 몸소 하나님의 권위에 복종하자. 이는 하늘의 왕국은 용서로 가득 차 있기 때문이다.

아버지께서 아들에게 이렇게 말씀하셨다. "내가 네 원수들을 발판으로 삼을 때까지 너는 내 오른편에 앉아 있으라"(시 110:1, KJV). 세상에서, 교회의 은혜 시대에, 예수님께서는 세상의 사건들을 즉시 처리하지 않으신다. 그분은 그분의 적들이 그분의 발판이 될 때까지 기다리실 것이다. 이 때문에, 아버지께서는 그분의 아들을 위한 새로운 왕국을 세우기 위해서, 이 은혜 시대에 그분의 일을 계속하신다.

그리스도인들은 영적인 생활을 함으로 이 시대에 하나님의 은혜를 유지하려는 오직 한 가지 목표만 있어야 한다.

사람들이 사형선고를 받은 것과 같이(고전 4:9), 모든 사람들 중 맨

꼴찌로 간주되는 것이 믿는 사람들의 목표가 되어야 한다.

초대 교회의 순교자 중에, 대다수 사람들 용기와 마음의 평온을 보였기 때문에 목격자들이 깊은 감동을 받았다. 자기들이 그리스도인들을 죽인 후, 주 예수 그리스도를 믿고 순교하기를 원했던 꽤 많은 로마 병사들의 이야기가 있다.

이방인들은 그들이 구원을 받기 전 율법이 없었다. 그들은 구원받은 후에도 율법을 지키라는 요구를 받지 않았다. 이는 하나님께서 이방인들에게 율법을 주지 않으셨기 때문이다.

율법의 역할은 약속을 성취하는 것이다. 목적은 은혜이며, 수단은 율법이다. 율법은 사람들을 은혜에 이르게 하는 도구로 사용되어야만 한다.

율법은 육신에 대해서는 율법의 요구가 있다. 그러나 우리는 성령 안에 있다. 우리가 성령 안에서 새 삶을 시작한 후, 만일 우리가 육신 안에 있다면 그 생명이 성장하기를 기대할 수 있겠는가?(갈 3:3).

율법을 어기는 것은 육신이다. 그리고 율법을 지키려고 꾀하는 것도 또한 육신이다. 성령의 생명과 열매는 육신에 속하기보다 오히려, 성령에 속한다. 따라서 성령의 생명과 열매는 율법이 미치지 않는다. 만일 당신이 율법을 지키려고 한다면, 그것을 꾀하는 것은 당신의 육신이다. 율법이 관여함과 동시에 성령께서는 활동을 중단하신다. 우리가 새 생명을 받을 때, "율법의 의(義)의 요구"(롬 8:4)는 이미 우리 안에서 성취되었다. 우리는 율법을 지킬 필요가 없다. 이는 율법의 법령은 그들의 육신이 아니라, 성령을   아 행하는 사람들 안에서 성취되었기 때문이다(롬 8:4).

우리는 율법을 지킬 필요가 없다. 이제 우리는 율법이 요구하는 의(義)가 있다. 이것이 복음이다.

하나님께서는 우리 안에 의(義)를 불러일으키시기 위해서 율법이 아닌 다른 수단을 사용하셨다. 하나님의 의(義)는 그리스도께서 십자가에서 완성하신 일을 믿음으로 우리에게 생긴다. 우리는 그리스도와 함께 연합되었다. 하나님을 기쁘시게 하려는 시도로 율법으로 돌아가는 사람은 누구든지 간통한 여인이 된다.

대다수 믿는 사람들이 그들의 영적인 삶에 향상이 없다. 이는 하나님의 뜻을 행하지 않거나, 또는 하나님의 뜻을 행하는 법을 모르기 때문이다.

오늘날 대다수 그리스도인들은 하나님께서 그들의 소원을 들어주시기를 바라면서, 그분의 종이 되어, 그분을 기다리며, 그분의 소원을 구하기보다는, 오히려 그분을 그들의 종처럼 취급한다.

하나님께서는 모든 믿는 사람들의 일생의 일과 일상생활을 위한 명확한 계획을 가지고 계신다. 믿는 사람들의 삶을 위한 하나님의 뜻과 계획을 거역하는 것은 믿는 사람들의 모든 실패의 근원이다.

만일 우리가 우리의 삶을 위한 하나님의 뜻을 모른다면, 그것은 하나님 편에 무엇인가 부족한 것이 있기 때문이 아니다. 그와는 반대로, 우리가 우리의 마음을 열어 그분의 뜻에 귀를 기울이지 않기 때문이다 (요 10:27).

어떤 문제에 있어서 하나님의 뜻을 알려면, 우리가 먼저 우리 자신의 견해를 버리는 것이 절대필요하다. 왜 그런가? 그런 편견이 우리의 마음에서 하나님의 뜻을 보이지 않게 가리기 때문이다.

하나님의 뜻을 알기 위한 선행조건으로 우리 자신의 생각에서 벗어나는 것은 너무나 중요해서 결코 지나친 강조가 될 수 없다.

우리는 "오 주여, 당신의 뜻을 나에게 보여 주소서, 내가 기꺼이 행하겠나이다"라고 무릎을 꿇고 입술로는 얼마나 많이 기도하는가? 하지만, 우리는 입술로는 그렇게 말하지만, 우리의 마음은 그분의 뜻에 동의하지도 그분의 뜻을 행하기를 원치도 않는다.

만일 우리 안에 이미 은밀한 욕망이 있다면, 주님의 뜻을 구하는 것은 무익하다.

대다수 믿는 사람들이 대체로 성령의 생명뿐만 아니라, 그들의 삶 가운데서 성령의 경험이 없다는 것은 통탄할 일이다. 그 결과, 그들은 성령의 영감과 혼의 자극을 구별할 수가 없다.

사탄은 선한 일을 행하는 그리스도인들을 두려워하지 않는다. 사탄은 단지 그리스도인들이 하나님의 뜻을 행하는 것을 두려워할 뿐이다. 사탄은 믿는 사람들이 하나님의 뜻을 행하지 못하도록 꾀어낼 수 있는 한, 그는 아주 만족한다.

"은혜를 적게" 받은 사람만이 그들이 받은 것을 자랑하는 경향이 있다.

겸손은 자신을 덜 주목하는 것이 아니다. 겸손은 자신을 전혀 주목하는 것이다.

우리가 주님께 순종함으로 얻는 보답은 다음에 시험을 받을 때 자아를 부인하고 주님께 순종하는 능력을 더 많이 받는 것이다. 마찬가지로, 주님께 불순종하는 것은 다음에 시험을 받을 때 자아에 더 많이 굴복해서 주님을 더 많이 거역하므로 그에 대한 벌을 받는 것이다.

이 세상에서, 주님께서는 우리의 순종을 통해서 그분을 우리에게 더 분명하게 보여 주신다. 따라서 우리의 기쁨은 순종의 결과로 생기는 고난을 통해서 커진다. 절대적인 순종이 얼마나 드문가. 하지만, 순종이 얼마나 즐거운 일인가.

대다수 그리스도인들은 그들이 순종한 것을 강조하는 경향이 있다.

따라서 그들은 그들이 얼마나 불순종했는가를 인정하지 않고, 그들이 주님을 얼마나 다정하게 사랑했는가를 자랑한다.

사람들은 대체로 자신들이 충실했던 일이 그들의 생각을 채우도록 한다. 그들은 그들이 충실하지 못했던 일은 무익하고, 율법주의적이고, 또는 모순된 것으로 간주한다. 사람들은 또한 그들이 충실했던 그런 부분에 대해서는 더 엄격하고, 불충실했던 부분에 대해서는 실로 타협하는 경향이 있다.

자신에게는 공정하고 다른 사람에게는 관대한 것은 필연적으로 큰 손해가 따른다. 그럼에도 불구하고 이것이 우리가 그리스도와 함께 다스리도록 인도하는 하는 길이다. 그리스도인들은 그들 자신들에게는 엄격히 공정하고 다른 사람들에게 극히 관대하는 법을 배워야 한다.

만족은 그리스도인의 가치이다. 하나님께 모든 것을 바치는 것이 이 가치를 얻는 첫 단계이다. 세상 것을 갈망하는 믿는 사람들은 허영을 추구하지 않을 수 없다.

만일 우리가 그리스도 안에 가지고 있는 모든 것이 영원하고 참되다는 것을 우리에게 이해시키실 수 있는 성령께 영적 통찰력을 받지 않는다면, 우리는 필연적으로 세상 것들을 몹시 탐을 낼 것이다.

우리가 성령께서 우리 안에 십자가의 영을 작용시키시도록 하지 않는 한, 우리는 명성을 얻으려는 악한 욕망으로부터 예외가 될 수 없을 것이다. 주님을 사랑하기에 이른 사람만이 이렇게 하여 세상에서 위대함을 추구하지 않을 것이다.

성도들이 진정 마음으로 세상에 대하여 죽는 것은 그들이 다만 주님의 죽으심 안에서 그분께 연합될 때뿐이다.

오늘날 믿는 사람들 가운데 침묵이 부족하다. 그들은 너무 많은 말을 하며 "조용히 지내지 못한다"(살전 4:11, KJV).

하나님께 은혜를 많이 받은 사람은 대개 그들의 머리를 숙인다. 단지 그리스도 안에 깊이 못박지 못한 사람만이 무례한 경향이 있다(잠 18:2, 참조).

말수가 적은 삶은 대체로 향기로운 삶이다. 만일 우리가 말을 적게 한다면, 우리가 하는 말이 더 영향력이 있을 것이다. 수다는 우리의 영성을 누설시키는 핵심이다.

성령 충만한 사람은 주님께 받지 않은 어떤 것도 말하지 않을 것이다. 그는 단 한마디도 자기에게서 나오는 말을 하지 않을 것이다. 만일 우리가 이 분야에서 참으로 성령께 순종하는 법을 배운다면, 우리가 매일 하는 말은 반으로 줄어들 것이다! 이것이 하나님을 영화롭게 해드릴 것이다.

말을 하지 않으려는 수단으로 이를 가는 것은 주님 앞에서 조용히 하는 것이 아니다. 이는 마음은 이미 말을 했기 때문이다.

우리는 우리의 영적인 생활에 얼마나 자주 무미건조함을 경험하는가. 우리는 만족하지 못하고 부족함을 느낀다. 여전히 이것은 우리의 불신앙 때문이다! 만일 우리가 참으로 그분의 말씀을 믿는다면, 목마르지 않을 것이다(요 4:14).

성도들의 영적인 삶이 더 건강하고 더 강해질수록, 그들은 사람들과 덜 만난다(렘 15:17).

하나님께서는 언제나 인내하신다. 그러므로 그분은 성령으로 영감을 주실 때, 그분의 시간을 서두르지 않으신다. "믿는 이는 서두르지 않을 것이다"(사 28:16, KJV). 돌연한 충동과 감정은 열 번 중 아홉 번은 주님께 나온 것이 아니다.

그리스도인으로서, 우리의 사역의 원칙은 언제나 이렇게 되어야 한다. "사망은 우리 안에서 역사하고 생명은 너희 안에서 역사하느니라"(고후 4:12, KJV). 십자가의 영이 참으로 우리 기준이 되어야만 한다.

대다수 그리스도인들은 우리가 아직 죄인이었을 때만 하나님의 은혜가 필요했다고 생각하는 함정에 빠져있다. 우리는 우리의 일생동안, 우리가 구원받은 후에도, 여전히 하나님의 은혜를 필요로 한다는 것을 잊는다. 실로 그리스도인의 생활에서 우리가 그분의 은혜 아래 있지 않은 한순간도 없다.

하나님의 은혜가 없었다면, 우리는 오래 전에 진멸되었을 것이다(애 3:22). 할렐루야, 주님께서 우리에게 은혜를 주셨다!

하나님께 충실한 성도에게 골치 아픈 것은 죄를 죄로 여기지 않고 그보다는 죄를 숨기기 위해서 새로운 방법을 꾸며내는 사람들이다. 더욱 더 어지럽게 하는 것은 죄를 그토록 가볍게 여기는 많은 그리스도인들이다. 이들이 점차 죄에 대한 그들의 민감함을 잃어버리는 것은 얼마나 애석한 일인가.

그들의 삶속에서 승리하기보다는 더 많은 패배의 결과로, 꽤 많은 믿는 사람들은 죄를 이겨내는 것이 불가능하다고 생각함으로, 그들 자신을 변명하기 시작한다. 게다가 이런 죄들이 그들의 생활을 압도할 때, 책망하는 양심의 소리는 점점 희미해져 간다. 얼마나 비참한가! 얼마나 타락했는가!

영적인 예민함과 육체적인 감각은 한 가지 면에서 엇비슷하다. 만일 우리가 입은 상처가 필요 이상으로 자주 바람과 추위에 노출된다면, 우리는 무감각해진다. 더욱이 만일 우리가 영적인 예민함을 잃어버린다면, 영적인 생명은 곧 바싹 마를 것이다.

매번 우리는 스스로 우리의 삶이 매우 바쁘다고 생각한다. 그러나 그것은 단지 우선순위의 문제가 아닌가? 우리는 "매우 바쁘다," 그럼에도 불구하고 여전히 하루에 세 번 식사 시간을 알고 있다.

Chapter 10
은혜 위에 은혜

"**은**혜 위에 은혜"란 무엇인가?(요 1:16, KJV). 그것은 하나님께서 그리스도를 영접하는 모든 사람들에게 주시는 은혜에 더한 은혜, 은혜에 잇따른 은혜, 그 위에 우리가 이미 은혜를 받았기 때문에 더 큰 은혜, 곧 축복된 몫이다. 각각의 축복은, 우리가 그 축복을 붙잡을 때, 하나님께서 더욱 더 많은 축복을 주시기 위해서 사용하시는 토대가 된다.

우리 모두는 병든 사람들이다. 그러면 하나님께서는 우리를 어떻게 처리하시는가? 하나님께서는 두 가지 조치를 취하신다. 첫째, 우리가 병들었다는 것을 알게 하신다. 둘째, 우리에게 의사를 요청하도록 권유하신다.

하나님께서는 우리가 죄인이라는 것을 알게 하기 위해서 우리에게 율법을 보내신다. 다음에 우리가 치료받을 수 있게 하기 위해서 주 예수 그리스도를 보내신다. 사람들은 두 번째의 도움을 받을 수 있기 전에 첫 번째의 진리를 받아들여야만 한다. 만일 그들이 기꺼이 율법의 증언을 받아들이지 않는다면, 그들은 은혜와 진리의 도움을 받을 수 없을 것이다.

의사가 환자를 진찰할 때, 그는 먼저 처방전을 쓰기 전에 병을 진단한다. 처음에 나는 내가 건강이 아주 좋다고 생각한다. 그러나 의사는, 나의 맥박을 감지하고, 나의 체온을 측정하고, 주의 깊게 나를 진찰 한 후, 나에게 내가 병든 사람이라고 말한다. 이전에는 나는 나 자신이 선한 사람이라고 생각했다. 그러나 지금 나는 내가 죄인이라고 말하는 율법을 만났다. 율법의 역할은 사람들에게 그들이 속에 병이 들었다는 것을 보여주는 것이다. 의사의 역할은 병을 치료하는 것이다.

하나님의 복음은 두 면을 포함한다. 첫째, 우리가 그분의 의(義)로 하나님 앞에서 살 수 있게 하기 위해서 그리스도를 우리의 의(義)가 되게 한다. 둘째, 우리가 세상 앞에 진정한 증인으로 살아가게 하기 위해서 그리스도께서 우리 안에 그분의 삶을 사시게 한다.

복음은 두 가지 면이 있다. 하나님 앞에서 객관적인 면과 우리 안에서 주관적인 면이다. 한편에는 칭의(稱義 : 예수 그리스도를 믿는 사람들을 하나님께서 의롭다고 선언하시는 것-역주)가 있고 다른 편에는 중생(重生 : 영적으로 거듭나 새 사람이 됨-역주)이 있다. 칭의는 하나님 앞에서 우리의 새로운 지위이다. 중생은 우리에게 우리 안에 새 생명을 준다.

옛 언약은 우리가, 스스로는 지킬 능력이 없는 말씀으로, 돌 판에 새겨졌다. 그러나 새 언약은 우리에게 그것을 지킬 능력을 주시기 위해서 우리 안에 사시는 성령에 의해서, 마음에 기록되었다(렘 31:33). 하나님께서는 우리에게 외면의 법을 지키라고 명령하지 않으셨다. 하나님께서는 내면의 법을 지키라고 명령하셨다.

죄인들이 일반적으로 마음에 품고 있는 하나님의 구원은 다음과 같다. 내가 당신에게 일을 맡기고, 당신은 나에게 급료를 준다. 나는 아들이 아니라, 고용된 종으로, 내가 얼마나 일을 했느냐의 평가에 따라서, 나는 그 만큼 급료를 받는다. 얼마나 애석한 일인가!

우리는 몸이 죄의 속박 속에 있기 때문에 죄의 노예가 되어 있다. 몸이 십자가에 의해서 죽지 않는다면, 십자가에 의해서 죽을 때까지, 시종일관 몸은 죄의 노예가 되어 있을 것이다.

하나님께서 보시기에, 인간의 몸은 참으로 "죄의 몸"이다(롬 6:6). 이는 죄가 몸의 주인이기 때문이다.

만일 죄가 우리의 죽을 몸을 지배한다면, 그것은 우리가 죄에 복종하기 하기 때문이 아니라, 오히려 우리가 죄가 우리를 지배하기를 원하기 때문이다.

만일 우리가 주님께서 우리를 위해서 성취하신 것을 선택하기 위해서 우리의 의지를 사용하지 않는다면, 주님께서 이미 우리의 옛사람을 십자가에 못박으셨다하더라도, 우리는 우리의 경험 속에서, 여전히 죄의 노예가 될 것이다.

만일 주님과 함께 죽었다는 것을 믿는 그리스도인이 아직도 죄를 막아내기 위해서 자기의 의지를 발휘하지 않는다면, 그의 믿음은 생명이 없고 무력하다. 우리는 우리의 의지를 하나님께 양도(讓渡)해야만 한다. 다른 방법으로는, 승리가 불가능하다. 우리는 죄를 짓지 않겠다는 결심을 할 뿐만 아니라, 의(義)를 실천하겠다는 결심을 해야만 한다.

죄는 두 면이 있다. 겉으로는 하나님 앞에서, 우리의 죄가 용서받고 그분에 의해서 깨끗이 씻겨 지는 것이 필요하다. 한편 우리 속에서, 우리가 죄에서 해방되기 위해서 죄가 무력화되어야만 한다.

죄가 두 면이 있는 것처럼, 죄에서 해방도 두 면이 있다. 주님께서는 우리를 죄의 형벌에서 구원하실 뿐만 아니라, 죄의 능력에서 해방시키신다. 우리의 구원이 완성되는 것은 다만 우리 안에 이 두 면이 성취되었을 때뿐이다.

우리의 옛 사람이 십자가에 못 박힌 목적이 무엇인가? 그것은 우리의 죄의 몸을 실직시키거나 또는 무력하게 하기 위해서, 곧 죄의 몸을 멸하기 위해서다(롬 6:6).

주 예수께서 우리를 위해서 획득하신 승리의 삶을 그만큼 적게 경험하는 이유가 무엇인가? 이는 주님께서 우리를 위해서 성취하신 것에도 불구하고, 우리가 그분의 일을 받아들이지도, 그분이 성취하신 일을 믿지도 또는 그분의 승리를 믿음으로 받아들이지도 않기 때문이다.

"나를 사랑하는 자는 내 아버지께 사랑을 받을 것이요 나도 그를 사랑하여 그에게 나를 나타내리라"(요 14:21, KJV). 나는 그리스도인들 중에 유명한 사람들을 많이 만났다. 그러나 나는 비교적 그들 중 소수만이 실제로 하나님을 안다는 것을 유감으로 생각한다. 대다수 사람들은 성경을 공부하는 방법은 알지만, 하나님은 모른다. 그들은 성경은 알지만, 그럼에도 하나님의 능력은 모른다. 그들 중 어떤 사람들은 그들이 경험하지 않은 것조차도 설교할 수도 있다. 이렇게 되는 이유가 무엇인가? 이는 주님께서 그것을 그들에게 계시하지 않으셨고, 그들이 주님을 사랑하지도 그분의 계명을 지키지도 않았다는 것을 의미한다.

하나님께서 그분을 믿는 사람을 위해서 예비하신 것은 영생이지만, 그분을 사랑하는 사람들을 위해서 예비하신 것은 장래 일을 보여 주시는 것이다(고전 2:9-10).

Chapter 11
영광에서 영광으로

하나님께서 모세에게 말씀하셨을 때, 왜 그분 자신을 아담의 하나님으로 선언하지 않으셨는가? 이는 그분은 육신의 씨의 하나님이 아니라, 믿음의 씨의 하나님이시기 때문이다.

부활은 무엇을 의미 하는가? 부활은 선척적인 것은 죽고 초자연적인 것이 태어났다는 것을 의미한다.

하나님의 말씀에 의하면 가장 근본적인 죄는 불신앙이다. 이것은 모든 죄의 뿌리이다. 우리가 성경이 가장 강조하는 근본적인 죄에 대해서 그만큼 적게 주의를 기울이고 있으니 얼마나 애석한 일인가!

오늘날, 사람들은 죄의 뿌리보다는 여러 가지 단편적인 죄들에 주의를 기울인다. 그렇게 함으로서, 그들은 생명 그 자체를 받는 것이 아니라, 그리스도의 십자가의 사역을 좌절시키고, 단지 도덕적인 개선과 생활방식을 고치는 심리적인 구원을 추구한다.

세례를 받는다는 것은 우리가 세상의 모든 것에서 나온 것을 의미한다. 그것은 우리가 아담으로부터 나온 것을 의미한다. 그러면 우리가 어떻게 세상과 아담으로부터 나올 수 있는가? 유일한 방법은 죽는 것이다. 일단 죽으면, 모든 것은 끝난다. 세례로 장사된다는 것은 어떤 사람의 옛 일대기의 마지막 페이지를 쓰는 것이다. 죽음은 마지막 일이 아니라, 세례에 의해서 매장되는 것이 마지막 일이다. 세례는 마지막 행동이며 아담 안에 있는 모든 것을 끝내는 것이다.

하나님의 관점에서, 십자가에서 흘리신 예수님의 피는 세상의 죄 문제를 완전히 해결했다. 그러나 사람의 입장에서, 사람은 여전히 한 가지 요인(要因 : 그 사실을 믿음으로 받아들이는 것-역주), 곧 믿음을 더하는 것이 필요하다.

구원의 시작이 은혜로 된 것같이, 구원을 유지하는 것 또한 은혜로 된다. 구원을 얻는 조건은 유지하는 조건과 같다.

우리는 우리가 세례를 받기 전에 참으로 세례가 무엇을 나타내는지를 알고 있어야 한다. 세례는 우리가 구원을 받았을 뿐 아니라, 세상에서 해방되었다는 것을 진술한다는 것을 알고 있어야 한다. 세례는 우리가 더 이상 세상에 결합되어 있지 않다는 것을 온 세상에 공표하는 행위이다. 왜 그런가? 이는 세상의 속박에서 우리가 자유롭게 되었기 때문이다.

세례는 세상에 대하여 우리의 등을 돌리고 우리의 얼굴을 그리스도께 돌리는 것이다. 둘 사이, 곧 세상과 그리스도 사이에 중립적인 입장은 없다(마 6:24, 참조).

우리는 흔히 이 세상을 어떻게 변화시킬 수 있을까를 생각한다. 그러나 하나님의 의도는 이 세상을 변화시키는 것이 아니라, 이 세상을 심판하고 그 다음에 우리에게 새로운 세상을 주시는 것이다.

오늘날 대다수 그리스도인들이 가지고 있는 문제는 그들이 그들의 문설주와 인방(출입구나 창 따위의 아래위에 가로 놓여 벽을 받쳐주는 나무나 돌-역주)에 양의 피를 뿌렸지만, 양의 고기를 먹기 위해서 않아 있지 않았다는 것이다(출 12:7-8). 그러므로 그들은 죄의 형벌에서 구원을 받았지만, 세상(애굽)의 속박에서 해방되지 못했다. 우리는 이것을 분명하게 이해하여야 한다. 이는 우리가 매일, 실제적인 면에서, 죄에서 해방되려면, 주 예수 그리스도의 성체(聖體)를 먹는 것이 필요하기 때문이다.

Chapter 12
복음의 담화

엎어놓은 컵이 물을 받을 수 없는 것처럼, 참으로 교만한 사람은 하나님의 구원을 받을 수도 없고 기꺼이 받아들이지도 않는다.

사람들은 그릇된 생각을 품고 있다. 우리가 은혜로 구원을 받았다 할지라도, 우리가 이 구원을 우리 자신의 노력으로 유지해야 한다고 생각한다. 그리스도인은 하나님을 충실히 섬겨야 한다. 그러나 그의 섬김의 배후에 진정한 동기는 그리스도의 사랑이다. 그런 일을 행하도록 능력을 주시는 분은 성령이시다.

하나님의 은혜를 이해하지 못하는 사람이 얼마나 많은가! 그들은 구원을 받은 후, 선을 행해야만 하고 그렇지 않으면 하나님께서 구원을 도로 거둬들이실 것이라고 생각한다. 이것은 할부로 구입한 물건과 같다. 그러나 하나님께서는 우리가 구원을 받은 후 선행을 하지 않는다할지도, 우리에게 할부금을 상환하라고 요구하거나, 구원을 돌려받지 않으실 것이다.

옛 사람은 한편으로는 죄의 유혹을 받아들이는 것과 다른 한편으로는 몸을 죄로 향하게 하는 것, 곧 죄와 몸 사이에 서 있다.

우리가 더 이상 죄의 지배 아래 있지 않을 수 있는 것은 우리 자신을 죄에 대하여 죽은 자로 여길 때 뿐이다. 죄가 여전히 살아있음에도 불구하고, 죄는 죽은 사람을 유혹할 수는 없다. 이는 죽은 사람은 죄로부터 자유하기 때문이다.

당신은 믿음의 시작 단계에서, 주님께서 당신을 위해서 죽으셨다는 것을 믿었다. 그렇지만 오늘날도, 당신은 그분의 죽으심을 당신의 죽음으로 여겨야 한다.

구원의 첫 단계는 우리에게 평화와 만족을 주고, 많은 기쁨을 경험하게 한다. 구원의 둘째 단계는 우리에게 죄를 이기고 그분의 뜻대로 행하게 하는 능력을 준다. 당신 안에 있는 죄를 이기는 능력은 용서가 아니라, 해방과 자유이다. 당신 안에 있는 주인이 바뀌었으므로, 당신은 더 이상 옛 주인의 지배 아래 있지 않다.

아담은 머리이고 우리 모두는 그의 부분인 것처럼, 마찬가지로 그리스도는 우리의 머리이시고 우리는 그분의 지체이다.

대다수 믿는 사람들이 분명하게 이해하지 못하는 한 가지 요점이 있다. 믿는 사람은 영생이 있지만(요 3:15-16), 믿는 사람들이 모두 천년 왕국에 들어가지 못할 것이다. 영생은 하나님께서 우리에게 아낌없이 주시는 그분의 의(義)의 선물을 통해서 얻는다. 반면에 천년왕국은 우리 자신의 의(義)를 수단으로 들어간다. 영생은 믿음으로 얻으며 결코 잃어 버리지 않을 것이다. 그러나 천년 왕국은, 승리의 삶을 통해서, 이기는 사람들을 위해서 준비되었다(계 2:26-27; 3:11, 참조). 영생은 이 시대에 획 득한다. 천년왕국은 주님의 재림 때 시작될 것이다.

주님께서 십자가에서 죽지 않으셨다면, 우리는 여전히 죄인이 되었 을 것이다. 만일 그분이 죽으시고 부활하지 않으셨다면, 우리는 더 이상 죄인이 아니었을지는 모르지만, 여전히 죽어있는 사람이 되었을 것이 다. 오직 부활의 능력만이 죽음의 능력을 깨트린다.

그리스도의 죽으심이 나의 옛 죄를 깨끗케 했지만, 그분의 죽으심 이 내가 새로운 죄에 빠지지 않도록 보장하는 것은 아니다. 내가 옛 삶 에서 다른 삶을 살기에 앞서, 그리스도께서는 부활하셔서 그분의 새 생 명을 내 안에 두셔야만 하셨다. 죽음은 나의 죄의 소송을 청산하는 것 이었다. 그러나 부활은 이제는 나에게 죄를 이길 능력을 주는 것이다. 결과적으로, 주 예수님께서는 하나님 앞에서 우리의 죄를 위해서 죽으 셔서 우리의 죄를 구속하셨을 뿐만 아니라, 우리의 짐을 지시고 우리에 게 시험과 죄를 이길 수 있도록 하기 위해서 우리 안에서 살기 위해서 부활하셨다.

죽음은 죄의 문제를 해결한다. 반면에 부활은 우리가 죄를 짓지 않도록 하기 위해서 우리에게 새 생명을 준다.

하나님께서는 우리를 두 가지 이유로 매우 어려운 상황에 빠뜨리신다. 하나는 우리 안에 사시는 그리스도의 능력의 실체를 우리에게 보여 주시는 것이다. 다른 하나는, 풍부한 만족감으로, 그리스도께서 사시는 것이 참으로 사실이라는 것을 우리가 다른 사람들에게 선언하도록 하시는 것이다.

그리스도께서는, 죽으심으로, 옛 창조를 끝내시고, 부활하심으로, 새 창조를 시작하신다.

부활은 객관적인 사실 이상이 아니라면, 우리에게 사실이 아니다. 또한 부활은 주관적인 경험이 되어야만 한다.

지위와 경험은, 그들이 다르다 하더라도, 떼어 놓고 생각할 수 없다. 지위에 의하면, 믿는 사람들은 이미 의롭다 하심과 죄 씻음을 받았다. 그러나 경험에 의하면, 그들은 하나님 앞에서 그들의 지위에 속하는 삶을 이어가지 못할지도 모른다. 우리가 우리 자신의 경험을 들여다보면 볼수록, 우리는 그리스도에 대한 경험을 덜하게 될 것이다. 그러나 만일 우리의 눈이 계속 그리스도께로부터 떨어지지 않는다면, 우리는 그분의 형상으로 변화될 것이다. 이것이 참된 경험이다!

하나님의 은혜를 잘 알고 있는 사람은 그들이 믿었던 첫 날에 일어났던 가치보다 오늘날 조금도 더 가치가 없다는 것을 깨닫는다. 왜 그런가? 이는 천국에 들어가는 자격은 전적으로 주님과 그분의 사역에 근거하기 때문이다.

하나님께서는 우리의 죄를 깨끗케 하기 위해서 피를 사용하신다. 그러나 육신을 못 박기 위해서 십자가를 사용하신다.

만일 누구든지 그가 그리스도와 함께 십자가에 못박혔다는 것을 참으로 믿는다면, 그의 죄의 몸은 죽었다. 그러므로 할 일이 없다. 그 때만이 그는 자신의 지체들을 하나님께서 "의(義)의 도구"(롬 6:13)로 사용하시도록 하기 위하여 하나님께 드릴 수 있다. 당신의 몸이 먼저 할 일이 없게 되는 것, 이것이 하나님의 요구이시다.

로마서는 우리에게 죄인이 율법으로는 의롭다함을 얻을 수 없다는 것을 보여준다. 갈라디아서는 우리에게 믿는 사람이 율법의 행위로 성화(하나님의 거룩한 성품에 이르거나 참여함-역주)될 수 없다는 것을 보여 준다. 우리는 믿음으로 의롭다함을 받을 뿐만 아니라 믿음으로 성화된다.

믿음과 행위는 나눌 수 없다. 그들은 한 개의 동전의 양면이다. 행위는 믿음의 표현이다. 반면에 믿음은 행위의 근원이다. 이것이 히브리서 기자가 "믿음"이라는 말을 사용하는 동시에 야고보가 "행위"라는 말을 사용하는 근거다.

그리스도께서는 구속을 성취하시고, 성령께서는 깨닫게 하시고, 그리고 하나님 아버지께서는 그분의 사랑으로 우리를 맞아들이신다.

하나님께서 사람에게 주시는 구원은 믿는 사람 각자의 주요한 세 영역에 미치며 다음에 말하는 것을 포함한다. 영원한 구원, 또는 영의 구원, 몸의 구원, 그리고 혼의 구원, 우리의 영의 구원은 우리가 주님을 믿을 때, 곧 중생 때에 일어난다(요 3:16). 우리의 몸의 구원은 우리가 장차 주님께 새로운 몸을 받을 때에 일어날 것이다(롬 8:23, 참조). 혼의 구원은 믿음의 결말로 언급되고 있다(벧전 1:9). 혼은 우리의 자아 생명의 부인(否認)과 관계가 있으며 주님의 천년 통치로 들어가는 전제 조건이다(마 16:25; 25:21-33).

지옥은 죄에 대한 욕망이 있는 곳이며 욕망으로 타오르는 불은 결코 만족함이 없을 것이다.

우리는 세상에서 그리스도인의 일상생활과 행위가 장차 심판을 받을 것이라는 것을 안다. 그러나 이것은 그리스도인의 구원에 대한 심판은 아니다. 그보다는, 그것은 천년왕국과 그 왕국 안에서의 그의 지위가 적합한가에 대한 심판이다(고전 3:13-15, 참조). 이와 같이. 우리가 심판의 보좌 앞에 설 때, 우리에게 두 가지 위험이 있다. 첫째, 우리는 천년 왕국에 들어가는 것을 완전히 금지 당할 수도 있다. 둘째, 만일 우리가 들어가는 것이 허락된다면, 우리는 더 낮은 지위를 받을 수도 있다.

당신이 지금 당신의 동료 믿는 사람을 비판하는 방법이 당신이 장차 하나님께 비판을 받는 방법이 될 것이다(마 7:1-2).

하나님께서는 지금 우리가 그분의 왕국에서 왕 같은 제사장들이 되기에 적합한지, 우리가 그분의 왕국에서 제사장으로 섬길 가치가 있는지 알아보기 위해서 우리를 시험하고 계신다. 교회에서 섬기는 것은 고귀하다. 그러나 왕국에서 섬기는 것은 훨씬 더 고귀하다. 우리 모두가 가치가 있는 사람이 될 수 있기를 기원한다.

Chapter 13
은혜와 진리의 충만(제1권)

나는 이전에 어느 정도 윤리적으로 사는 무신론자를 만난 적이 있다.

오늘날 그들의 몸을 윤리적으로 깨끗하게 유지하는 사람이 얼마나 적은가. 게다가 여전히 그들의 마음을 깨끗하게 유지하는 사람은 훨씬 적다.

사람의 의(義)는 하나님을 만족시켜 드릴 수 없다. 하나님께서 죄에서 구원하시는 것은 다만 그분 자신의 의(義)를 보실 때 뿐이다.

바리새인은, 구원에 대한 그의 이론에 있어서, 두 가지 점에서 실패했다. 첫째, 그는 구원을 얻기 위하여 선을 행하는 것이 필요하다고 생각했다. 둘째, 그는 자신이 이미 구원을 받을 만큼 선을 행했다고 생각했다.

죄인에 관해 말하자면, 그는 하나님에 의해서 죽을 운명에 처해 있다. 그럼에도 불구하고, 만일 그가 자신을 구원할 수 있는 제3자를 의지한다면, 그는 아직도 구원받을 수 있다. 그 제3자는 그리스도이시다.

문설주(문의 양옆 기둥-역주)와 인방(출입구나 창 따위의 아래위에 가로 놓여 벽을 받쳐주는 나무나 돌-역주)에 잡은 어린양의 피를 바르는 것은 객관적인 것이다. 반면에 양의 고기를 먹는 것은 주관적인 것이다(출 12:7-8, 참조). 만일 당신이 밖에 피를 바르고, 어린양의 고기를 먹지 않는다면, 당신의 삶의 변화는 거의 없을 것이다. 그리고 당신은 승리하는 믿음의 사람이 되는 힘이 없을 것이다.

피를 바르고, 누룩을 제거하지 않고는 어느 누구도 구원받거나 의롭다함을 얻지 못할 것이다(출 12:15, 참조). 더욱이, 누룩을 제거하지 않고 피를 바르는 것만으로는 죄를 씻지 못할 것이다. 오늘날 참으로 애석한 것은 모든 그리스도인들이 피는 바르지만, 누룩을 제거하는 것을 순종하는 사람은 아주 적다는 것이다!

누룩을 제거하기를 거절하는 것이 세상의 남은 사람들과 함께 멸망하지는 않을 것이다. 그것은 사실이다. 그럼에도 불구하고, 그것은 우리가 천년왕국에 들어가는데 있어서 불리하게 작용할 것이다(가나안에 의해서 예시(例示)된 것처럼). 피를 바름으로, 우리는 영생을 얻고, 누룩을 제거함으로, 우리는 왕국을 얻는다(고전 5:7-8, 참조).

"너희가 사신 바 되었으니 그러므로 하나님의 소유인 너희의 몸과 너희의 영으로 하나님께 영광을 돌리라"(고전 6:20, KJV). 종은 고용(보수를 주고 사람을 부림-역주)을 위해서 고용된다. 노예는 돈으로 산다. 고용된 사람은 자유가 있다. 반면에 그리스도의 피 값에 팔린 사람은 자유가 없다. 우리들은 하나님의 종이 아니라, 그분의 노예(Bondslave)이다.

구원이 단지 받을 만한 가치가 있는 사람에게만 운명 지어져 있다고 판단하는 잘못된 견해를 결코 믿지 말라. 이는 세상에는 구원을 받을 만한 가치가 있는 사람은 아무도 없기 때문이다. 그럼에도 불구하고 하나님의 자비하심에 의하면, 세상에는 구원을 받을 만한 가치가 없는 사람은 아무도 없다.

우리 모두는 그리스도께서 행하신 대로 해야 한다. 그분은 그분의 사명을 성취하기 위하여 이 세상에 오시기 전에, 앉아서 먼저 그 비용을 계산하셨다(눅 14:28, 참조).

Chapter 14
은혜와 진리의 충만(제2권)

사람을 향하신 하나님의 마음의 소원은 사랑의 소원이시다. 옛적부터 그분의 종들을 통해서 하나님께서는 이것을 우리에게 다양한 방법으로 되풀이해서 보여 주셨다(히 1:1-2). 그러나 사람은 여전히 우리를 향하신 그분의 사랑을 이해하지 못했다. 그 때문에 하나님께서는 그분의 아들을 보내셨다.

영광의 하나님께서는 사람이 되려고 자신을 낮추셨다. 이것이 겸손이다!

하나님을 찬양하라. 이는 그분은 사람들이 선행을 했기 때문에 구원하신 것이 아니기 때문이다. 그 보다는, 하나님께서는 다음과 같은 원칙에 따라, 구원하신다. "율법이 들어온 것은 범죄가 넘치게 하려함이라 그러나 죄가 넘친 곳에 은혜가 더욱 더 넘쳤다"(롬 5:20, KJV).

많은 사람들은 구원이 하나님의 은혜뿐만 아니라, 우리의 행위로 얻는다는 생각을 가지고 있다. 하나님의 은혜 + 우리의 행위 = 구원. 선천적인 사람은 항상 자기의 노력으로 구원을 얻으려고 한다.

우리는 선행을 함으로 구원을 얻을 수 없을 뿐만 아니라, 선행을 함으로 구원을 얻으려고 하는 사람은 저주아래 있다(갈 3:10).

슬프게도 대다수 사람들은, 구원을 받은 잠시 후에, 자신들이 구원을 얻은 것을 의심하기 시작한다. 사람들은 그들이 처음 구원을 얻었을 때, 느꼈던 것과 같은 느낌이 들지 않는다고 말한다. 그러나 문제는 하나님께 있는 것이 아니라, 그들에게 있다. 이는 그들이 하나님께서 행하신 일보다 오히려 자신의 감정을 신뢰하기 때문이다. 우리는 유월절의 경험으로부터 배워야만 한다. 첫 태생들은 문설주와 인방의 피에 대해서 몰랐다. 그런데도 죽음의 천사가 넘어갔다. 이는 하나님께서 내가 피를 볼 때에 넘어가리라"(출 12:13)고 말씀하셨기 때문이다.

성경은 "만일 너희가 구원받았다는 느낌이 든다면, 너희가 구원을 받는다" 그리고 "만일 너희가 구원받았다는 느낌이 들지 않는다면. 너희가 멸망할 것이다"라고 말씀하지 않는다. 성경은 다만 하나님께서 피를 볼 때, 그분이 너희를 구원할 것이라고 명확하게 말씀한다. 이런 이유로, 당신은 당신의 혼들리는 감정을 의지해서는 안 된다.

이스라엘의 자녀들은 그들 자신들의 공로가 아니라, 어린양의 피로 구원을 받았다. 그런데도 애굽 사람들은 그들의 악한 행위가 아니라, 어린양의 피가 없어서 멸망했다.

우리는 애굽에서 유월절 밤에, 모든 집에 같은 죽음이 있었다는 것을 기억해야만 한다. 이스라엘의 집에서 죽은 것은 어린 양이었다. 반면에 애굽의 집에서 죽은 것은 사람이었다. 항상 모든 집에 같은 죽음이 있을 것이다.

구원받지 못한 사람들에게 나는 말한다. 당신이 죽든지 또는 주님께서 죽으신다! 마찬가지로 만일 당신이 죽으신 주님을 믿지 않는다면, 당신 자신이 죽어야만 한다!

그리스도인들은 오직 그리스도 안에서 그들이 가지고 있는 모든 상속분에 대해서 만족을 할 수 있게 될 때 만이, 그들은 세상이 주는 것들을 이길 수 있을 것이다. 그들이 세상이 주는 것으로 만족하는 한, 그들은 그리스도로 만족하지 않는다.

하나님의 말씀에 의하면, 그의 마음을 육신의 것들에 집중하는 사람은 누구든지 하나님과 원수가 된다(롬 8:7), 그리고 세상과 벗이 되는 사람은 누구든지 또한 하나님의 원수가 된다(약 4:4).

교만이란 무엇인가? 교만은 그가 현재 얻은 지위보다 자신을 높이는 것을 의미한다. 우리가 이룩한 사실보다 높은 명성을 주장하는 것,

곧 그것이 교만이다.

사람은 공로를 더 쌓아올림으로 마지막 순간에 구원을 얻기를 바라면서 자기의 행실을 고쳐나가려고 끊임없이 힘을 쓰고 있다. 그러나 그것은 기쁜 소식이 아니라, 불행한 소식이다.

만일 우리가 구원받았다면, 우리는 새 생명을 받았다. 따라서 그 생명이 성장할 자리가 주어진다면, 그 생명은 자발적으로 흘러나올 것이다.

우리는 옛 언약과 새 언약의 차이를 알아야 한다. 옛 언약 아래서는, 사람들은 그들이 올바른 지위를 얻을 때까지 한 걸음씩 앞으로 나아가야만 한다. 새 언약 아래서는, 사람들은 그들이 이미 얻은 지위로부터 한 걸음씩 나아가야 한다.

새 언약은 옛 언약과 완전히 다르다. 옛 언약 기간에, 사람은 하나님 앞에서 전혀 지위가 없었다. 그러나 새 언약 아래서, 결코 변하지 않는 지위가 사람에게 처음으로 주어졌다. 이것은 참으로 고귀한 소식이다!

믿음은 기대가 아니다. 믿음은 미래를 기대하는 것도 어떤 일의 공적을 요하는 것도 아니다. 믿음은 단지 하나님께서 선언하시고 성취하신 것을 실제와 경험으로 사실 그대로 받아들이는 것이다.

Chapter 15
보아스의 밭에서 이삭줍기

우리는 아무것도 하지 않고, 주님께서 모든 것을 하시는 것, 이 것이 승리하는 삶의 비결이다. 우리가 멈출 때, 그분이 흘러 나오신다. 우리가 멈추면 멈출수록, 그분이 더 많이 흘러 나오신다.

만일 누구든지 승리하는 그리스도인의 삶을 경험하지 못하고 있다 면, 그것은 그가 중생하지 않았거나 또는 예수 그리스도의 충만한 복음 에 대해서 충분히 깨닫지 못했기 때문이다. 그는 복음에 대해서 아는 것이 불충분하거나 또는 계시의 부족 때문에 하나님의 말씀을 실제로 믿지 않는 것이다. 이는 그분의 말씀은 "그리스도 예수 안에 있는 생명 의 성령의 법이 죄와 사망의 법에서 (우리를) 해방하였다"고 말씀하고 있 기 때문이다(롬 8:2). 만일 이 말씀이 우리의 경험이 되지 않는다면, 그것 은 하나님 편에 무언가 부족한 것이 있기 때문이 아니다.

우리는 우리가 생각하고 결정하는 어떤 부분이 하나님께로부터 나왔고 어떤 부분이 우리 자신에게 나왔는가를 어떻게 알 수 있는가? 우리는 우리 속을 검토해서는 알 수 없다. 이것은 말씀의 역사이다. 이는 하나님의 말씀은 좌우에 날선 어떤 검 보다도 예리하여 혼에 속한 것과 영에 속한 것을 구분하며, 마음의 생각과 의도를 뚜렷하게 인식하기 때문이다(히 4:12, KJV).

우리는 하나님께 그 분야(우리의 생각과 결정의 근원-역주)에서 우리 자신에 대한 빛을 주시도록 하지 않기 때문에 다른 사람의 상황에 대한 분별력이 부족하다. 우리는 먼저 우리 자신을 분별하는 것이 필요하다. 그 때 만이 우리는 다른 사람들에게 도움을 줄 수 있다.

우리가 육신 안에서 살 때, 우리는 아담으로부터 받은 모든 것이 존재한다. 그러나 우리가 성령 안에서 살 때, 그리스도 안에 있는 모든 것은 우리의 것이 된다.

우리 가운데 얼마나 많은 사람들이 만일 우리 자신이 다만 이 습관 또는 저 태도만 고칠 수만 있었다면, 우리가 그때에 더할 나위 없는 사람이 되었을 것이라고 우리 스스로 생각하고 있는가? 그러나 이것은 그렇지 않다. 생명의 완전한 대체, 곧 우리는 그리스도로 교체되고 대체되어야만 한다.

만일 우리가 우리 내면을 바라본다면, 우리는 우리가 어떻게 아담 안에 있는가 볼 수도 없고, 아담 안에 있는 것을 믿을 수도 없다. 마찬가지로, 만일 우리가 우리 내면을 바라본다면, 우리가 어떻게 그리스도 안에 있는지를 볼 수도 없고, 우리가 그리스도 안에 있는 것을 믿을 수도 없다. 그러므로 우리는 우리 내면을 바라보는 것을 중지하고 오직 그리스도만 바라보아야 한다. 그리하면 우리는 그분 안에 있는 우리 자신을 보기 시작하고 그분이 우리를 위해서 이미 성취하신 것을 경험하기 시작할 것이다.

우리는 하나님의 빛이 마음속을 비출 때까지 죄가 무엇인지를 결코 알 수 없다. 오직 그 때 만이 죄에 대한 두려움을 지각할 수 있도록 우리의 양심이 눈을 뜨게 된다.

대다수의 사람들은 단지 반쪽 구원을 경험한다. 그들은 하나님께서 그들의 죄를 용서하셨다는 것은 알고 있지만, 그들은 그분이 또한 죄가 그들의 삶속에서 가지고 있는 능력을 깨뜨리셨다는 것은 모른다.

세례를 받는다는 것은 그리스도의 죽으심에 포함되었다는 것을 의미한다. 당신은 참으로 세례를 받았는가?

육신에 마음을 쓰는 것은 죽음이다(롬 8:6). 그러므로 육신에게 자리를 양보할 때는 언제든지, 어디서든지, 거기에는 죽음이 있다.

하나님께서는 우리 앞에 대표적인 상징, 곧 십자가를 제시하신다. 우리, 역시, 우리의 반응으로 그분 앞에 대표적인 상징, 곧 세례를 제시한다. 세례는 하나님께 대한 우리의 반응이며, 행동으로 구체화하는 것이다. 우리가 아무 말도 하지 않더라도, 하나님께서는 아신다.

대다수의 그리스도인들은 십자가에 못박힌 것은 단지 우리의 죄라고 생각한다. 그들은 우리의 옛 사람 또한 십자가에 못박혔다는 것을 보지 못한다. 아담 안에서, 우리는 전적으로 타락했고 사악하다. 그러므로 하나님과 관련해서, 육신을 십자가에서 멸하지 않은 채, 우리의 육신으로는 아무것도 할 수 없다.

세례는 갈보리의 재판(再版-과거에 있었던 일이 또 다시 되풀이 되는 것-역주)과 같다. 곧, 세례는 우리 각자의 갈보리의 재판이다.

세례는 매장이다. 그러나 매장을 하는 조건은 무엇인가. 죽음이다! 우리는 죽기 위해서 세례를 받는 것이 아니다. 아니다! 우리는 먼저 죽어야만 한다. 그 다음에 우리는 세례로 매장될 수 있다. 성령께로부터 나오는 것 만이 생명이다. 육신에서 나오는 것은 무엇이든지 죽음이다.

우리는 육신의 일과 십자가의 일을 분간하고 구별하는 법을 배워야만 한다. 우리가 우리 자신의 육신이 십자가에 의해서 철저하게 처리되지 않았다면, 우리는 다른 사람들 속에 있는 육신에 속한 것을 분간하지 못할 것이다.

주님의 일을 하는데 있어서, 금, 은 그리고 귀중한 돌로 건축하는 사람은 하나님을 아버지로 안다. 그는 객관적으로 뿐만 아니라, 주관적으로 십자가를 안다. 그 결과 그는 존재하는 모든 것이 죽음을 통해서 왔다는 것을 안다. 그는 또한 자신이 행하는 모든 것이 성령을 통해서 행해져야만 한다는 것을 안다.

사람은 그릇의 용도를 고려하지만, 하나님께서는 그릇의 가치를 고려하신다. 집안에 있는 나무나 흙으로 만든 그릇은 금이나 은그릇보다 더 유용하게 보일지 모르지만, 금과 은그릇이 훨씬 더 가치가 있다. 하나님의 관점, 곧 하나님의 관심은 용도가 아니라, 가치이다.

빛이 없이 설교하는 진리는 교리가 되지만, 빛으로 설교하는 진리는 계시가 된다. 진리를 교리로 받을 때, 그것은 우리에게 자만심을 준다. 그러나 진리를 빛 또는 계시로 받을 때, 그것은 생명의 경험이 된다.

하나님께서 우리를 진리의 말씀으로 인도하기 위해서 진리의 성령을 어떻게 사용하시는가? 하나님의 빛을 말씀에 비추게 하여 사용하신다. 이러할 때, 우리는 즉시 진리의 성령에 의해서 그 진리의 실체의 살아있는 경험에 이르게 된다.

하나님께서 교회에 주신 은사들은 단지 이 시대만을 위한 것이 아니다. 그들은 훨씬 다음 시대, 곧 왕국시대를 위한 것이다. 이 은사들은 지금 우리가 받아 들여서 충분히 개발해야 하지만, 이 은사들은 왕국에서 사용하기 위한 목적이 있다. 더욱이, 이 시대에 우리가 어떻게 이 은사들을 잘 받아서 개발하느냐 하는 것은 우리가 왕국시대에서 받을 가치를 셈하는 결정을 하는 요인이다.

하나님의 자녀들은 그들이 성경과 하나님의 능력을 모르기 때문에 영적인 것을 추구하는데 있어서 아주 많은 잘못을 하고 있다(마 22:29).

악한 영들에게 속고 있는 사람들은 자기를 확신하는 경향이 있다. 그들은 다른 사람들의 조언을 쉽게 받아들이지도, 그리스도 안에 있는 다른 형제자매들의 생각을 신뢰하지도 않을 것이다.

하나님께서는 지상 교회에 두 가지 보물을 주셨다. 하나는 성경이고 다른 하나는 성령이시다.

우리는 우리 안에 하나님의 아들의 생명이 성장하는 것을 지연시킬 수 있을지는 모르지만, 우리가 그것을 촉진할 수 있는 방법은 없다. 이 때문에, 우리가 우리의 삶속에서 하나님의 환경 질서를 받아들이는 것이 대단히 중요하다. 이는 우리가 성장한 만큼 우리를 강하게 하도록 하기 위해서 성령께 필요한 훈련을 받는 것은 이런 환경을 통해서이기 때문이다.

우리는 성령의 훈련을 받아들이는 법을 배워서 성령께서 우리의 역량을 확대시키시도록 해야만 한다. 이는 우리의 영적인 성숙은 우리가 성령께 받은 훈련의 총계이기 때문이다.

우리의 생명의 척도는 우리의 죽음의 정도에 근거한다.

영적인 문제들에 있어서, 사람들의 반대를 두려워 말라. 만일 그들이 하나님께 속한 것이라면, 결국 사람들은 영적인 문제들을 옳다고 인정할 것이다.

교리는 언제나 유한하다. 반면에 생명은 무한하다.

왕국은 권위와 관련되어 있기 때문에, 누구든지 먼저 하나님의 권위에 복종해서 왕국의 권위가 그를 움직이기 전에 복종하는 사람이 되어야만 한다.

만일 공적인 권위와 지위가 있는 사람이 그 위에(내적인 기름부음뿐만 아니라 외적인 공급을 하는 생명의 실체가 있는 것을 의미하는)영적인 권위가 있다면, 사람들이 그에게 복종하는 것은 아주 당연하다. 그러나 만일 그가 지니고 있는 것이 영적인 실체가 없이, 다만 지위적인 권위라면, 사람들이 어떻든 복종하는 것은 곤란하다. 그럼에도 불구하고, 사람들은 더욱더 복종과 순종을 계발하기 위해 복종하는 법을 배우는 것이 필요하다.

한 형제가 이전에 나에게 이렇게 물었다. "내가 영광의 면류관을 어떻게 구해야 하나요?" 나는 이렇게 대답했다. "그것을 구하려고 애쓰지 마세요. 이는 그것은 무익한 일이기 때문이지요. 지금 곧 가시 면류관을 받아들이세요. 그러면 장차 영광의 면류관이 당신의 것이 될 것이요. 지금 곧 가시 면류관을 거절하세요. 그러면 장차 영광의 면류관을 받지 못할 것이요."

오늘의 주요한 교훈은 십자가를 지고 날마다 죽는 법을 배우는 것이다(눅 9:23). 죽음이 없이는 부활이 있을 수 없고, 고난이 없이는 영광이 있을 수 없다.

"주님을 위해서," "하나님의 이름으로," "하나님의 왕국을 위해서," 또는 "그리스도의 교회를 위해서" 행해진 그렇게 많은 일들이 한낱 인간의 부패한 육신의 활동에 지나지 않는다는 것은 얼마나 비참한 일인가! 이런 일들이 하나님의 뜻을 구하지 않고, 하나님의 명령을 받지 않고, 그리고 하나님의 능력을 의지하지 않고 행해진다. 하나님의 자녀는 단지 그들이 가장 좋다고 생각하는 것을 행한다. 거기에 있는 모든 것이 하나님을 제외한다.

우리가 오늘날 하나님의 교회에서 보는 것은 "예수 그리스도와 십자가에 못 박히신 그분"(고전 2:2)을 아는 것이 아주 부족하다는 것이다.

이전에, 사람들은 그리스도의 죽으심으로 세례를 받았다. 지금은 세례는 어떤 상징이 되었다. 이전에는, 손을 얹는 것은 동일시 하는 것이었다. 지금은 그것은 의식이 되었다. 이전에는, 생명과 영적인 실체로 채워졌던 것이 지금은 이름뿐인 일종의 의식이 되었다. 참으로 생명이 이를 때, 일반적으로 행해지고 있는 이 모든 생명이 없는 조항들과 의식들은 살아있는 실체들이 되는 것이다.

Chapter 16

내가 누구를 보낼까?

오늘날 우리가 섬김을 얼마나 잘 배우느냐 하는 것은 다만 영원히 섬길 자격을 결정짓는 준비를 하는 것이다.

많은 사람들이 왕국으로 끌려 들어가지 못하고 있다. 그러나 그것은 하나님께서 복음이 전파되기를 원치 않으시기 때문도, 사람을 구원할 의도가 없으시기 때문도 아니다. 좀 더 정확히 말하면, 하나님께서 사용하실 수 있는 사람이 없기 때문에 그토록 많은 사람들이 구원받지 못한 채 남아있다. 그들이 그들의 포로에서 해방되지 못하는 것은 구원받은 우리가 하나님과 협력하지 않기 때문이다.

만일 당신이 성경을 주의 깊게 읽는다면, 당신은 하나님께서 오직 한 부류의 사람들에게만 그분의 영적인 풍부함, 생명 그리고 빛을 주신 것을 발견할 것이다. 누가 이 부류의 사람 가운데 있는가? 그들은 온 마음으로 주님께 쓰임받기를 열망하는 사람들이다.

사역에 있어서, 실제적인 능력은 하나님을 향한 당신의 마음의 정도에 근거한다. 실제적인 능력은 당신이 주님을 얼마나 사랑하느냐에 근거 한다.

당신의 헌신의 정도가 하나님께서 당신에게 주시는 능력의 정도가될 것이다.

우리의 마음이 하나님을 향하는 정도, 곧 그 만큼, 우리의 눈이 열려질 것이다. 하나님의 자녀로서, 우리가 빛을 적게 받는 이유는 우리가그 만큼 주님을 향하는 열의가 없다는 것이다. 따라서 우리 가운데 능력이 부족한 이유는 우리의 헌신이 불충분하기 때문이다.

사람은 무지해서 자기 스스로 하나님의 일을 할 능력이 있다고 생각한다. 그러나 하나님의 일은 사람을 위한 일이 아니며, 그 일을 하도록 사람에게 위탁된 것도 아니다. 하나님 자신이 그 일을 하신다. 이는그것은 사람의 일이 아니라, 하나님의 일이기 때문이다. 단지 사람에게부과된 요구는 하나님께서 보내신 그분을 믿는 것이다(요 6:29).

하나님과 함께 일하는 것은 우리가 그분을 위한 일을 하기 위해서앞서 나가는 문제가 아니다. 오히려, 그것은 우리가 하나님께서 우리 안에서 그리스도께서 먼저 일하시도록 하는 것이다. 그 다음에 우리가 계시와 경험을 통해서 아는 것을 그리스도의 사람들에게 전하기 위해서 나아가는 것이다. 일은 실제로 하나님께서 하신다. 우리는 단지 하나님께서 우리 안에서 행하신 일만을 다른 사람들에게 전할 뿐이다.

성령께서는 다음 두 가지 방침에 따라서 역사하신다. 부정적인 면에서, 그분은 십자가로 믿는 사람 속에 있는 옛 창조를 제거하신다. 긍정적인 면에서, 계시를 통해서 믿는 사람을 그리스도와 연합시킴으로 믿는 사람 속에 새 창조를 세우신다.

사람의 주된 책임은 단지 하나님께서 일하시는 것을 훼방하지 않고 그분과 협력하는 것이다.

거듭난 사람만이 주님께서 그를 어떻게 구원하셨는가를 증언할 수 있다. 그와 같은 거듭난 경험이 없이는, 아무도 이런 일을 할 수가 없다. 더욱이 같은 원칙이 승리, 성화, 성령 충만, 마음속에서의 그리스도의 다스림, 등등에 똑같이 적용된다. 은혜를 받고 이런 것들을 실제로 경험한 사람만이 이런 것들의 진정한 증인이 될 수 있다.

우리의 영적인 생명의 성장은 자아 생명의 완전한 제거와 그리스도께서 그 사람을 완전히 지배하심을 통해서 도달한다.

사람이 가지고 있는 가장 큰 어려움 가운데 하나는 그가 하나님 앞에서 잠잠할 수 없다는 것이다. 마음의 평온을 잃은 사람은 계시를 받는데 있어서 큰 어려움이 있다. 종잡을 수 없는 마음과 제어하기 힘든 생각은 물이 끊임없이 요동쳐서 호수가 둑 사이에 있는 나무나 꽃들의 반사를 흐리게 하는 호수의 표면의 물결과 같다.

오로지 십자가만이 우리의 선천적인 생명, 생각, 감정을 처리할 수 있다. 하나님 앞에서 영 안에서 사는 법을 배우기를 원하는 사람은 십자가의 조치를 받아들이는 법을 배워야만 한다. 만일 우리의 선천적인 생각과 감정이 처리되지 않았다면 우리는 도저히 영 안에서 삶을 살 수 없다.

만일 우리가 주님을 섬기는데 있어서 생명이 부족하다면, 우리의 일은 다만 활동이 될 것이다. 따라서 우리는 하나님의 자녀들이 필요한 것을 채워줄 수가 없을 것이다. 왜 그런가? 이는 오직 생명만이 실제로 그분의 자녀들이 필요한 것을 채워줄 수 있기 때문이다.

만일 우리가 오늘날 주님을 흡족하게 섬기는 법을 배운다면, 주님께서는 그분이 재림하실 때에 우리에게 크고 많은 일들을 맡기실 것이다.

우리가 하나님께 얼마나 유용한가에 대한 평가는 우리 안에 있는 그분의 생명의 정도에 달려있다. 우리에 대한 하나님의 평가가 커질 때, 그분에 대한 우리의 유용성도 커진다.

주님 앞에서 우리의 유용성은 꼭 우리 안에서 드러나게 된 주님의 본성만큼이다. 그것을 통해서, 하나님께서는 그분의 생명을 나누어 주신다. 우리 안에 있는 이 생명이 방출될 때, 우리는 다른 사람들의 필요를 채워주는데 있어서 쓸모가 있게 된다.

그리스도 안에 있는 대다수의 형제 자매들이 주님 앞에서 영적인 진전이 없다. 그들이 가지고 있는 모든 것은 지적인 지식이다. 참 빛이 없다.

참된 권위는 사랑으로 실증된다. 그 결과 하나님의 자녀들은 그들의 마음으로부터 순종하는 법을 배울 것이다. 누구든지 교회 안에서 권위가 있다 할지라도, 그는 결코 양 무리 위에서 군림해서는 안 된다. 오히려, 섬김을 통해서 양 무리의 본이 되어야 한다(벧전 5:3). 성경은 언제나 이 사실을 강조한다.

Chapter 17
교회의 기도 사역

하 나님께서 일하시는 원칙, 곧 그분의 행동에는 숨겨진 의미가 있다. 하나님께서는 비록 하려고 결심하신 일이라 할지라도, 만일 사람이 그 일을 하려고 생각하지 않는다면, 하나님께서는 그 일을 하지 않으실 것이다. 우리는 하나님께서 원치 않는 일을 하시도록 할 수는 없지만, 우리는 하나님께서 하기를 원하는 일을 하시는 것을 훼방할 수는 있다.

하늘은 하기를 원하지만 곧바로 하지는 않을 것이다. 하늘은 땅에서 누군가 먼저 하기를 원하는 사람을 기다리고 그리고 나서 행할 것이다.

오늘날 교회는 하나님의 뜻을 성취하기 위해서 세상에 세워져 있다. 만일 교회가 하나님의 뜻에 부응할 수 있다면, 하나님께서는 제한을 받지 않으실 것이다. 그러나 만일 교회가 그 뜻에 응하여 일어나지 않는다면, 하나님께서는 제한을 받으실 것이다.

오늘날 교회 내에서 하나님의 능력의 척도는 그 능력이 나타나는 척도를 결정한다.

교회의 기도 사역이란 무엇인가? 하나님께서 하기를 원하시는 것을 교회에 말씀하는 분은 하나님이시다. 따라서 세상에 있는 교회는 그것을 성취하기 위해서 끝까지 기도할 것이다.

기도는 "우리"가 원하는 것을 하나님께서 처리해주시도록 구하는 것이 아니라, "하나님께서" 원하는 것을 그분이 친히 하시도록 구하는 것이다. 아아, 교회는 하늘에 계시는 하나님의 뜻을 세상에 공표하는 것이라는 사실을 깨닫도록 하자. 교회는 하나님의 이 뜻이 교회가 원하는 것이라는 것을 세상에 선언하는 것이다. 만일 교회가 이 점에서 실패한다면, 교회는 하나님의 손에 별로 유용성이 없을 것이다. 하나님을 위한 교회의 최고의 용도는 세상에 그분의 뜻이 행해지도록 돕는 것이다.

많은 문제들이 하늘에 쌓여 있다. 많은 처리해야 할 것이 마무리 되지 않은 채 남아있다, 이는 단지 하나님께서 세상에 그분의 뜻에 적합한 출구를 찾으실 수 없기 때문이다.

하나님의 능력의 나타남은 교회의 기도를 능가할 수 없다. 오늘날,

세상에서 하나님의 능력의 크기는 교회의 기도의 크기에 한정되어 있다. 하늘에서 하나님의 능력은 무한하다. 그러나 오늘날 세상에서 하나님의 능력의 나타남은 교회가 얼마나 기도하느냐에 달려있다.

기도가 항상 자신, 곧 우리의 개인적인 문제들과 우리의 사소한 이익 또는 손해에 집중된다면, 하나님의 영원하신 목적을 완수하는 방법은 어디에 있겠는가?

대다수의 사람들은 비평하고 청취하는 자세로 교회 모임에 나온다. 결과적으로 그들은 모임에서 아무것도 얻지 못한다. 그러나 형제자매들이 주님의 이름으로 함께 모일 때, 화합이 있고, 조화가 있다는 것을 하나님께 감사하라.

만일 교회 모임이 당연히 그렇게(화합과 조화) 되었을 때, 사람들이 모인 후에 주님께서 거기에 계셨는지를 안다.

우리의 기도가 하나님의 마음과 일치한다면, 기도가 응답될 뿐만 아니라, 기억되어 그리스도의 심판의 보좌에서 상급을 받을 것이다.

꽤 많은 사람들은 하나님께서 그들이 필요한 것을 모두 알고 계시기 때문에, 기도할 필요가 없다고 말한다. 얼마나 어리석은 일인가! 기도의 목적은 우리가 필요한 것을 하나님께 알려 드리는 것이 아니라, 하나님께 대한 우리의 신뢰와 우리의 믿음 그리고 그분에 대한 우리의 기대와 우리의 마음의 소원을 표명하는 것이다.

"아버지"란 이름은 사람들이 하나님을 부르는 새로운 방법이다. 이전에는, 사람들은 하나님을 "전능하신 하나님," "지극히 높으신 하나님," "영원하신 하나님," 또는 "여호와 하나님"이라고 불렀다. 어느 누구도 감히 하나님을 "아버지"라고 부르지 못했다.

원래는, 다만 주 예수 그리스도께서만 하나님을 "아버지"라고 부를 수 있었다. 그러나 이제는, 주님께서는 우리에게도 하나님을 "아버지"라고 부르도록 권하신다.

기도는 이렇다. 하나님께서는 어떤 일을 하기를 원하신다. 하지만 하나님께서는 그것을 단독으로 하지는 않으실 것이다. 하나님께서는 세상에 있는 사람들이 이 일을 위해서 기도할 때까지 기다리신다, 오직 그때만이 하나님께서는 친히 그 일을 하실 것이다. 하나님께서는 우리가 필요한 것을 채우시려는 그분 자신의 뜻과 생각 그리고 강한 소망을 가지고 계신다 할지라도, 그분은 사람들이 기도하기를 기다리신다. 그것은 하나님께서 우리의 필요를 모르시는 것이 아니라, 오히려, 그분은 우리가 기도한 후에 우리가 필요한 것을 주실 것이다.

하나님의 뜻이 이미 세워졌다 할지라도, 하나님께서는 그분의 자녀들의 마음이 움직이기 시작해서 그들이 그분의 뜻을 기도를 통해서 밖으로 나타낼 때 까지 그것을 실행하지 않으실 것이다.

신약에서 주님의 이름은 통례적으로 권위를 상징한다. 한편 성령은 능력을 상징한다. 모든 권위는 주님의 이름 안에 있다. 그리고 모든 능력은 성령 안에 있다.

누구든지 주 예수님을 믿고 구원받은 즉시, 그는 세례를 받으라는 하나님의 명령을 받았다. 왜 그런가? 이는 우리가 주 예수님의 이름으로 세례를 받았기 때문이다(행 19:5). 내가 세례를 받을 때, 나는 그분의 이름 안에 있는 몫을 받는다. 교회는 세상에서 주 예수님의 이름으로 부여받은 권위보다 더 큰 권위를 얻을 수 없다. 주 예수님의 이름과 우리의 관계는 세례로 시작된다. 이는 우리가 그분의 이름으로 세례를 받았기 때문이다.

세례는 우리 모두가 날마다 죽음을 경험할 필요가 있다는 것을 보증한다. 죽음을 겪은 후 남아 있는 최소한의 것만이 어느 것이든 영적으로 유용하다. 죽음을 겪어 파멸된 것은 하나님 앞에 유효할 수 없다. 죽음을 겪은 것을 부활이라고 부른다. 부활의 기초에 서 있는 사람만이 주 예수님의 권위를 사용할 수 있다.

우리의 선천적인 생명의 중추(中樞)가 주님에 의해서 부러지는 어느 날이 있어야만 한다. 이것이 일어난 후에라야 우리가 그분께 유용하게 될 것이다. 이것은 교리가 아니다. 이것은 생명이다.

주님의 이름을 아는 것은 교리가 아니라, 계시이다. 하나님께서 주님의 이름의 능력과 위엄을 볼 수 있도록 우리의 눈을 여실 어느 날이 있어야만 한다.

성경은 이른바 가장 높고 가장 영적인 기도를 제시한다. 그러나 사람들은 거의 그런 말을 알아차리거나 또는 그런 기도를 하지 않는다. 그것이 무엇인가? 그것은 "권위 있는 기도"이다. 우리는 찬양의 기도, 감사의 기도, 구하는 기도 그리고 도고(타인을 위한 기도-역주)의 기도에 대해서는 알지만, 그러나 권위의 기도에 대해서는 거의 모른다.

우리 시대에, 명령의 기도는 어디에 그 기원이 있는가? 이는 우리 주님의 승천에 있다. 승천은 사탄 앞에서 새로운 지위를 통해서 승리를 준다. 이것은 우리 주님의 부활을 통해서 얻는 하나님 앞에서의 새로운 지위가 아니라, 우리의 적 앞에서의 새로운 지위이다. 그것이 권위의 기도이다!

주님의 승천의 의미는 죽음과 부활의 의미와 아주 다르다. 전자는 전적으로 구속을 위한 것이지만, 후자는 전투, 곧 그분의 죽으심과 부활이 성취한 것을 실행하는 것이다. 주님의 승천은 우리에게 새로운 지위를 나타낸다. 이는 승천으로 주님께서는 우리를 일으켜 세워 그분과 함께 하늘에 앉도록 하셨기 때문이다(엡 2:6, KJV).

권위 있는 기도는 하늘에서 시작하여 땅에서 끝난다. 영적 전투에서, 아래로 향하는 이런 방식의 기도는 아주 중요하다. 아래로 향하는 기도란 무엇인가? 그것은 그리스도께서 우리에게 주신 하늘의 지위에서서 하나님께서 명령하신 것은 무엇이든지 행해져야만 한다고 명령함으로 사탄의 모든 일을 격퇴하기 위해서 권위를 사용하는 것이다.

"아멘"의 의미는 "그러면 그렇지,"가 아니라, "그렇게 되어지이다" 이다(아멘이란 동사는 '확실하다', 명사는 '진리', 부사는 '참으로',라는 뜻으로 끝 맺는 말로 '확실히 그렇게 되어지이다' '그렇게 해 주소서'라는 의미이다. 원래는 유대인들이 제례의식 때 사용하던 말로, 기독교의 예배와 전례(典禮)에 그대로 수용되었다. 신약성경의 사도들의 편지를 보면 성부·성자·성령에 대한 송영(頌詠) 다음에 끝맺는 말로 사용하고 있다. 예배 때에 기도. 찬송. 사도신경(使徒信經)암송이 끝난 마지막에, 그리고 목사가 시편이나 성경을 구절을 읽은 다음에도 사용된다. 설교나 기도 시간에 동참한 자들이 그 설교나 기도에 동감이라는 뜻으로도 쓴다. 아멘은 신앙 고백적 의미가 있기 때문에 반드시 순종이 따라야 한다-역주).

사탄은 할 수 있는 한, 우리에게 하늘의 지위를 유지하지 못하게 함으로서 자신의 일을 시작한다. 이는 하늘은 승리의 지위이기 때문이다. 사탄은 우리가 승리의 지위에 서서 그 지위를 유지 하는 한, "우리가 정복자들보다 더 나은 자들"(롬 8:37, KJV)이라는 것을 알고 있다. 그러나 우리가 그 높은 지위에서 벗어난다면, 우리는 패배한다. 그러므로 모든 승리는 우리가 저 하늘에, 곧 승리를 얻는 지위에 확실하게 서 있음으로 얻는다.

이기는 자들이 되고 싶은 사람은 산을 옮기는 법을 배워야만 한다. 산이 무엇인가? 산은 주님께서 우리에게 가라고 하신 길을 가로 막고 있는 장애물을 의미한다. 산은 우리가 빠져나갈 수 없도록 우리의 길에 서 있다. 우리가 어떻게 할까? 우리는 산이 옮겨지라고 명령해야 한다! 하나님께 산을 옮겨 달라고 구하는 것과 산에게 옮겨지라고 명령하는 것, 이 둘은 완전히 정반대이다. 그런데도 우리가 하나님의 권위를 가지고 장애물에게 직접 명령하는 것은 극히 드물다.

권위의 기도는 하나님께 직접 구하는 것이 아니다. 그것은 장애물을 겨냥하여 하나님의 권위를 직접 사용하는 것이다. 이기는 자들이 하는 주요한 일은 하늘 보좌의 권위를 땅으로 내리는 것이다.

통상적인 기도는 하나님께서 묶고 풀어주시도록 구하는 것이지만, 권위의 기도는 묶고 푸는데 있어서 그분의 권위를 사용하는 것이다.

우리가 하나님의 성령의 인도하심에 충실함을 의미하는 하나님의 권위에 복종하지 않는다면, 우리는 권위의 기도를 행사할 수 없다. 왜 그런가? 이는 우리가 그분의 권위의 권리를 행사하기 전에 우리 자신이 먼저 그분의 권위 앞에 복종해야 하기 때문이다.

창조 이후로 피조물은 원래 인간의 관리아래 놓여 있었다. 그런데 오늘날 왜 피조물들이 사람의 명령을 따르지 않는가? 이는 사람이 하나님의 말씀을 듣지 않았기 때문이다. 하나님의 사람이 하나님의 명령을 불순종했기 때문에 사자에게 죽임을 당했다(왕상 13:20-25). 그러나 반면에, 다니엘은 하나님 앞에 무죄하고 왕에게 해를 끼치지 않았기 때문에 사자에게 다치지 않았다(단 6:22).

성경은 기도, 금식, 그리고 권위와 상호간의 밀접한 관계를 보여 준다. 기도는 하나님께 우리의 소원을 말씀드리는 것이다. 반면, 금식은 우리의 자아를 부인하는 것을 예증(例證)하는 것이다. 하나님께서 아담에게 주신 첫 번째의 특권은 음식이었다. 그러므로 금식은 사람이 첫 번째의 정당한 권리를 거부하는 것을 뜻한다. 기도와 금식이 결합될 때, 믿음은 즉시 반응할 것이다. 믿음으로 권위가 나타난다.

우리는 에베소서 6장 18절에서 우리가 깨어서 기도해야 한다는 것을 본다. 이것은 무엇을 의미하는가? 그것은 "모든 기도와 간구"(엡 6:18)로 우리가 어떤 위험이나 또는 돌발 사태를 경계하면서, 한편으로는, 깨어 있어야 하고, 다른 한편으로는, 기도할 필요가 있다는 것을 의미한다. 그것은 사탄의 계략을 분별하는 영적인 통찰력과 그의 목적과 수단을 좌절시킬 권위를 갖는 것을 의미한다.

이전에 주님을 깊이 아는 누군가가 우리 모두는 기도를 게을리 하는 죄를 범해왔고 우리 자신이 바로 "그 사람이라"(삼하 12:7, KJV)고 고백하여야 한다고 말했다.

Chapter 18
이 세상의 실제적인 문제들

주님의 일을 하는데 있어서, 눈물 한 방울도 흘리지 않는 것은 메마르고 굳은 마음을 드러내는 것이다. 마음이 열리는 것은 단지 눈물이 흐를 때뿐이다. 마음속에 있는 것이 눈을 통해서 그 출구를 찾는 것이 얼마나 묘한가.

어떤 사람은 눈물을 약한 징후(徵候-겉으로 들어나는 낌새-역주)로 간주한다. 그러나 아주 반대로, 흐르는 눈물이 없는 사람은 자신의 겸손을 망각한 사람이다.

눈물은 육체적인 영역뿐만 아니라, 영적인 영역을 깨끗하게 하는 효력이 있다. 육체적인 영역에서, 약간의 눈물은 당신에게 더 분명하게 보게 하는데 도움을 줄 것이다. 마찬가지로, 약간의 눈물도 없다고 하면, 당신의 영의 눈은 일찌감치 그 기능을 잃어버렸을 것이다.

죄 때문에 울지 않는 사람은 누구든지 죄를 버리는 기쁨을 경험하지 못한다.

그리스도인의 표정은 미움이 아니라, 사랑의 감정 표출이 되어야 한다. 그리스도인의 태도는 거만이 아니라, 온유한 태도가 되어야 한다. 그리스도인의 삶은 기쁨이 아니라, 자기 부인의 삶이 되어야 한다.

주님께서는 우리에게 자신을 부인하라고 권고 하신다. 그들 자신을 부인하기로 결정한 사람들은 그들의 개인적인 권리를 잃는다. 개인적인 권리에 대한 어떤 주장도 포기하기 때문에, 이것이 분노를 불러 일으킬 수 없다. 이것이 자아를 부인하는 것이다.

자기중심적인 사람은 자아로 가득 차 있다. 그는 모든 문제에 대한 소신이 있고 모든 문제에 대한 강한 신념이 있다.

만일 당신이 참으로 하나님 앞에서 겸손한 사람이라면, 당신은 사람들이 당신에게 보내는 비웃음, 멸시, 그리고 비방이 성령의 훈련의 일부라는 것을 깨달아, 마침내 그와 같은 훈련을 받아들이게 될 것이다.

다른 사람의 실패를 보고 기뻐하는 사람과 다른 사람의 성공을 보고 슬퍼하는 사람은 질투가 많은 사람이다.

그의 형제가 몰락한 것에 대해서 기뻐하는 하는 사람과 그의 형제가 잘되는 것에 대해서 불만스러워 하는 사람은 교만으로 가득 찬 사람이다. 이것은 모든 태도 가운데 가장 비열한 것이다. 다른 사람이 넘어지는 것을 기뻐하는 사람이라면, 그는 사탄과 마음을 같이하는 사람이기 때문이다.

참으로 주님을 아는 사람은 자신은 물론, 다른 사람이 높아지기를 바란다.

만일 당신이 당신 자신을 높이는 사람이라면, 당신은 영적으로 더 성장한 누군가를 만날 때, 당신은 의심할 여지없이 화가 치밀어 성을 낼 것이다.

누구든지 십자가를 통해서 자아가 깊이 처리되면 처리될수록, 더욱 더 그는 자아로부터 해방이 클 것이다. 이것이 어떻게 증명 되는가? 자아로부터 완전히 해방된 사람은 자신을 옹호하여 높아지려는 자극을 받을 수 없다.

평정을 잃어버린 그리스도인은 어리석게도 성령의 훈련에 반항심을 드러내고 있다. 그는 성령께서 그를 위해 정하셨던 사건의 배열을 가지고 못마땅해 하고 불쾌해 한다.

세상에서 우리의 날들은 한정되어 있기 때문에, 우리는 하나님을 기쁘시게 하기 위하여 날들을 계수(計數)하는 방법을 배울 필요가 있다

(시 90:12). 이는 어떤 날은 하나님께서 인정하시고 어떤 날은 하나님께서 받아들이지 않으시기 때문이다. 하나님께서 우리 모두에게 자비를 베푸셔서, 우리의 날들이 우리가 전력을 다하여 그분의 영광으로 계수될 수 있도록 우리에게 "시간을 되찾는 법"을 가르쳐 주시기를 기원한다(엡 5:15-17; 골 4:5, KJV).

당신이 주님의 구원을 받는 그날은 당신이 당신의 영적인 역사를 시작하는 날이다. 그럼에도 당신이 그리스도인이 된 그날 이후로, 계수되지 않았던 날들이 있다. 성경에도, 우리는 묵살되고 기록에 실리지 않은 이와 같은 날들이 있었다는 것을 주목한다. 왜 그런가? 이는 하나님께서 그 날들을 헛된 날로 보시고 그러므로 그 날들을 인정하지 않으셨기 때문이다.

그리스도인으로서, 우리는 하나님을 떠나서 패배하고 타락한 날들, 곧 우리 자신의 인간적인 의지에 따라 사는 날은 하나님께서 계수하지 않으신다는 것을 깨달아야 한다.

그리스도인으로서, 날마다 부지런 하자. 만일 우리가 우리의 날들을 어리석게도 헛되이 보낸다면, 곧 하나님을 거역하고, 죄를 범하거나 또는 우리의 뜻에 따라서 산다면, 하나님께서 보시기에 우리의 날들은 완전히 허비하는 것이 될 것이다. 얼마나 두려운 일인가!

만일 당신이 많은 날들을 허비해 왔다면, 고민하지 말라. 각 날들이 그분의 영광에 돌려지기 시작하도록 그분을 의지하라. 게다가 만일 당신이 그분의 뜻에 따라 그분을 섬겼다면, 그분 보시기에 한날이 여러 날로 간주될 것이다. 이는 주의 궁정에서 한날이 낭비된 천 날보다 낫기 때문이다(시 84:10).

왜 그토록 많은 그리스도인들이 항상 목말라 하는가? 왜 그들은 우물에서 물을 마신 후에도 더 많은 물을 얻기 위하여 되돌아 가야만 하는가? 이는 그들이 나쁜 우물에서 마셨기 때문이다. 우리의 눈이 이 세상의 물에 있는 한, 우리는 다시 목마를 것이다. 세상은 세상이 가지고 있는 모든 것을 예수님께 권할 수 있었지만, 그분은 그것을 누리지도 세상의 제안을 받아들이지도 않으셨다. 예수님께서는 이 세상의 물 한 방울조차도 마시기를 거절하셨다. 그런 까닭에 그분은 아주 만족하셨다.

바울은 다만 그가 그의 보배로 주님을 얻었다고 말하지 않았다. 그는 또한 잃을 것이 있었다. 그는 모든 다른 것들을 손해로 여겼다. 곧 그가 쥐고 있던 것들을 놓았다. 그 결과 주 예수 그리스도의 탁월하심을 알고 그분을 얻었다(빌 3:8 KJV).

온유는 고분고분함을 의미한다. 온유한 사람은 하나님께서 행하기를 원하시는 것은 무엇이든지 하겠다고 선언할 수 있다. 온유는 당신이 결정한 것은 무엇이든지 하나님의 뜻에 따라 바꾸려는 태도를 유지하는 것이다. 이는 온유한 마음은 순종하는 마음이기 때문이다.

겸손은 주님께서 그에게 주시는 것은 무엇이든지 받아드리는 것을 의미한다. 이는 그의 기대가 자신에게 초점이 맞춰지지 않았기 때문이다. 그는 주님께서 기꺼이 주시는 것은 무엇이든 "할렐루야"를 외치며 주님께 감사드릴 수 있다.

조금이라도 영적인 경험이 있는 사람은 누구든지 헌신보다 더 즐거운 일은 아무것도 없다는 것에 동의 할 것이다. 어떤 것도 하나님의 손에 자신을 맡기고 하나님께서 자신의 삶을 관리하시도록 하는 기쁨을 능가할 수는 없다.

하나님을 잘 모르는 사람은 하나님께서는 너무 엄하셔서, 심지도 않고 거두시고 뿌리지도 않고 거두신다고 불평한다(마 25:24). 그러나 참으로 하나님을 아는 사람은 실로 주님의 멍에는 쉽고, 그분의 짐은 가볍다고 고백을 할 것이다.

하나님의 자녀들 가운데 얼마나 많은 사람들이 그들이 하나님의 사랑과 지혜와 능력에 대해서 들을 때, "할렐루야"를 외치지만 그러나 그들 자신의 삶을 위한 하나님의 뜻을 들을 때에는, 얼마나 두려워하는가!

자주 우리는 생선을 구하지만, 하나님께서는 우리에게 겉보기에 뱀을 주신다. 우리는 **빵**을 구하지만, 하나님께서는 우리에게 돌을 주시는 것으로 보인다(마 7:9-11절, 참조). 그래서 우리는 그렇게 되는 이유를 묻는다. 그러나 실상은 우리가 실제로 구하고 있는 것은 뱀이라는 사실을 모르는 채, 생선을 구한다고 생각한다. 더욱이, 하나님께서 우리에게 주시는 것은 돌처럼 보일 수도 있지만, 그러나 그것은 실제로는 **빵**이다.

하나님의 은혜에 대한 보답으로 하나님을 찬양하는 것은 찬양의 시작을 나타내는 것이지만, 하나님 뜻으로 인해서 하나님을 찬양하는 것은 찬양 수업을 마치는 것이다. 얻은 것으로 인해서 하나님을 찬양하는 것은 사람에게 찬양의 기초를 가르치는 것이지만, 잃어버린 것으로 인해서 하나님을 찬양하는 것은 그 사람에게 찬양을 숙달시키는 것이다.

다음에 말하는 것은 "사막 가운데 시내(Streams in the Desert)"라고 일컫는 매일의 묵상 집에서 발췌한 것이다. 강철 쇠지렛대는 5불의 가치가 있다. 그것을 편자(말굽에 대어 붙이는 쇳조각-역주)로 가공하면, 10불의 가치가 있다. 그것을 조각침으로 가공하면, 350불의 가치가 있다. 그것을 주머니 칼날로 가공하면, 3천 2백 불의 가치가 있다. 그것을 시계의 스프링으로 가공하면, 2백 50만 불의 가치가 있다. 우리가 그분께 더 유용하도록 하기 위해서, 하나님께서는 우리에게 더 많은 순화(純化)와 큰 타격을 경험하게 하신다.

주님께서는 우리에게 이 세상의 필요한 일에 종사하지 말라고 명령하지 않으신다. 주님께서는 다만 우리가 이 세상의 일을 하는 동안 염려하지 말고 근심하지 말라고 명령하신다. 외적으로, 우리는 세상일에 완전히 집중할 수 있지만, 동시에 내적으로, 하나님과 끊임없는 교제를 유지할 수 있다.

우리가 우리의 일상생활에 필요한 능력을 유지하는 것은 전적으로 우리의 가장 깊숙한 곳에 있는 생명과 하나님 사이에 나타나는 친교에 따라 좌우된다. 내적으로 지성소(예루살렘 성전에서 가장 깊숙한 곳에 자리 잡고 있던 가장 거룩한 곳-역주)에서 살고 있는 사람만이 실로 하나님께서 모든 것에 충만하시다는 것을 볼 수 있다.

우리가 어떻게 내적인 안식을 얻을 수 있을 까? 첫째 조건은 이렇다. "아무 것도 염려하지 말고 다만 모든 일에 기도와 간구로 너희 구할 것을 감사함으로 하나님께 아뢰라"(빌 4:6, KJV). 두 번째 조건은 이렇다. "나는 마음이 온유하고 겸손하니 나의 멍에를 메고 내게 배우라 그리하면 너희 혼이 안식을 얻을 것이다."(마 11:29, KJV). 첫째 조건은 믿음이다. 둘째 조건은 순종이다. 안식은 헌신을 통해서 온다. 부분적인 헌신은 부분적인 안식의 결과를 낳는다. 완전한 헌신은 완전한 안식의 결과를 낳는다.

주님께서 안식은 오직 신뢰와 순종을 통해서만 온다는 것을 분명하게 알도록 우리를 도우시기를 기원한다. 불신앙의 마음이 남아 있는 한, 결코 안식에 이를 수 없다.

그리스도 밖에서, 나는 오직 죄인이다. 그러나 그리스도 안에서, 나는 구원을 받았다. 그리스도 밖에서, 나는 없다. 그러나 그리스도 안에서, 나는 풍족하다. 그리스도 밖에서, 나는 약하다. 그러나 그리스도 안에서, 나는 강하다. 그리스도 밖에서, 나는 할 수 없다. 그러나 그리스도 안에서, 나는 보다 많이 할 수 있다. 그리스도 밖에서, 나는 패배해 왔다. 그러나 그리스도 안에서, 나는 이미 승리를 거뒀다. "그리스도 안에" 있다는 말이 얼마나 의미심장한가.

주님을 기쁘시게 하는 많은 일이 있지만, 그리스도인들이 하나로 일치 할 때만이 그분은 참으로 기뻐하신다. 그리스도를 위해서 혼들에게 전도하는 것은 그분께 기쁨을 드릴 수 있고, 승리하는 삶 또한 그분께 기쁨을 드릴 수 있지만, 오직 그분의 사람들이 한 마음이 되는 것만이 그분의 기쁨을 충만하게 해드릴 수 있다.

어떤 사람은 단지 그들의 입으로만 그들의 형제자매들과 하나라고 말한다. 이는 그들의 마음과 생각이 연합과는 거리가 멀기 때문이다.

때로는 믿는 사람들 가운데 불화가 일어난다. 오늘날, 그런 불화가 파벌 다툼 때문이 아니라면, 그것은 자기 자랑 때문임에 틀림없다. 제각기 높아지기를 열망한다면, 아무도 도의상 다른 사람을 좋아하지 않을 것이다.

마음의 겸손은 자신을 위해서는 어떤 여지도 남기지 않는다는 것을 의미한다. 겸손은 우리가 우리 자신보다 남을 더 낮게 여길 경우이다. 이것은 모든 그리스도인들의 미덕 가운데 가장 어려운 일이다.

사람이 어떻게 자기 자신보다 다른 사람을 더 낮게 여길 수 있는가? 어느 그리스도인이 적절하게 말했다. "나 자신을 들여다보면서, 나는 나의 옛 사람을 본다. 다른 사람을 들여다보면서, 나는 나의 새 사람을 본다."

우리는 얼마나 빈번히 다른 사람들을 너무 적게 생각하는가. 그들에 대한 우리의 기대는 주님의 기대보다 훨씬 더 높다! 이것은 우리가 보는 것은 빤히 들여다보이는 그들의 실패지만, 주님께서 보시는 것은 그들의 보이지 않는 승리이기 때문이다.

성경은 주님께 두 가지 호칭을 사용한다. "죄인들의 구세주"(행 5:30)와 "죄인들의 친구"(마 11:19). 구세주로서, 주님께서는 죄인들을 죄에서 구원하신다. 친구로서, 주님께서는 죄인들과 함께 하시며 그들의 고통과 슬픔을 통절히 느끼신다.

주님께서는 우리의 능력으로 지탱하기에 벅찬 짐을 우리에게 지우신다. 그럼에도 불구하고 기억하라. 이것은 모든 상황 가운데 그분이 우리와 함께 계신다는 것을 우리에게 가르치려는 목적이 있으시다. 주님께서는 우리가 느끼는 것을 느끼시고, 우리에게 은혜를 베풀기 위하여 기다리고 계신다.

Chapter 19
산 제물

성경에 의하면, 구원은 우선적으로 지옥이 아니라, 세상과 관련이 있다. 구원의 반대는 세상이다. 그러나 우리가 세상에 속해 있는 한, 우리는 세상에서 구원을 받지 못한다.

구원은 지위의 문제이다. 사람이 아담(세상의 추세에 따라 처신하는 사람)안에 있는 한, 그는 하나님의 반대편에 서서, 자신을 하나님의 적으로 만드는 것이다.

구원은 내가 무엇으로부터 나왔는가를 다룰 뿐 아니라, 내가 무엇으로 들어가는가를 다룬다. 영생은 나에게 내가 무엇으로 들어갔는가를 말한다.

지옥이 하나님의 심판 아래 있는 사람들을 위한 곳인 것과 같이, 세상 또한 그분의 심판 아래 있는 곳이다. 그러므로 구원은 지옥에서 구원받는 것을 의미할 뿐만 아니라, 세상에서 구원받는 것을 의미한다.

세례는 "내가 세상으로부터 나왔다"는 것을 선언하는 공적인 선언이다.

노와와 홍수가 동시에 있었던 것과 같이, 세례도 그와 같다. 이는 세례는 물에 잠김과 탈출을 포함하고 있기 때문이다. 물에서 빠져나올 수 없는 것은 구원받지 못하고 익사한다. 그러나 물에서 빠져나온 것은 구원받는다.

세례의 물은 무덤 역할을 한다(롬 6:4). 매장된 것은 죽었음에 틀림이 없고, 빠져나온 것은 부활로 살아났음에 틀림이 없다. 이제, 물에서 빠져나왔으므로, 그러므로, 우리가 "새 생명 가운데서 행하자"(롬 6:4).

사람은 그가 죽은 후에만 매장된다. 당신은 당신이 죽기 전에는 묻히는 것을 단호하게 거부할 것이다. 죽음은 매장의 필수 조건이다. 그리스도와 함께 십자가에 못박혔기 때문에, 나는 죽었다. 따라서, 나의 세례가 그 사실에 대한 증거다.

영적인 진리는 육적인 사실보다 훨씬 더 실제적이다. 하나님께서는 우리를 그리스도께 연합시키셨다. 그러므로 그분의 죽음은 우리의 죽음이다.

일단 누구든지 주님을 믿으면, 구주께서는 그의 과거를 처리하신다. 따라서, 이 시점부터 향후, 강조점은 그리스도께서 믿는 이 사람을 통해서 어떻게 그분의 삶을 사실 것인가가 되어야 한다.

서신서에서 우리는 놀라운 진리를 발견할 수 있다. 하나님께서 믿는 사람들에게 가장 많이 강조하시는 것은 미래다. 하나님께서는 우리의 과거의 삶에 관여하지도, 우리가 과거에 대해서 무엇을 해야 한다는 부담을 지우지도 않으신다. 우리의 과거는 피아래 있기 때문이다.

만일 오래 동안 신앙생활을 한 사람들이 주님을 따르기 위해서 그들이 가지고 있는 모든 것을 기꺼이 희생하지 않는다면, 연소한 그리스인들(초신자-역주)에게 그렇게 하도록 가르치는 것이 얼마나 도움이 되겠는가? 그들이 다른 사람들에게 그런 모습을 나타내고 있는 한 연소한 그리스도인들이 한 길로 가도록 가르침을 받는 것은 매우 혼란스럽다. 만일 교회가 헌신하지 않고, 세상과 분리되지 않는다면, 교회는 세례 또는 분리에 대해서 말할 자격이 없다. 연소한 그리스도인들이 주안에서 자라서 성숙하도록 돕는 유일한 방법은 교회 스스로 그런 태도로 살고 처신하는 것이다. 만일 교제 안에서 대부분의 그리스도인들이 전적으로 자신을 하나님께 내어 맡긴다면, 그들 주위의 주안에 있는 연소한 사람들 또한 그렇게 되라고 가르침을 받는 것은 아주 쉬울 것이다.

사람이 실패하는 것은 그의 약함 때문이 아니라, 오히려, 그가 하나님의 능력을 받아들이지 않기 때문이다. 그것은 사람의 무능력에 있는 것이 아니라, 그가 하나님께서 그에게 능력을 부여하시도록 하지 않는데 있다. 오직 하나님만이 우리가 스스로 할 수 없는 것을 할 수 있는 능력을 주실 수 있으시다.

사람의 경우는 불가능 한 것들이 하나님의 경우는 가능하다(눅 18:27, KJV).

인자('하나님의 아들'이란 예수님의 신성을 가리키며, 반면에 '인자'는 인간의 몸을 입으시고 인류를 구원하기 위해서 오신 예수님 자신을 가리킬 때, 사용된 호칭이다-역주)는 이 세상의 부귀 때문에 잃어버린 사람들을 찾아서 구원하기 위해서 오셨다(눅 19:10).

사랑은 전적인 헌신의 근거이다. 우리가 주님을 사랑하면 할수록, 더욱 더 그분께 헌신하게 된다. 우리의 애정이 깊어지면 질수록, 더욱 더 우리의 헌신은 깊어진다. 우리를 위한 그분의 사랑에 대한 우리의 경험이 크면 클수록, 더욱더 길을 잃고 죽어가는 세상을 향한 우리의 헌신이 커질 것이다. 주님께서 우리를 위하여 그분의 세계의 모든 것을 버리셨다는 것을 깨달을 때 우리 역시 주님을 위하여 우리가 세상에서 가지고 있는 모든 것을 버린다.

헌신의 유일한 근거는 사랑에 대한 반응이다. 다른 근거는 하나님의 법적인 권리이다. 한편으로는, 사랑함으로 우리는 그분을 섬기기로 결심했다. 다른 한편으로는, 당연히 우리는 우리 자신의 것이 아니다. 헌신은 그러므로 법적 근거뿐만 아니라, 인간의 감정을 초월하는 사랑에 근거한다.

헌신은 사랑 이상이다. 헌신은 사랑에 따르는 행동이다. 자신을 헌신 하는 사람은 이 세상의 모든 것, 곧 이전의 모든 주인들과 관계를 끊는다. 이제부터, 그는 자신의 새 주인이 명령하는 것 이외는 아무 것도 하지 않을 것이다.

사람들은 그들 스스로 하나님께 헌신을 결심하는 것이 아니다. 그 분께 헌신 하도록 사람들을 선택하는 분은 하나님이시다. 그들이 하나님을 섬기기 위해서 모든 것을 버리고 하나님께 있는 힘을 다하고 있다고 믿는 모든 사람들은 실제로는 헌신에 대해서 모르는 사람이다. 그들을 신속히 물러나게 하자. 이는 그들이 선택받지 않았기 때문이다.

구약의 대 제사장은 두 가지 옷을 입었다. 하나는 영광을 위한 옷이고, 다른 하나는 아름다움을 유지하기 위한 옷이다. 그러나 꼭 제사장들과 마찬가지로, 그분을 섬기도록 우리를 선택하신 분은 하나님이시다. 그래서 하나님께서 우리에게 영광, 곧 아름다움으로 옷을 입히신 것은 헌신을 위해서이다.

헌신의 목적은 하나님을 위해서 설교를 하거나 또는 일하는 것이 아니라, 하나님을 섬기는 것이다. 헬라어 원어로 "섬긴다"(롬 12:1, KJV)는 말은 "대기하는 것" 곧 하나님을 섬기기 위해서 대기하는 것을 의미한다.

헌신의 결과는 무엇인가? 그 결과는 거룩이다. 이는 헌신의 열매는 거룩이기 때문이다(출 28).

죄의 능력으로부터 해방은 피에서 나오는 것이 아니라 십자가에서 나온다. 한편 용서는 십자가로부터 나오는 것이 아니라 피에서 나온다.

믿음이란 무엇인가? 믿음은 비록 받지 못할 것처럼 보일지라도 당신이 어떤 일이 이미 다 되었다고 하나님께 요구할 수 있는 입장에 이를 경우이다. 만일 믿음이 우리의 행위에 우선한다면, 그런 행위는 살아있는 것이다. 만일 행위가 우리의 믿음에 우선 한다면, 그 행위는 죽은 것이다.

기도의 비밀을 푸는 열쇠는 두 부분이 있다. 말없이 하나님의 말씀으로 기도하는 것과 약속이 성취될 때까지 약속을 붙들고 찬양하는 것이다.

모든 그리스도인은 매일 아침 하나님 앞에서 정중하게 행해야 하는 네 가지 일이 있다는 것을 알아야 한다. 그것은 교제, 찬양, 성경읽기, 그리고 기도이다. 만일 우리가 이 네 가지 중에 하나라도 소홀히 한다면, 그날이 그 결과를 명백히 보여 줄 것이다.

유명한 피아니스트가 이전에 이렇게 말했다. "만일 하루 동안 연습하지 않으면, 내가 틀린 것을 알아차린다. 그러나 이틀 동안 연습을 하지 않으면, 나의 아내가 틀린 것을 알아차린다. 그러나 삼일 동안 연습을 하지 않으면, 모든 사람들이 틀린 것을 알아차린다." 왜 그들의 영적인 삶의 연주가 다른 사람들 앞에 분명하게 보여 줄 가치가 없는가를 이상하게 여기는 그리스도인들이 얼마나 많은가, 그럼에도 불구하고 그들은 기꺼이 날마다 주님과 시간을 보내지 않는다!

매일 경건의 시간을 갖기 위하여 일찍 일어나는 습관을 계발(啓發)하라. 매번 그것을 시도하라. 그것을 반복해서 하라. 습관이 형성될 때까지, 그렇지만, 이 일찍 일어나는 좋은 습관이 계발될 수 있도록 당신에게 은혜를 주시도록 하나님께 구하라.

Chapter 20

참된 고백

우리가 주님께 고백할 최적의 좋은 기회는 곧 우리의 영적인 생활의 시작 단계에서 온다. 만일 이것이 처음에 행해지지 않는다면, 나중에는 거의 불가능하게 된다. 대다수 사람들은 그리스도인의 생활을 시작하는 첫 주 또는 둘째 주 동안에 생각 감정 등을 분명하게 표현 할 수 없기 때문에, 그 후 내내 그대로 있다.

쉬쉬하는 그리스도인들은 유혹과 고뇌가 공공연하게 고백하는 그리스도인들보다 열배나 더 있다. 왜 그런가? 이는 누구든지 구별된 사람이 되었다는 것은 그가 기꺼이 공개적으로 믿음을 고백할 때뿐이기 때문이다. 공개적인 고백의 유익은 그것이 수 많은 문제로부터 믿는 사람을 구할 것이다.

만일 다시 죄에 빠지는 것이 두려워서, 당신이 공개적으로 주님을 고백하지 않는다면, 당신은 의심할 여지 없이 죄에 빠질 것이다. 왜 그런가? 이는 당신이 당신의 뒷문을 열어 놓았기 때문이다. 이미 당신은 죄에 빠질 어느 날을 준비해 놓은 것이다.

누가 중요한 것을 버리기 위해서 사겠는가? 하나님께서는 그렇게 하지 않으신다. 이는 하나님께서는 우리를 구원하실 뿐만 아니라, 지키는 분이시기 때문이다. 하나님께서 우리를 사셨을 때, 그분은 우리를 지키기 위해서 구속하신다. 결국, 구속은 보존이 없다면 의미가 없을 것이다.

꽃이 해를 부끄러워 할 수 있는가? 꽃이 햇빛에 노출되어 있는 것처럼, 우리는 세상 사람들에게 주님을 입증해야 한다. 부끄러워 할 것은 우리가 아니라, 세상 사람들이다. 만일 우리가 주님을 입증하는 것을 부끄럽다고 생각한다면, 세상에 속는 것은 우리들이다.

사람들이 우리를 부끄럽게 하려고 하는 것은 얼마나 잘못된 것인가! 부끄러운 것은 우리가 아니라, 그들이다. 부끄럼을 경멸하면서, 담대하게 일어서서 그리스도를 위하여 "바보들"이 되어, 그분의 발자취를 따라가자. 그러면 주님께서는 그분의 아버지 앞에서 틀림없이 우리를 인정하실 것이다(마 10:32).

만일 우리가 언제든 세상과 완전히 교제를 끊기를 기대한다면, 우리는 먼저 우리의 마음과 영이 세상과 교제를 끊어야 한다. 이는 우리가 우리 자신을 세상의 수 백 가지 것들과 교제를 끊는다 할지라도, 우리는 여전히 세상에 있기 때문이다. 우리가 먼저 세상에서 우리의 마음과 영을 분리 하지 않는다면, 우리는 결코 세상의 모든 것들로부터 우리 자신을 분리하지 못할 것이다.

새 신자들에게 그리스도인으로서 허용되는 것과 허용되지 않는 것을 죄다 말하는 것은 사실상 불가능하다. 그러나 만일 그들이 세상과 교제를 끊어야만 한다는 것을 이해한다면, 그들은 이 원칙을 아주 많은 상황에 적용할 수 있다. 무엇이 세상에 속한 것인가? 주님 앞에서 우리의 영적인 생활을 억누르는 경향이 있는 각각의 모든 것들은 세상에 속한 것이다.

하나님께서, 엘샤다이(El Shaddai-전능하신 하나님, 모든 것을 충족케 하시는 하나님이라는 뜻-역주), 곧 우리의 모든 것을 공급하는 하나님으로 나타나셔서, 그분의 무한하신 공급량으로 우리를 위하여 공급하실 수 있는 것은 우리가 단지 모든 것을 찌꺼기로 여기고 그들을 우리 자신에게서 제거할 때뿐이다(빌 3:8).

누구든지 그리스도인이 되려면, 그는 교회 밖의 국가적인 특색을 버려야 한다. 이는 교회 안에는 그런 것이 없기 때문이다.

새 신자가 새로운 생활을 시작하는 첫 해에 입을 열지 않는다면, 그는 나중에는 거의 입을 열 수 없을 것이다. 더욱이, 모든 새 신자들에게 구원을 받은 후 첫 주 또는 둘째 주 동안에 그들의 신앙에 관한 증언의 중요성에 대해서 가르쳐 주는 것은 기존 신자들의 책임이다.

모든 신자들의 생활에서 큰 기쁨의 두 날이 있어야만 한다. 첫째, 주님을 믿는 날이다. 둘째 처음으로, 다른 혼을 그리스도께 인도하는 날이다(잠 11:30).

대다수 사람들은 그들의 삶이 어느 쪽이든 끝이 닫혀 있기 때문에 하나님 또는 사람 앞에서 능력이 없다. 당신이 아는 대로, 생명의 채널은 두 개의 끝이 열려 있어야만 한다. 한 끝은 주님께 열려 있어야만 하고, 다른 한 끝은 사람들에게 열려 있어야만 한다.

하나님 앞에서 책임 부담 없이 사람들에게 관심을 갖는 것은 아주 부적절하다 그러므로 효과가 없다. 우리는 나가서 사람들 가운데서 일하기 전에 하나님 앞에서 마음의 부담이 있어야만 한다.

누구든지 믿음의 가장 큰 시험은 그의 기도 생활이다. 만일 세 달 또는 네 달 후에 당신의 기도가 여전히 응답이 되지 않는다면, 당신의 기도가 무엇인가 잘못되었음에 틀림없다. 이것은 당신이 하나님 앞에서 병이 들었든지 여부를 밝혀준다.

우리가 가지고 있는 믿음의 양은 하나님에 대한 우리의 지식에 근거한다, 이는 우리의 믿음의 깊이를 측정하는 것은 하나님에 대한 우리의 지식의 깊이기 때문이다. 그러므로 더 큰 믿음을 갖기 위해서 우리는 하나님에 대해서 더 알아야 한다. 하나님께서 우리에게 지우신 매일의 시련에서 우리가 구원받는 것은 아는 것에 근거한다.

믿음은 하나님의 말씀에서 나온다(롬 10:17, KJV). 하나님의 말씀은 우리를 위한 그분의 약속으로, 그분의 일을 나타낸다. 그러므로 하나님의 약속은 그분의 일의 목적을 드러낸다. 하나님께서 우리에게 일하도록 허락하심으로, 그분의 약속들은 우리에게 그리고 우리를 통해서 증명된다.

교리에 충실한 설교는 사람들의 마음을 바로 잡을 수 있을지는 몰라도, 그들의 혼을 구원할 수는 없다. 우리의 목표는 그들의 마음을 바로 잡는 것이 아니라, 그들의 혼을 구원해야 한다.

Chapter 21
함께 모임

하나님께서는 거하시는 곳, 곧 세상에 처소가 있으시다. 성경에 하나님의 첫 처소는 성막에서 발견된다. 오늘날, 우리는 그리스도인으로 하나님의 처소로 함께 결합되어 있다.

그리스도인에게 있어서, 독립은 의심의 여지가 없이 죽음을 의미한다. 교제에서 고립은 생명 뿐만 아니라, 충만을 빼앗긴다.

하나님의 말씀에는 진리에 대한 너무나 많은 관점이 있어서 사람들은 하나의 특별한 관점에 근거해서 교회를 세우는 경향이 있다. 우리는 우리 주변에서 이런 증거를 많이 볼 수 있다.

성경에서, 교회를 구분하거나 또는 경계를 나누는 규칙은 다만 지리적인 위치이다. 지역이 교제의 근본적인 단위를 구성한다.

그리스도인들은 교회를 결합시킬 수가 없다. 그들은 이미 교회의 부분이다. 결합시킨다는 것은 그들이 아직도 교회 밖에 있다는 것을 의미한다. 우리는 이미 교회 안에 있다 그러므로 이미 서로 결합되어 있다. 그럼에도 불구하고 우리는 마치 우리가 결합되지 않은 것처럼 행동한다. 우리가 당연히 말씀대로 살고 행동해야 하는데 하나님께서 그분의 백성들이 그와 반대로 사는 것을 보셔야만 하는 것은 얼마나 슬픈 일인가!

교회는 아주 특별해서 결합될 수 없다. 결정적 요인은 사람이 하나님께 태어나는지 여부에 달려 있다. 사람이 하나님께 태어나면, 그는 이미 교회 안에 있다. 만일 그가 하나님께 태어나지 않는다면, 결합시킬 어떤 방법도 없다.

대부분의 기도는 개인적으로 드려질 수 있다. 만일 기도가 응답되려면 다른 종류의 모임에서 드려져야만 하는 기도가 있다. 이런 기도는 둘 이상의 사람이 주님의 이름으로 드려야만 한다. 하나님의 공동의 은혜는 모임에서만 주어진다. 이런 은혜는 개인에게는 주어지지 않는다.

성경을 읽는 중에, 어떤 구절들은 성도들의 모임 이외에서는 우리에게 열려지지 않을 것이다. 그 구절들은 개인적으로는 이해할 수 없다. 그러나 모임에서 특별한 은혜가 그 구절들을 이해하도록 주어진다.

어느 누구도 은혜를 상실하지 않고는 성도들의 모임을 그만 둘 수는 없다.

"불러냄을 받은 사람들의 모임", 또는 헬라어로 에클레시아 (Ecclesia)는 "교회"라는 말을 의미한다.

우리가 어떻게 모여야 하는가? 모든 모임은 주님의 이름으로 모여야만 한다. 이것은 우리가 주님의 권위 아래 모여야 하고 그분 중심이 되어야 한다는 것을 의미한다. 만일 우리가 어떤 설교를 듣기 위해서 모인다면, 우리는 주님을 만나기 위해서 모이는 것이 아니다. 만일 우리가 전통 때문에 모인다면, 우리는 주님을 만나기 위해서 모이는 것이 아니다. 만일 우리가 형편이 좋기 때문에 모인다면, 우리는 주님을 만나기 위해서 모이는 것이 아니다. 어떤 사람들이 함께 모이는 여러 가지 이유가 있다. 그럼에도 불구하고, 그들은 반드시 주님께서 우리가 함께 모이기를 원하시는 이유는 아니다.

대다수의 그리스도인들은 그들 주위에 사람들이 있음에도 불구하고, 모임에 참석할 때 혼자다. 이것은 여러 해가 지나도, 그들이 여전히 왜 모이는지를 모르기 때문이다. 그들은 그들의 모든 행동이 다른 사람들에게 유익이 되기보다는 오히려, 무엇인가를 얻을 수 있다는 생각으로 모임에 나온다.

우리가 참으로 다른 사람들이 필요한 것과 다른 사람들의 신앙심 함양에 관심이 있을 때, 성령께서 공경을 받으시고 우리 안에서 그리고 다른 사람 안에서 신앙심을 함양시키는 일을 하실 것이다. 그러나 만일 한 사람이라도 모임의 규칙에서 벗어난다면, 모인 사람 전체가 고통을 겪는다.

사람들이 우리 가운데로 들어 올 때마다, 그들은 곧 하나님의 임재를 느껴야 한다. 이것이 성령의 역사이다. 그것이 그들을 엎드리게 해서 하나님께 예배를 드리게 하고, 실로 우리 가운데 하나님께서 계신다는 것을 선언하게 할 것이다.

성경에는 다섯 가지 다른 형태의 모임이 있다. 복음 전도 모임, 떡을 떼는 모임, 기도 모임, 은사 활동 또는 교제 모임 그리고 봉사 또는 설교 모임이 있다. 만일 오늘날 교회가 하나님 앞에서 건강하기를 원한다면, 교회는 이러한 다양한 모임을 모두 갖추고 있어야 한다.

초대 교회에서, 복음 전도 모임(복음이 설명되는 모임)이, 설교를 듣기보다 오히려, 첫 번째 위치를 차지했다. 반대 상황이 오늘날의 교회의 모임에 존재하는 약함의 증거이다. 건강한 교회가 되려면, 복음 설교가 모든 모임의 가장 기본이 되는 원래의 지위를 되찾아야 한다.

감사함으로, 우리는 주님의 일을 주목한다. 찬양함으로, 우리는 주님 자신을 고려한다. 우리는 주님께서 행하신 일에 대해서 그분께 감사한다. 우리는 주님께서 존재하시는 것에 대해서 그분을 찬양한다. 우리가 떡을 떼는 모임에서, 우리의 감사와 찬양이 절정에 이르렀을 때, 떡을 떼기 위한 시간이 도래했다.

우리가 아들을 영접하는 것은 다만 하나님께서 우리에게 주시는 구원의 절반에 지나지 않는다. 우리가 하나님 아버지를 영접하는 것은 나머지 반이다. 아버지는 단지 우리가 그분의 아들을 영접한 후에만, 우리를 받아들이신다. 그 결과, 떡을 떼는 모임에서, 우리가 찬양으로 아버지께 나아갈 수 있는 것은 떡을 뗀 후이다.

하나님의 보좌는 그분의 백성들의 찬양위에 세워졌다(시 22:3). 하나님의 교회가 찬양을 시작할 때, 보좌에 닿기 시작한다. 우리가 찬양을 배우면 배울수록, 더욱 더 우리는 그 보좌에 닿는다.

공동기도(Corporate Prayer-예배드리는 회중이 공통된 감사와 고백 · 간구를 동일한 내용과 동일한 언어, 그리고 연합된 목소리로 드리는 기도를 말한다-역주)는 거짓되고, 길고, 사람을 기쁘게 하는 경향이 있어서 하기 어렵다할지라도, 기도 모임에서 공동기도는 개인기도보다 더 강하다. 또한, 하나님께서는 개인기도보다 교회의 공동기도를 응답하시는 것이 훨씬 더 쉬우시다. 오늘날 하나의 문제는 그래도 공동기도보다 개인기도가 더 응답이 있다는 것이다. 이는 공동기도에 거짓과 혼란 그리고 헛된 말이 그만큼 많기 때문이다.

우리의 영이 모임을 이끄는 영적 지도자의 영의 해방에 도움이 될 수도 훼방할 수도 있다. 만일 새 신자들이 이점에서 교훈을 얻는다면, 그들은 모임에 힘을 줄 것이다. 이는 만일 형제와 자매들의 영이 나오지 않는다면, 그들 가운데 있는 그 지도자의 영도 나오지 않을 것이기 때문이다.

만일, 우리 시대에, 우리가 그리스도의 몸으로 만나는 법을 배운다면, 다음 세대는 더 강해질 것이다.

안식일 의미의 성취는 하나님의 안식으로 들어감으로 얻게 된다. 그러나 하나님의 안식에 들어가려면, 우리는 그분의 일을 받아들여야만 한다. 여기에, 우리의 완전한 영적인 삶을 위한 원칙이 있다. 우리는 하나님의 일에 참여하기 전에 그분의 안식에 들어가야만 한다.

오직 안식에 들어간 후에라야, 우리는 하나님 보시기에 일어나서 섬길 자격이 있다. 따라서 하나님의 말씀을 듣고 마음에 새기는 사람만이 일이 아니라, 안식으로 들어간다.

영적인 삶의 최고의 발로(發露-숨은 것이 겉으로 드러나거나 숨을 것을 겉으로 드러냄-역주)는 하나님을 찬양하는 사람들에게서 보인다. 찬양은 믿는 사람들이 주님을 항상 보여줄 수 있는 가장 높은 표현이다. 찬양은 당신을 우주의 가장 높은 곳, 곧 하나님의 보좌로 데리고 갈 수 있다.

이것을 특별히 주목하라. 구약시대에 찬양을 드린 사람들은 하나님께서 의도적으로 비참한 상황 속으로 이끌고 가셨던 사람들이다. 그들이 지은 찬양 가사는 그들의 상처 입은 감정에서 나왔다.

이것을 기억하라. 하나님의 자녀가 찬양할 때에는 언제든지, 사탄은 도망치지 않으면 안된다. 종종 기도는 전투다. 그러나 찬양은 승리다. 기도는 영적 전투다. 그러나 찬양은 승리의 함성이다. 이런 이유 때문에, 사탄이 가장 싫어하는 것은 찬양의 함성이다.

사도행전에는, 감옥의 문이 두 번 열렸는데, 한번은 기도의 응답으로, 한번은 찬양의 응답이었다(행 12:5-10; 16:25-26, 참조). 그러나 기도는 항상 감옥의 문을 열지 못할 수도 있지만 반면에, 찬양은 항상 감옥의 문을 연다!

왜 찬양이 또한 승리인가? 이는 당신이 다만 기도만 할 때, 당신은 여전히 당신의 환경 속에 빠져 있기 때문이다. 그러나 당신이 찬양할 때, 당신은 당신의 환경을 초월했기 때문이다. 그런고로 기도만으로는 성취할 수 없을지도 모르는 것을, 찬양은 성취할 수 있다.

당신의 영이 거의 숨을 쉴 수 없을 정도로 매우 압박을 당할 때, 당신은 기도할 수 있으면, 기도하라. 그리고 기도할 수 없을 때, 찬양하라.

당신이 "찬양의 제물"(히 13:15, KJV), 곧 제물로 찬양을 드릴 때, 아무 것도 당신을 압승할 수 없도록 당신은 곧 모든 것을 초월할 것이다.

하나님의 자녀들은 종종 싸우기 위하여 일어나야 한다는 시험을 받는다. 그래서 많은 사람들은 싸우지 않으면 이길 수 없다고 생각한다. 그들은 승리는 싸움에 좌우되는 것이 아니라, 찬양에 좌우된다는 놀라운 원리를 인식하지 못한다(대하 20:20-22).

당신이 어떤 문제에 직면할 때마다, 하나님의 자비를 구하라. 하나님께서는 싸움을 준비하는 것에서 당신의 손을 지키시고, 싸우기 위해서 방법을 생각하는 것에서 당신의 마음을 지키실 것이다.

아무것도 찬양만큼 아주 빨리 주님의 손을 움직이시게 하는 것은 없다. 찬양은 기도보다 더 높이 올라간다. 찬양하는 사람들은 가능성을 의지하지 않는다. 그들은 이미 가능성을 초월했다. 그들은 승리를 얻을 때까지 찬양했다.

사람의 생각은 대체로 투쟁과 싸움에 여념이 없다, 이는 사람은 항상 보이는 곳에 적이 있기 때문이다. 그러나 하나님께서 주신 생각은 믿음과 찬양에 집중되어 있다. 그것은 사람의 시각을 초월해서 하나님께서 보시는 대로 본다.

당신은 당신이 감동이 없을 때, 당신이 감동이 있을 때까지 찬양해야 한다. 게다가 적은 감동이 많은 감동이 되도록 찬양을 계속 하라.

승리는 당신의 육신의 투쟁에 달려 있는 것이 아니다. 승리는 당신이 "주여, 나는 당신의 방법을 찬양하나이다. 당신이 나를 위해서 준비하신 것은 부적당한 것이 없나이다. 당신이 하시는 일은 무엇이든지 완전하나이다"라고 말하면서, 당신의 머리를 낮추고 주님을 찬양할 때 온다. 그때만이 당신의 영이 당신의 문제, 당신의 내적인 감정을 초월해서 승리로 날아오를 것이다.

Chapter 22

내가 아니라, 그리스도

우 리는 구원의 문이 영원히 열리지 않는다는 것을 알고 있다. 마찬가지로, 우리는 변명의 문 또한 영원히 열리지 않는다는 것을 기억해야 한다.

하나님의 자녀로서, 당신이 죄를 지은 사람에게 사죄하지 않고, 용서를 구하지 않는다면, 당신의 영적인 삶은 그 사람이 하나님 앞에서 탄식하면서 당신의 이름을 말한다면, 불리하게 작용할 것이라는 것을 인식해야 한다. 당신이 하나님께 드리는 선물 물론 당신의 기도도 받아들여지지 않을 것이다. 그 사람의 탄식이 당신을 쓸모없게 해서 하나님 앞에서 당신의 길이 막힐 것이다.

우리는 형제의 빚을 관대하게 탕감할 수 있도록 하나님께 대한 우리 자신의 빚을 올바르게 평가해야 한다. 사람들이 우리에게 얼마나 적은 빚을 지고 있는 가를 알기 위하여, 우리는 우리가 하나님께 얼마나 많은 빚을 지고 있는가를 기억하지 않으면 안 된다. 우리가 하나님께 지고 있는 빚은 우리가 값을 수 있는 빚보다 훨씬 더 많다.

하나님께 대한 우리의 빚은 우리의 지불 능력을 훨씬 넘어선다. 사람들이 우리에게 진 빚과 우리가 하나님께 진 빚의 차이는 아주 크다.

세리는 성전에서 이렇게 기도했다. "하나님이여 긍휼을 베푸소서 나는 죄인이로소이다!"(눅 18:13). 죄인은 긍휼을 구했다. 그는 결코 의롭다함을 구할 생각이 없었지만, 하나님께서는 이 사람이 의롭다함을 받았다고 말씀하셨다(눅 18:14). 왜 그런가? 이는 주님께서 성취하시는 구원은 인간의 생각에 준하는 것이 아니라, 하나님 자신의 생각에 준하기 때문이다.

하나님께서는 그분의 은혜를 받은 사람들이 관대하기를 기대하신다. 현세에서, 하나님께서는 그분의 사람들에게 의(義)를 기대하실 뿐 아니라, 관대함을 기대하신다.

주님께서는 그분이 당신을 대우하신 것처럼, 당신도 다른 사람들을 대우하기를 원하신다. 주님께서는 의에 준해서 당신에게 요구하지 않으신다. 따라서 그분은 당신이 다른 사람들에게 의를 요구하지 않기를 기대하신다.

용서받은 사람이 용서하지 않고, 긍휼을 얻은 사람이 긍휼이 없고, 그분의 은혜를 받은 사람이 다른 사람들을 관대하게 대하지 않는 것은 하나님께서 보시기에 아주 사악하다.

애석하게도, 믿는 사람들 가운데서 흔히 생기는 일은 어떤 형제가 다른 형제에게 죄를 지은 후, 곧 그 문제가 죄를 지은 사람이외의 누군가에게 알려진다는 것이다. 화가 난 형제는 그것을 도처에 퍼뜨린다. 게다가 그는 죄를 지은 형제에게 말할 용기가 없다(마 18:15, 참조). 이것은 그가 얼마나 연약한가를 보여준다, 이는 남의 비밀을 털어놓는 사람은 결과적으로 약하기 때문이다.

하나님의 자녀는 교회에 문제를 더하는 것이 아니라, 문제를 없애는 방법을 배워야 한다.

만일 어떤 형제의 허물을 지적하는 당신의 동기가 그를 회복시키는 것이라면, 당신은 어떻게 그의 허물을 지적해야 하는지를 알 것이다. 그러나 만일 당신이 참으로 그를 회복시키기를 원치 않는다면, 당신은 아마도 그를 나무랄 것이다.

어떤 형제에게 그의 허물을 말하려면, 당신이 그를 대면하기 전에 당신 자신을 완전히 무시하는 것이 필요하다. 그렇지 않고, 만일 당신 자신이 말려들어 있다면, 이 일을 결코 수행할 수 없을 것이다.

어떤 형제가 당신에게 무엄한 짓을 하는 대로 내버려 두심으로, 주님께서는 당신을 지켜보시고 당신을 회복의 도구로 선택하셨다.

그리스도인은 그들의 삶 뿐만 아니라, 반응도 하나님의 통제아래 있어야 한다. 만일 하나님께서 우리의 반응을 통제하신다면, 우리는 마음대로 자극에 반응을 하지 않을 것이다. 우리는 하나님께서 우리에게 명령하시는 대로, 반응할 것이다. 반응하는 것은, 우리 안에 계시는 그분의 생명, 곧 하나님께서 우리에게 주신 생명이다.

일반적으로 인간의 반응, 곧 모든 문제는 세 수준으로 나누어 질 수 있다. 첫째, 이성의 수준, 이것은 쉽게 흥분하고 화를 내는 반응을 나타낸다. 둘째, 선한 행위의 수준, 이것은 느긋한 반응을 나타낸다. 셋째, 하나님의 생명의 수준, 이것은 초월적인 반응을 나타낸다.

사람들은 단지 그 만큼의 많은 요구를 한다. 그러나 하나님 앞에 있는 사람으로서, 우리는 사람들이 요구하는 것보다 훨씬 더 많이 주어야 한다. 왜 그런가? 이는 우리 안에 계시는 하나님의 생명이 사람들의 요구를 능가하기 때문이다.

주님의 생명은 사람들이 이유 없이 우리를 학대할 때, 우리가 정반대로, 조건 없이 그들을 잘 대우할 수 있도록 하기 위해서 그분이 능력이 있다는 것을 우리에게 보여 주신다.

초월하는 생명이란 무엇인가? 그것은 먼저 뺨을 맞은 후에, 다른 뺨을 돌려대는 것이다. 당신의 속옷을 빼앗고자 하는 사람에게 당신의 겉

옷을 주는 것이다. 당신에게 일 마일만 가자고 하는 사람에게 이 마일을 가는 것이다(마 5:39-41, KJV). 이것은 하나님의 은혜에 따라서 하나님의 자녀가 행하는 것이다.

왜 우리는 오른 뺨을 맞은 후 왼 뺨을 돌려대야만 하는가? 그렇게 하는 것은 주님께서 사람의 손이 우리를 가혹하게 다루는 것을 용납하실 때, 우리의 선택은 그것을 완화시키기보다 오히려, 주님께서 우리 안에서 그분의 일을 확대시키시도록 해야 한다는 것을 보여준다. 왼뺨을 더함으로, 사실상 우리의 반응은 우리가 주님께서 사람을 통해서 행하시는 일을 받아들인다는 것과 주님께서 우리 안에서 그분의 일을 확대시키시도록 한다는 것을 나타내는 것이다. 따라서 사람의 손을 수단으로, 주님께서는 우리의 포용력을 확대시키시고 그것으로 우리를 영적으로 성장하게 하신다.

이것이 우리의 기도가 되어야 한다. "주님의 손을 내게 얹으소서. 내가 아직도 잃어버릴 것이 있지만, 완전히 잃어버리지 않았나이다. 이는 내가 모든 것을 잃어버릴 때만이 나는 더 이상 잃어버릴 것이 없기 때문이나이다. 내가 아직도 죽으려고 하는 한, 나는 완전히 죽지 않았나이다. 이는 내가 완전히 죽을 때만이 나는 더 죽을 수 없기 때문이나이다. 그러므로 주여 당신의 손을 내게 가볍게 하기보다 오히려, 강하게 하소서."

사람들이 우리를 불친절한 태도로 대우하고, 악하게 말하고, 또는 불합리한 요구를 할 때 마다, 그들이 우리에게 그리스도인으로서 반응할 기회를 주고 있다는 것을 기억하자.

그리스도인이 행동하지 않는 것보다 더 큰 손실은 없다. 공격을 당하는 것은 큰 손실이다. 소유물을 빼앗기는 것은 큰 손실이다. 치욕을 당하는 것은 큰 손실이다. 그리고 자유를 잃어버리는 것도 큰 손실이다. 그러나 이런 것들을 묵인하심으로, 주님께서는 그분의 은혜를 분명하게 보여줄 우리의 능력에 신뢰를 보여 주신다. 만일 우리가 이런 것들에 실패한다면, 얼마나 큰 손실인가!

그리스도인의 삶은 놀라운 역설이다. 당신이 박해를 받고 괴롭힘을 당하고 그리고 불합리한 대우를 받으면 받을수록, 더욱 더 당신은 하나님 앞에서 행복하다.

죄는 사람을 붙잡는 능력이 있다. 우리는 죄의 능력을 멸하거나 죽음에 내어 줄 수 없지만, 주님께서는 우리에게서 그것을 제거 할 수 있으시다. 그것이 하나님의 말씀이 우리가 죄에서 자유롭게 되거나, 해방될 수 있다고 말씀하면서도, 우리에게 죄를 이겨내라고 말씀하지 않는 이유이다.

사람은 그의 의지를 발휘하는 것으로 죄에서 해방될 수 없다. 이는 사람이 그의 의지력을 사용할 때, 그는 죄로부터 해방을 위한 하나님의 방법을 신뢰할 수 없기 때문이다. 그러므로 하나님께서는 이 사람이 그의 무능력을 철저히 고백하고 하나님의 능력에 자신을 전적으로 복종시킬 수 있는 그날을 기다리실 수 밖에 없으시다. 사람이 그의 힘으로 노력하는 것을 멈추는 단계에 이를 때 만이, 하나님께서 그 때에 그에게 승리를 줄 기회가 있으시다.

죄를 이기는 것은 능력을 조금도 필요로 하지 않는다. 그것은 율법의 행위이기 때문이다. 내 노력과 무관하게, 나에게 죄를 짓게 하는 한 법이 있는 것처럼, 내 편에서 어떤 노력 없이도, 죄로부터 나를 해방시키는 다른 법이 있다. 노력할 필요가 없는 승리만이 진정한 승리이다.

죄로부터 해방되는 방법은 한 걸음씩 익힐 수 있다. 첫 단계는 죄가 당신에게 법이라는 것을 깨닫는 것이다. 둘째 단계는 의지로 법을 이겨낼 수 없다는 것을 깨닫는 것이다. 셋째 단계는 죄의 법을 이기는 다른 법이 있다는 것을 깨닫는 것이다(롬 8:2).

성경에 의하면, 주님과 우리가 어떤 관계가 되어야 하는가? 중요한 관계는 그리스도께서 우리의 생명이 되셔야 하는 것이다(골 3:4). 일단 그리스도께서 우리의 생명이 되시면, 우리는 그분을 본받을 수 있다. 만일 우리가 이 사실, 곧 그리스도께서 우리의 생명이시라는 것을 모르면, 우리는 세상에서 주님의 생명을 경험할 수 없을 것이다. 이는 이것만이 길이며, 이것만이 승리이기 때문이다.

생명의 비밀은 무엇인가? 주님께서 우리를 대신해서 죽으신 것과 같이, 우리를 대신해서 사신다. 우리가 죽을 필요가 없다는 것이 큰 뉴스 인 것처럼, 우리가 살 필요가 없다는 것도 큰 뉴스다.

어느 그리스도인이든 그리스도인의 삶을 살려고 하는 것은 잘못된 것이다. 더구나 우리는 그렇게 하라는 요구를 받지도 않았다. 주님께서는 이렇게 말씀하신다. "사는 것은 더 이상 내가 아니다. 그리스도께서 내안에 사신다"(갈 2:20, KJV). 이것이 그리스도인의 삶을 사는 비밀이다.

당신은 그리스도인들처럼 살려다 지친 신자들을 볼 때, 그들에게 훨씬 더 나은 것이 있다는 것을 말해 주어야 한다. 그 다음, 그들이 이전에 죽을 필요가 없다는 복음을 들은 것을 하나님께 감사한 것처럼, 지금 그분께서 그들이 살 필요가 없다고 말씀하시는 말씀을 들으면서 하나님께 감사할 수 있다. 이것이 참으로 지치게 하고 소모적인 그리스도인의 삶으로부터의 해방이다!

패배는 더 작은 일에서 기인하는 것이 아니라, 너무 많은 일에서 기인한다. 우리가 일을 하고 있을 때, 하나님의 은혜가 우리에게 나타날수 없다. 이와 같이, 우리가 너무 많은 일을 하고 있을 때, 주님의 생명이 우리 안에 나타날 수가 없다.

Chapter 23
하나님의 영광을 위하여 모든 것을 하라

만일 당신이 당신에게서 태어난 사람을 잃어버린다면, 복음이 어떻게 온 땅에 전파되겠는가? 그렇기 때문에 당신은 당신의 자녀들을 되찾기 위하여 힘써야만 한다. 이렇게 말하는 나를 용서하라. 이는 내가 말하는 것이기 때문이다. 교회에서 최악의 실패자는 부모들이다.

당신의 자녀들을 하나님께 인도하려면, 당신은 당신 자신이 먼저 하나님과 동행해야만 한다.

많은 그리스도인들의 가정이 실패하는 한 가지 이유는 부모들이 그들의 자녀들이 그들보다 더 낫기를 바란다는 것이다. 그들은 그들의 자녀들이 세상을 사랑하지 않고 주님과 계속 함께 하기를 바란다. 한편 자신들은 가만히 있다.

당신의 영적인 행동 기준은 결국 당신 자녀들의 기준이 될 것이다.

당신의 자녀들은 당신이 사랑하는 것을 사랑하고 당신이 싫어하는 것을 싫어하게 될 것이다. 자녀들은 당신이 소중히 여기는 것을 소중이 여기고, 당신이 옳지 않게 보는 것을 옳지 않게 볼 것이다.

세상에서 최대로 비겁한 사람은 연약한 사람과 신분이 낮은 사람을 학대하는 사람이다.

우리가 주님을 위하여 고난을 받는 것이 고귀하며 순교자가 되는 것이 영광스러운 것이라는 것을 이해하도록 우리 자녀들의 마음속에 서서히 가르치기를 기원한다.

승리에 우쭐해지는 것은 그리스도인 답지 않다. 진정한 마음으로 패배를 인정하는 것은 미덕이다.

나는 믿는다. 만일 주님께서 교회에 긍휼을 베푸신다면, 교회에 더해진 사람들의 반은 그리스도인 부모들의 자녀가 될 것이다. 그리고 다른 반은 세상으로부터 구원 받은 사람들이 될 것이다. 만일 교회의 증가하는 수가 그리스도인 부모들의 자녀들이 아니라, 세상으로부터 구원받은 사람들만 나온다면, 교회는 강해질 수 없다.

죄를 짓는 용기가 있는 사람은 당연히 벌을 받아들일 용기도 있어야 한다.

만일 새 신자가 자신의 친구들을 변화(전도-역주)시키지 못한다면, 그의 영적인 미래는 얕고 약할 수밖에 없다.

그리스도인이 그가 참으로 주님을 사랑하고 그분을 충실하게 섬긴다면, 많은 세상적인 친구들이 있는 것은 불가능하다.

당신이 불신자들과 부적절한 교제를 할 때마다, 당신은 손해를 자초하는 것이다.

주 예수님께서는 죄인의 친구가 아니라, 죄인들의 친구이시다. 그분은 죄인들과 함께 하기 위해서 오신 것이 아니라, 허물과 죄로 죽었던 사람들을 찾아서 구원하기 위해서 오셨다(눅 19:10).

사람의 말은 그의 마음을 말로 표현한다. 말은 있는 것을 드러낸다(마 12:34). 사람의 행동이 언제나 그 사람을 나타내는 것이 아니다, 대개 그의 말이 그 사람을 나타낸다.

나무의 열매로 그 나무가 알려지고, 그의 말로 그 사람이 드러난다.

말을 억제하는 법을 모르는 사람은 다른 사람들을 가르치고 싶은 그들의 열망에 의하여 확실히 증명된다.

누구든지 자신을 제어할 수 있는지 없는지는 자신의 말을 억제할 수 있는지 여하에 달려있다. 만일 그가 자제심에 있어서 성령의 열매가 있는지 판단하려면, 단지 자신의 말을 어떻게 억제하는지를 지켜볼 필요가 있다.

교회 안에 그만큼 부적절한 말이 있는 것은 그만큼 사람들이 그런 말을 듣기를 원하기 때문이다. 그만큼 수요자가 있기 때문에, 그만큼 공급자가 있다(딤후 4:3).

오늘날 들으려는 갈망, 곧 부적당한 말을 들으려는 갈망이 있다.

세상 사람들은 수입에 의해 얼마나 줄 것인지를 평가한다. 그리스도인은 주는 것이 그의 수입이 얼마인가가 평가 될 것이다. 우리가 주는 평가가 우리가 받는 평가가 될 것이다(눅 6:38).

오늘날 대다수 사람은 빌립보서 4장 19절을 이해해야 한다. "오직 나의 하나님께서 그리스도 예수님을 통해 영광 가운데서 자신의 부요하심에 따라 너희의 모든 필요한 것을 공급하시리라." 그러나 우리는 하나님께서는 구하는 자가 아니라, 주는 자에게 공급하신다는 것을 이해하는가? 주는 자만이 이 구절을 사용할 권리가 있다. 주지 않는 사람은 특권을 부여 받을 권리가 없다.

Chapter 24

서로 사랑하라

성경에는 네 종류의 용서가 있다. 첫째, 영원한 용서, 둘째, 사면(赦免)의 용서. 셋째, 교제의 용서. 그리고 넷째, 통치상의 용서이다. 영원한 용서는 우리가 구원을 받을 때, 받는 것이다(요 3:16). 사면의 용서는 교회를 통해서 선언되는 하나님의 용서이다(요 20:22-23). 교제의 용서는 죄를 고백한 후에 받는 것이다. 이 용서는 하나님의 영과 우리의 교제 생활을 회복시킨다(요일 1:7-9). 통치상의 용서는 하나님께서 우리가 하나님께 아직 순종하는 법을 배우지 못했을 때 보다 하나님께서 그분의 징계의 손을 거두시고 이제 다른 방식으로 우리를 처리하실 때이다(마 6:14-15).

하나님께 징계를 받는다는 것은 영광스러운 경험이다.

하나님의 모든 징계는 교육적이다. 하나님께서는 "우리의 유익을 위해서 그분의 거룩하심에 참여하는 자가 되도록 하기 위하여" 징계하신다"(히 12:10). 이것은 참으로 영광스러운 것이다. 거룩은 하나님의 본성이기 때문이다.

히브리서 12장 10절에 말씀한대로, 거룩은 하나님께서 그분의 징계를 통해서 차츰 우리를 변화시키시거나 또는 천천히 우리의 변화를 구체화 시키신다.

신약의 구원의 주된 특징은 하나님께서는 우리에게 구원을 주셨을 뿐만 아니라, 구원을 주신 후, 지속적인 내적인 역사를 통해서 우리 안에 구원을 확립시키기 시작하신다. 이 두 과정이 함께 결합함으로 우리가 완전한 구원을 경험하게 되는 것이다. 하나는 그리스도께로부터 오는 선물이며, 다른 하나는 성령의 징계를 통해서 구체화되는 것이다.

하나님 앞에서 당당하게 처신하는 그리스도인이 되려면, 사탄을 대적하는 법을 배워야만 한다. 따라서 그렇게 하려면, 먼저 사탄의 역사가 무엇인지를 분별해야만 한다.

사탄이 역사하는 특정한 영역은 인간의 마음 또는 생각의 영역에서 발견된다. 사탄은 사람이 그리스도께 순종하는 것을 훼방하기 위해서 사람을 요새로 둘러싼다.

사탄의 시험이 처음 마음에 엄습할 때, 비교적 처리하기가 쉽다. 그러나 일단 시험이 마음에서 "실제"가 되면, 그것은 대부분 벗어나기 어렵다.

누구든지 자기의 생각에 집중하고 있다면, 그의 눈은 주님께 집중하지 못할 것이다.

처음 생각을 막아낸 후, 당신은 그 문제는 끝난 것으로 보아야 한다. 그 생각 자체가 재차 떠오른다면, 이제 그것은 사실이 아니라, 거짓으로 떠오르게 된다. 당신은 그것을 적절히 묵살할 수 있다. 만일 당신이 그렇게 한다면, 그것은 곧 사라질 것이다. 따라서 기본적인 원칙은 이와 같다. 처음 시험은 격퇴하라. 재차 시험은 묵살하라.

똑같은 시험을 하는 사탄을 재차 막아내는 방법은 처음에 당신이 격퇴한 것을 믿지 않는 것이다. 세 번째 막아내는 방법은 당신이 처음에 격퇴한 것을 부인하는 것이다. 각각 새로 막아내는 것은 당신이 이전에 격퇴한 것을 한 번 더 불신하는 것을 의미한다.

대다수 사람들은 성령의 책망일지도 모른다는 두려움 때문에 사탄을 격퇴하지 않는다. 그들은 사탄의 참소(讒訴 : 남을 헐뜯어서 없는 죄를 있는 듯이 꾸며 고해바치는 일-역주)와 성령의 책망을 구별할 수 없다. 그러므로 그들은 사탄의 참소를 성령의 책망으로 받아들인다. 우리가 어떻게 그 차이를 구별할 수 있는가? 사탄의 참소는 결코 분명하거나 뚜렷하지 않다. 반면에 성령을 통한 하나님의 계시는 항상 뚜렷하고 딱 들어맞는다.

우리는, 그리스도인으로, 사탄이 작용하는 주요 영역은 마음과 몸뿐만 아니라, 양심이라는 것을 알고 있어야 한다.

사탄은 죄를 짓도록 꾐으로써 싸우지 않고 세속적인 그리스도인들을 취하고, 참소를 사용함으로써 싸우지 않고 성숙한 그리스도인들을 취한다. 따라서 사탄은 죄로 세속적인 그리스도인들을 무력하게 하고, 참소로 영적인 그리스도인들을 무력하게 한다.

대다수 하나님의 자녀들은 그들의 삶속에서 성령의 훈련을 순종하지도, 사탄의 공격을 격퇴하지도 않는다. 한편으로, 순종하지도, 다른 한편으로, 격퇴하지도 않는 것은 오늘날 참으로 문제이다.

우리 주위의 거의 모든 환경은 우리가 그들에게서 교훈을 배우고 그들을 통해서 인격이 형성되도록 주님께서 우리에게 주신 것이다. 불행한 것은 그런 환경에서 배우고 그런 환경을 통해서 차츰 그리스도의 장성한 분량으로 인격이 형성되어가는 사람들이 아주 적다는 것이다.

두려움은 사탄의 노크이다. 만일 당신이 노크에 응한다면, 당신은 사탄의 방문을 받을 것이다. 만일 두려움을 받아들인다면, 두려움은 곧 일어 날 것이다. 만일 두려움을 거절한다면, 아무 일도 두려움 때문에 일어나지 않을 것이다.

부활이란 무엇인가? 부활은 죽음의 고비를 너머선 영역이다. 따라서 사탄은 그가 이 부활 생명에게는 아무 것도 할 수 없다는 것을 충분히 알고 있다.

교회와 사탄 간의 싸움은 그것을 이기도록 하려는 것이 아니라, 주님의 승리를 보여주려는 목적이 있다. 주님께서는 이미 이기셨고, 우리를 위해서 승리를 얻으셨다!

하나님의 은혜체계는 그 분의 통치체계 아래서 인간의 불순종과 반항 때문에 더해졌다. 그러므로 은혜는 순종하지 않고 반항하는 사람들을 구속하고 회복하려는 목적이 있다. 그 결과 다시 한 번 그들을 하나님의 통치체계의 복종 하에 두는 것이다.

하나님의 은혜가 결코 하나님의 통치를 파기할 수 없다. 오히려, 하나님의 은혜는 사람들이 하나님의 통치에 복종할 수 있도록 한다. 누구든지 겸손하면 할수록, 더욱더 하나님의 통치체계에 익숙하게 된다.

그리스도의 몸(교회-역주)의 일치는 죄를 버리는 것을 근거로 한다. 따라서 오늘날 하나님의 자녀가 그처럼 나누어지는 이유는 그들의 많은 죄 때문이다. 몸의 연합이 있는 곳, 그곳에는 죄를 버리는 것이 있다. 교제는 죄를 처리하고 버리는 것에 근거하고 있기 때문이다(요일 1:7).

하나님 앞에 깨끗한 그릇이 되려면, 우리는 더러운 그릇에서 자기 자신을 깨끗케 하지 않으면 안 된다.

세상 사람들은 두 집단으로 나누어져 있다. 하나님의 자녀와 마귀의 자녀. 이와 같이, 단지 두 아버지가 있을 뿐이다. 하나님께서는 그분의 자녀들의 아버지시고, 마귀도 그의 자녀들의 아버지다.

만일 우리가 눈물 없이 동료 그리스도인들을 심판한다면, 형제 사랑에 대한 지식이 없는 것이다. 만일 고통이 없는 정죄가 있다면, 형제애에 대한 이해가 없는 것이다. 만일 책망과 비판 외에 아무 것도 없다면, 그것은 사랑이 없다는 증거이다.

당신이 동료 그리스도인들을 사랑한다는 것은 그들 모두를 힘을 다하여 그들을 온전케 하기 위하여 당신 자신을 희생하는 것이다.

하나님을 향한 당신의 사랑을 자랑하지 말고, 오히려, 그리스도 안에 있는 당신의 형제와 자매들을 사랑하는 법을 배우라. 사랑을 자랑하는 것은 무의미하다. 그러나 하나님의 사랑은 형제와 자매 사랑을 통해서 분명히 나타난다.

당신이 그리스도인이 되었을 때, 당신의 직업은 완전한 변화를 겪었다. 그리스도인은 하나의 직업 밖에는 없다. 그것은 하나님을 섬기는 것이다. 외부적으로 나는 여러 가지 일을 바쁘게 하느라 바쁠 수 있지만, 마음속으로는 하나님 앞에서, 그분을 섬긴다.

은혜로 구원받는 것은 비교적 단순하다. 그러나 은혜로 섬기는 것은 훨씬 더 대단하다. 우리에게 하나님을 섬길 수 있도록 하는 것은 은혜다. 이것은 하나님께서 우리에게 주시는 가장 풍성한 은혜다.

하나님께서 아담에게 꺼내신 것으로 하와를 지으신 것처럼, 그분은 그리스도께 꺼내신 것으로 교회를 세우신다. 그리스도께서는 우리에게 그분의 능력, 은혜, 본성, 의지뿐만 아니라, 그분 자신의 몸을 주셨다. 그리스도께서는 우리에게 그분의 뼈와 살을 주셨다. 그리스도께서는 아담이 그의 뼈를 하와에게 주었던 것처럼, 그분 자신을 우리에게 주셨다.

그리스도의 몸(교회-역주)은 두 가지의 기본적인 원칙이 있다. 첫째, 만일 그것이 그리스도께로부터 나오지 않는다면, 그것은 그리스도의 몸이 아니다. 둘째, 만일 성령의 역사가 없다면, 그것은 그리스도의 몸이 아니다. 우리는 하나로 연합되기 위하여 성령으로 세례를 받아야 하고 성령으로 충만해야 한다.

교회는 순종을 장려할 목적으로 존재한다. 순종은 생명에 이르게 하기 때문이다. 불순종보다 더 심각한 죄는 없다. 불순종은 교회가 존재하는 다름 아닌 그 근거를 부정하기 때문이다.

그리스도인의 특징을 나타내는 표지는 일이 아니라, 순종이다. 성숙한 그리스도인을 구별하는 표지는 자신을 인도하는 사람들의 공적(功績)을 인정하는 역량이다.

Chapter 25
이기는 생명

이기는 생명은 성취하는 것이 아니라, 얻는 것이다. 이기는 생명은 변화된 생명이라기보다, 오히려, 대체된 생명이다. 이기는 생명은 억제하는 생명이 아니라, 다만 표현하는 생명이다.

그리스도의 능력을 경험하는 비밀은 당신 자신이 쥐고 있던 것을 놓고 그리스도께서 당신 대신 사시도록 하는 것이다. 이것은 어린 아이와 같은 믿음을 요구한다. 그러할 때 당신은 당신을 사랑하시는 분을 통해서 승리자 이상이 될 것이다(롬 8:37).

우리는 우리의 부족을 깨닫고 하나님의 풍성하신 은혜를 받기 위해서 그분 앞에서 겸손해야만 한다.

옛 언약 하에서는, 사람들은 하나님께 10분의 1일을 바치라는 명령을 받았다. 그러나 새 언약 하에서는, 10분의 10을 바치라는 명령을 받았다.

만일 사람들이 그들의 삶이 비참하고, 슬프고 그리고 실패로 끝났다고 말할 때, 우리가 그 사람들과 다를 바 없다고 인정한다면, 우리는 생수의 강이 아니라, 습기가 말라 식물들이 죽는 메마른 사막이 된다.

승리는 그리스도인의 정상적인 경험이 되어야 하고, 패배는 비정상적이어야 한다. 성경의 기준에 의하면, 성경은 만일 당신이 이기지 못하는 것을 이상한 일로 간주하며 이기는 것을 흔히 있는 일로 여긴다.

만일 당신의 경험이 성경에서 상세히 설명한 것과 다르다면, 당신은 완전한 구원이 필요하다. 당신이 구원 받은 것은 사실이지만, 당신은 충분한 구원을 얻지 못했다.

승리는 실제로 구원을 보충하는 면이다. 우리가 구원 받았을 때, 하나님 편에서가 아니라, 우리 편에서 무엇인가 놓친 것이 있다. 이는 하나님께서는 결코 우리에게 방황하도록 하는 삶을 살도록 구원을 주시지 않기 때문이다. 하나님께서는 우리가 완전한 구원을 받기를 원하신다. 하나님께서는 우리가 우리의 삶속에서 그분의 승리를 경험하기를 원하신다. 그러므로 구원을 보충하는 면은 승리를 경험하는 것이다.

우리는 그리스도인이 죄를 짓는 것을 피할 수 없다고 생각함으로 우리 자신을 속이지 말기를 기원한다. 나는 이와 같은 태도보다 더 우리 주님을 아프게 하는 생각은 없다고 생각한다.

승리는 그리스도 그분 자신이라는 것과 당신과 나는 승리와는 아무 관계가 없다는 것을 늘 마음에 담아 두자.

승리는 보상이 아니라, 선물이다. 선물이란 무엇인가? 선물은 당신에게 기꺼이 주어지는 것이다. 당신이 일을 통해서 얻는 것은 보상이다 (고전 15:57, 참조).

누구든지 결국 자신의 노력이 무익하다는 것과 자신의 삶의 실패를 인정할 때만 그리스도 안에서 이미 자신의 것인 승리를 받아들일 태세를 취한다.

율법 아래서는, 하나님께서는 사람들이 그분을 위해서 일하도록 요구하신다. 그러면 무엇이 은혜 아래 있는 것인가? 그것은 하나님께서 사람을 위해서 일하시는 것을 뜻한다. 만일 우리가 하나님을 위해서 일한다면, 죄가 우리를 지배할 것이다. 그러나 만일 우리가 하나님께서 우리를 위해서 일하시도록 한다면, 우리는 그분의 승리에 안주한다.

그리스도인의 세상살이에서 진정한 승리는 억제된 삶이 아니라, 표현된 삶이다. 표현된 삶은 이미 얻은 것을 밖으로 보여주는 것이다.

우리가 우리의 승리로서 그리스도를 어떻게 얻는가? 감하는 면에서, 그것은 "사는 것은 더 이상 내가 아니다"(갈 2:20 상반절, KJV)는 경험이다. 더하는 면에서, 그것은 "그리스도께서 내 안에 사신다(갈 2:20 하반절, KJV)는 경험이다.

십자가는 사람들 때문에 하나님께서 자포자기를 나타내신 것이라는 것을 깨닫도록 하자. 십자가는 사람들에 대한 하나님의 절망을 나타내는 것이다. 하나님께서는 우리를 고치실 수도 없고 개선시킬 수도 없다고 말씀하시는 것이 그분의 관점이다. 하나님께서는 우리를 십자가에 못박을 수밖에 없으시다. 우리가 이미 철저하게 타락했다는 이 사실을 알고 있지만, 우리는 그럼에도 불구하고 우리가 그렇게 나쁘지 않다고 계속 주장하는 것은 얼마나 놀라운 일인가.

한 형제가 자신이 어떻게 승리할 수 있는가를 물었다. 나는 "손을 놓는 것"이라고 대답했다. 승리는 우리의 일이 아니라, 하나님의 일이다. 우리의 일은 단지 이미 하나님께서 이미 이루어 놓으신 일을 경험하는 것이다.

수학을 사용해서, 우리는 우리가 어떻게 승리하는 생활을 할 수 있는가를 실례를 들어 설명할 수 있다. 둘 빼기 하나는 하나이다. 만일 당신이 내게서 아담을 빼면 남는 것은 물론 그리스도다. 이것이 하나이고, 이것이 승리이다. 그러나 만일 하나 이상이 있다면, 아담의 모든 것이 제거되지 않은 것이다.

당신이 당신 자신을 내주고 쥐고 있던 것을 놓음으로 승리를 위한 조건을 이행할 때, 당신은 곧 이기는 생명이 있다는 것을 믿어야 한다. 이는 아들이 당신 안에서 그분의 승리를 실행하시기 위해서 기다리고 계시기 때문이다.

만일 내가 감각이 있다면, 사는 것은 나다. 그러나 내가 믿는다면, 사시는 분은 하나님의 아들이다. 옛 부터 지금까지, 온 우주 안에 승리하는 분은 단 한분이시다. 주님을 찬양하라. 이는 주님께서는 승리이시기 때문이다!

승리하는 생명을 얻는 유일한 조건은 쥐고 있던 것을 놓는 것이다. 당신이 붙잡고 있는 것을 포기할 때, 주님께서 이기실 것이다.

당신의 승리에 대해서 하나님께 감사하는 것은 당연하지만, 당신은 또한 당신의 약함에 대해서도 그분께 감사해야 한다. 이는 그리스도의 능력은 오직 우리가 약할 때 나타나기 때문이다.

믿음은 하나님께서 이미 약속하신 것을 구하는 것이 아니다. 믿음은 하나님의 약속을 믿는 것이다.

예감(豫感)이 어떤 다른 것들에는 유익할지 모르지만, 주님을 아는데 있어서, 예감은 무익하고 신뢰할 수가 없다. 영적인 문제에 있어서, 영적인 문제의 진위를 검증하는데 있어서 필요한 것은 예감이 아니라 믿음이다.

오늘날 하나님의 자녀들 가운데 가장 큰 문제는 그들이 그분의 말씀을 믿는 믿음이 부족하다는 것이다. 이 불신앙은 마치 하나님께서 거짓말을 하고 계시는 처럼 여기므로 하나님의 체면을 손상시킨다. 하나님께서는 우리가 그분의 생명이 살아서 흐르는 가지(근원에서 가라져 나간 것을 비유하여 이르는 말-역주)라고 말씀하셨다(요 15:5). 우리는 하나님을 믿어야만 한다.

성경은 승리가 하나님의 말씀을 믿음으로 온다는 것을 우리에게 보여준다. 하나님께서는 그분의 아들이 우리의 생명, 머리, 승리, 성화, 능력이라고 말씀하셨다. 이런 면에서 하나님을 경험한 사람들은 그분이 모든 우리의 짐을 지시고, 우리의 모든 책임을 떠맡으시고, 우리에게 인내와 온유함을 주시고, 우리 안에서 우리에게 힘을 북돋아 주신다는 것을 안다.

하나님의 말씀 또는 우리의 경험 중 어느 것을 더 신뢰할 수 있는가? 물론 하나님의 말씀이다! 그런데도 우리는 얼마나 우리의 경험을 믿고 하나님의 말씀을 믿지 않는 경향이 있는가?

산과 믿음은 공존할 수 없다. 산이 옮겨지든지 또는 믿음이 옮겨지든지 해야 한다. 하나님께서 우리에게 주시는 각각의 시험은 산을 옮기도록 하기 위하여 우리를 훈련시키려는 목적이 있으시다.

참 믿음은 우리의 감정, 경험, 그리고 주위의 환경이 우리에게 다른 영향을 준다할지라도, 하나님을 믿는 것이다. 만일 우리의 이 믿음이 굳게 유지된다면, 우리의 감정, 경험, 그리고 주위의 환경은 믿음이 있는 곳에 따라붙을 것이다.

믿음이 시험을 받을 때 단지 적은 믿음은 숨지만, 큰 믿음은 시험에 맞선다. 시련에 내려앉는 믿음은 거짓 믿음이다. 시련을 끝까지 견디는 믿음은 참 믿음이다. 그러므로 참 믿음으로 당신은 어떤 시험에도 저돌적으로 맞서서 변함없이 서 있을 수 있다.

대다수 그리스도인들은 믿자마자 곧 그들의 믿음의 결과를 보기를 원한다. 그들은 그들이 믿는 바로 그 순간 승리를 경험하기를 원한다. 그러나 믿음이 진짜인가 가짜인가에 대한 시험(試驗)이 승리가 분명하게 나타나기 훨씬 전에 하나님을 믿는 사람들 중에 있다. 당신은 얼마 동안 하나님을 믿을 수 있는가? 세 시간, 삼일, 석 달? 만일 그렇지 않다면, 당신의 믿음은 어디에 있는가?

믿음의 시련이 우리의 길에 닥칠 때마다, 시련을 받는 것은 우리가 아니라, 주님이시라는 것을 알아야 한다. 우리의 믿음이 시험을 받을 때, 실제로 시험을 받는 분은 하나님의 아들이시다. 시험을 받는 것은 당신이 아니라, 하나님의 신실하심이다. 당신을 갑자기 덮치는 시련이 무엇이든지, 만일 당신이 하나님을 믿음으로 그분의 신실하심이 시험을 받게 한다면, 그것은 그리스도께서 당신을 위해서 무엇을 하실 수 있는지를 시험하는 것이다.

당신이 다른 사람들을 돕고 유익을 줄 수 있는 것은 오직 당신의 믿음이 시험을 받아서 검증을 받은 후이다. 그 과정에서, 하나님의 마음은 만족하실 것이고, 그분의 이름이 영광을 받으실 것이다. 이것이 "금보다 더 귀한 믿음"이다(벧전 1:7).

당신은 승리를 얻기 위해서 싸우는 가 또는 승리에 의거하여 싸우는가? 만일 당신이 승리를 얻기 위해서 싸운다면, 당신은 결코 성공하지 못할 것이다. 그러나 만일 당신이 승리에 의거하여 싸운다면, 결코 패배할 수 없다.

당신이 당신의 마음, 감정, 또는 아집의 지배를 받을 때마다, 당신은 곧 아담 안에서 사는 것이다. 당신이 믿음의 지배를 받을 때마다, 당신은 즉시로 그리스도 안에서 사는 것이다. 따라서 당신이 그리스도 안에서 살 때, 그분 안에 있는 모든 것은 당신의 경험이 된다.

유감스럽게도, 우리는 승리 안에서 사는 법을 배우기 전에, 실패하는 것이 필요하다. 하나님께서는 우리가 참으로 얼마나 무력하고 약한가를 알도록 하기 위해서 우리를 실패하는 대로 내버려 두셔서, 비참하게 실패하도록 하신다.

옛 언약 하에서 하나님의 백성들은 실패했다. 그들에게 진리는 있었지만, 은혜가 없었다. 그들에게 율법은 있었지만, 율법을 지킬 능력이 없었다. 우리는 오늘날 드러난 진리뿐 만 아니라, 율법을 지키도록 하기 위해서 우리에게 공급하는 그분의 은혜의 능력이 있다. 이것은 새롭고 더 좋은 언약의 결과와 유익이다.

당신이 시련 가운데서도 당신의 약함을 자랑으로 여길 때마다, 그리스도의 능력이 당신을 보호할 것이다(고후 12:9).

은혜 안에서 성장한다는 무엇을 의미하는가? 그것은 진리가 와서 당신이 전에 보지 못했던 당신의 죄를 보게 하고, 그 죄를 이기는 능력으로 당신에게 은혜를 공급하는 것이다(요 1:17, 참조).

그리스도의 승리의 특징은 확실해서 능가할 수는 없지만, 그분의 승리의 범위는 사람들이 그분께서 더욱 더 자신들을 통해서 승리를 분명하게 보여 주시도록 할 때, 끊임없이 커진다.

우리는 승리와 승리의 개가의 차이점을 구별할 수 있는가? 전자는 전적으로 그리스도께서 행하시는 것이다. 반면에 후자는 우리가 행하는 것이다. 승리는 그리스도의 일이다. 승리의 개가는 우리의 일이다. 승리는 이기는 일이다. 승리의 개가는 승리를 획득한 후, 우리가 그리스도 안에 있다는 것을 자랑하는 것이다.

당신이 나에게 "승리가 어디 있습니까?"라고 묻고, 나는 당신에게 "할렐루야가 어디 있습니까?"라고 묻는다. 이는 "할렐루야"는 승리를 통고하는 것이기 때문이다. 확실한 통고는 진짜 승리를 표현하는 것이기 때문이다.

만일 당신이 끊임없이 당신 자신만 바라본다면, 당신은 찬양을 할 수 없을 것이다. 그러나 만일 당신이 그리스도를 바라본다면, 당신은 곧 곡조를 "할렐루야"로 그리고 "주님을 찬양하라"로 채울 수 있다.

당신이 실제로 패배하고 부패하여 패배를 인정하는 심각한 죄를 지을 때 까지 기다릴 필요는 없다. 아니다. 당신이 감사와 찬양의 곡조를 잃어버렸을 때에는 언제나, 당신은 이미 승리를 잃어버린 것이다. 참으로 당신의 실패를 실토하고, 다시 승리하기까지 계속 앞으로 나아가라.

만일 우리가 세상이 울부짖는 대로 울부짖고, 세상이 웃는 대로 웃는다면, 우리의 승리가 어디 있는가? 더 간과할 수 없는 것은, 하나님의 승리가 어디 있는가? 우리는 우리가 시련과 고난 가운데서조차도 말로 다할 수 없는 기쁨과 능력이 있다는 것을 세상이 보게 해야만 한다. 그렇다면 만일 우리가 우리 하나님께 계속 찬양과 감사를 드린다면, 세상이 설사 우리를 미쳤다고 볼지라도, 그들이 그렇게 하는 것은 어쩔 수 없지만 그들은 우리를 그렇게 보이게 하는 우리 안에 계시는 그리스도를 높이 평가하지 않을 수 없다.

우리가 그렇게 산다면, 주님께서 우리에게 주시는 승리는 대단히 커서 누가 우리 오른 뺨을 치더라도 왼 뺨을 돌려 대며, 속옷을 가지려는 사람에게는 겉옷까지도 내어 주며, 누가 오리를 가자고 하면 십리를 가는 것을 알게 될 것이다(마 5:39-41). 이기고 남는 것이 있는 승리는 참으로 하나님의 승리이다. 간신히 이기는 것은 사람의 노력의 결과이다.

하나님께서는 우리가 그분의 뜻에 복종할 뿐 아니라, 그분의 뜻을 알도록 하기 위하여 이기는 생명을 주신다. 결코 승리하는 생활은 죄를 짓지 않는 문제라고만 생각하지 말라. 긍정적으로 말해서, 이기는 생명은 또한 우리가 하나님과 교제하고 그분의 뜻에 복종함으로, 그분을 즐겁게 해드릴 수 있게 한다. 되풀해서 말한다. 하나님께서는 우리에게 우리의 목적을 성취하도록 하기 위하여 이 생명을 주시는 것이 아니라, 오히려, 우리가 그분의 목적을 성취하도록 하기 위하여 이 생명을 주시는 것이다.

우리가 귀한 나드 향유를 그분께 부을 때까지(막 14:3), 주님께서는 기뻐하지 않으신다. 우리가 가지고 있는 모든 것을 그분의 발 앞에 쏟을 때까지(막 12:44), 주님께서는 만족하지 않으신다. 우리가 가지고 있는 모든 것이 그분께 바쳐져야 한다.

Chapter 26

영의 해방

하 나님의 계획은 사람의 영으로 그분이 거하는 처소가 되도록 하시는 것이다. 성령으로, 사람의 영과 연합을 통해서, 혼을 지배하는 것이다. 따라서 우리의 영과 혼은 그때에 하나님을 표현하는 수단으로 몸을 사용할 것이다.

파멸되어야 하는 것은 혼의 독립적인 행동이다. 혼은, 독립적으로 기능을 하기보다는, 영이 사용하는 기관과 그릇이 되어야만 한다.

혼의 자력(自力)과 자치(自治)에 그리스도의 죽으심으로 말미암아 치명적인 타격이 가해졌다. 이것은 천사가 그의 엉덩이뼈에 손을 댄 후, 발을 절면서 그의 생애를 마쳤던 야곱의 경험과 같다(창 32:24-31, 참조).

혼은 그 힘이 깨어질 때까지, 주인이 되기를 원한다. 그렇지만, 혼은 십자가를 통하여 깨어져서 아주 유용한 종이 될 수 있다. 만일 우리가 연합과 섬김의 표상인 주님의 멍에에 순종한다면, 우리는 혼이 명령하는 경우보다 오히려, 섬김의 경우에 얼마나 대단한 가치가 있는지 그 진가를 알 수 있다.

하나님을 섬기는 사람은 누구든지, 조만간, 자신이 주님을 위해서 일하는데 있어서 가장 큰 장애물은 다른 사람이 아니라, 바로 자기 자신의 자아라는 것을 깨달을 것이다.

하나님의 종들 가운데 대다수 사람들은 가장 기본적인 일조차도 할 수 없다. 대개, 그들의 영은 다른 사람들에게 하나님의 말씀을 알도록 하고, 그들의 영적인 상태를 분별하고, 기름부음 하에서 하나님의 메시지를 전해서, 하나님의 계시를 받을 수 있도록 해야 한다. 그러나 그들의 겉 사람이 결코 처리되지 않았기 때문에, 신앙 부흥 전도 집회, 열심, 간구, 그리고 활동은 시간 낭비이다. 사람을 하나님 앞에 쓸모가 있도록 할 수 있는 것은 단지 하나의 기본적인 행동이 있을 뿐이다. 그것은 이렇다. 깨어지는 것이다.

주님께서는 사람 내부의 영이 밖으로 나오는 길을 내기 위해서 사람의 바깥에 있는 혼이 깨어지기를 원하신다. 왜 그런가? 이는 불신자들과 그리스도인들이 하나님의 은총을 받는 것은 다만 속사람이 해방될 때 뿐이기 때문이다.

주님의 생명이 있는 사람들 사이에서 주로 발견될 수 있는 두 가지 명백한 상태가 있다. 그분의 생명이 제한되고, 한정되고, 갇혀서 나올 수 없는 상태 사이에 있는 사람들이 있다. 그분이 그분의 생명이 그들을 통해서 해방될 수 있도록 하기 위하여 길을 구축하시는 상태 가운데 있는 사람들이 있다.

겉 사람이 깨어지지 않고는 속사람이 다른 사람을 축복하기 위해서 나올 수가 없다. 이는 그리스도의 생명이 우리에 의해서 갇혀있기 때문이다. 그것은 주님께서 교회를 축복하실 수 없는 것이 아니라, 주님의 생명이 우리 안에 갇혀서 흘러나올 수가 없는 것이다. 만일 겉 사람이 깨어지지 않은 채로 있다면, 우리는 결코 그분의 교회에 축복이 될 수 없고, 하나님의 말씀이 우리를 통하여 그분에 의해서 축복이 되기를 기대할 수 없다!

주님께서는 그분께 속한 사람들을 통해서 세상을 축복하기를 열망하신다. 깨어짐은 바로 축복의 길이며, 향기의 길이며, 그리고 열매 맺는 길이다. 그러나 그것은 또한 피로 물들여진 길이다.

우리의 삶에 대한 하나님의 모든 명령의 배후에 있는 동기는 이것이다. 겉 사람이 깨어지는 것이다. 우리의 나날의 시련과 시험은 우리에게 가장 큰 유익을 주기 위한 것이다. 애석하게도, 주님께서 심지어 손가락 하나를 올리시기도 전에, 대다수 사람들은 이미 당황한다. 우리는 주님께서 우리에게 주시는 모든 경험, 괴로움, 시련은 우리의 최고의 바람직한 결과를 위한 것이라는 것을 인정하기 시작해야만 한다. 하나님께서 우리에게 주시는 모든 것은 우리를 위한 그분의 가장 좋은 것이다. 그 결과 우리의 겉 사람이 깨어져서 영이 나올 수 있기 때문이다.

그리스도와 마찬가지로, 우리의 겉 사람이 상처를 받고, 처리되고, 그리고 많은 시련을 겪은 후, 우리는 영이 나오게 하는 우리의 상처들이 있다.

주님을 위한 우리의 노력에는, 일어날지도 모르는 두 가지 가능성이 있는데, 그 중 어느 것도 하나님께서 원치 않으시는 결과를 초래한다. 하나의 가능성은 겉 사람이 여전히 깨어지지 않아서 사람의 영이 자력으로 행동할 수 없고 기능을 할 수 없는 상태로 방치된 경우이다. 이 경우에, 만일 그가 영리한 사람이라면, 그의 마음이 그의 행동을 좌우한다. 만일 그가 동정적인 사람이라면, 그의 감정이 그의 행동을 좌우한다. 겉보기에는 그런 노력이 성공한 것처럼 보이지만, 그런 행동의 결과가 사람을 하나님께 데려 올 수는 없다. 그 밖의 가능성은 영이 사람 자신의 생각 또는 감정을 차려 입고 나올 수 있다는 것이다. 이 경우에 그 결과는 뒤섞이고 불순해서, 그런 행동은 사람들에게 그리스도를 뒤섞이고 불순한 경험으로 접촉하게 한다. 따라서 이 두 경우는 하나님께 대한 우리의 섬김을 약화시킨다.

생명을 주는 분은 다만 성령이시다(요 6:63). 성령이 해방될 때, 죄인들이 새로 태어날 수도 있고 성도들이 확고하게 설 수 있다. 생명이 영의 채널을 통해서 전달될 때, 생명을 받는 사람들은 새롭게 태어난다. 생명이 성령을 통해서 믿는 사람들에게 공급될 때, 그들이 확고하게 서는 결과를 초래한다. 성령이 없이는 새로 태어날 수도 확고하게 설 수도 없다.

하나님께서 겉 사람이 완전히 깨어지는 곳으로 우리를 데려가시기를 기원한다. 이는 겉 사람이 지배적인 상태일 때, 우리는 내부에서 움직이지 않는 한 외부에서 활동하지 않을 것이기 때문이다. 우리는 내부에서 외치고 있는 한 외부에서 마음을 가라앉히지 못할 것이다. 우리는 내부에 생각이 많은 한 외부에서 침묵하지 않을 것이다. 우리가 생각이 부족하지 않다 할지라도, 두 마디로 언급할 수 있는 것을 표현하기 위하여 이십 문장을 사용하지 않을 것이다. 그리고 우리의 생각은, 방해가 되는 것보다 오히려, 우리의 영을 도울 것이다.

겉 사람이 깨어질 때, 육신과 세상은 실직 상태로 있고 따라서 속사람이 하나님 앞에서 계속적으로 살게 될 것이다. 일단 이런 일이 일어나면, 겉 사람이 비록 대화에 몰두한다 할지라도, 속사람은 하나님과 교제 중에 있다. 그러나 그들의 삶속에서 하나님의 자비로우신 역사하심에 순종하는 사람들만이 이렇게 분리된 겉 사람과 속사람을 가지고 있다. 따라서 겉 사람이 모든 악영향을 속사람에게 미칠 수 있는 것을 막아 준다.

"율법의 의(義)의 요구"는 "성령을 따라" 사는 사람들 안에서 성취된다(롬 8:4). 다른 말로 말하면, "생명의 성령의 법"(롬 8:2)은 오직 영적인 사람들, 곧 그들의 마음을 성령의 일에 집중하는 사람들에게만 효과적으로 역사한다. 정말 그들은 누구인가? "육신의 일에 그들의 마음을 집중하지 않는 사람들"이다(롬 8:5)!

세속적인 것에 몰두하지 않는 사람들만이 영적인 것에 마음을 쓸 것이다. 영적인 것에 몰두하는 사람들은 성령을 통해서 생명의 법의 지배를 받는다.

하나님께서 사람과 교제하는 과정에서, 그분의 성령께서는 결코 사람의 영을 우회하지 않으신다. 더욱이 우리의 영은 겉 사람을 무시하거나 또는 우회하지 않는다. 다른 사람들의 생명에 관여하기 위해서, 우리의 영은 겉 사람을 뚫고 나가야만 한다. 이렇게 하려면, 속사람은 겉 사람의 협력이 있어야만 한다.

우리는 주인이 쓰시기에 합당한 그릇으로 완전히 바뀌기 위해서 우리의 삶속에서 성령의 역사에 순종하는 것은 우리의 책임이다(딤후 2:21). 그러나 이것은 다만 겉 사람이 깨어짐으로 성취될 수 있다. 그런데 만일 이것이 성취되지 않는다면, 우리는 자기는 볼 수 없었으나, 그의 나귀가 주님의 천사를 볼 수 있었던 자칭 선지자였던 옛날의 발람처럼 될 것이다(민수기 22:21-35, 참조).

하나님의 손이 당신을 깨뜨리기 위해 당신에게 임하셨을 때, 그것은 당신의 뜻이 아니라, 그분의 뜻에 따른 것이다. 당신의 생각에 따른 것이 아니라, 그분의 생각에 따른 것이다. 당신의 결정에 따른 것이 아니라, 그분의 결정에 따른 것이다. 이것은 우리 안에서 역사하시는 하나님의 불변의 법칙이다. 하나님의 특별하신 목적은 우리의 단단한 겉껍질을 깨뜨려 자유로운 활동을 위해서 우리의 영을 해방시키는 것이다.

영적인 일은 우리의 깨어짐을 통하여 하나님께서 나타나심으로 성취되는 것이다. 이것이 하나님께서 정하신 유일한 방법이다.

우리는 철저한 교육과 엄격한 훈련을 받아야만 한다. 이는 우리 안에 주님께서 손을 대시지 않은 것은 무엇이든지 우리가 다른 사람을 섬길 때, 다른 사람 안에 손을 대지 않은 채로 있을 것이기 때문이다. 그러므로 우리는 다른 사람에게 우리 자신이 하나님 앞에서 배우지 않은 교훈을 가르칠 수 없다. 우리의 훈련이 주님 앞에서 철저하면 할수록, 우리가 그분의 일을 하는 데 있어서 더욱더 그분께 크게 유용할 것이다.

만일 우리가 우리 자신 속에 있는 것들을 감춘다면, 우리는 다른 사람들 속에 그것들을 털어 놓을 수가 없다. 사역자는 먼저 인내심이 있어야 한다. 그는 다른 사람을 치료할 수 있기 전에 치료를 받아야만 한다. 그는 자신이 보지 않은 것을 보여 줄 수 없고, 자신이 배우지 않은 것을 가르칠 수 없다.

속에 있는 영과 겉 사람이 나누어지지 않았을 때(히 4:12), 우리 속에 있는 영은 깨어지지 않은 채로 있는 우리 겉 사람에 속한 것은 무엇이든지 표현할 것이다. 따라서 속에 있는 영의 상태는 겉 사람의 상태가 된다.

참으로 다른 사람을 아는 비결은 그 사람의 영을 접촉하고 그것을 표현하는 것을 감지하는 것이다. 이것이 다른 사람을 아는 기본적인 원리, 곧 그 사람의 영을 감지하는 것 또는 접촉하는 것이라는 것을 내가 힘주어 되풀이해서 말하게 해 달라.

성령의 훈련 기준은, 한 가지 씩, 우리가 서서히 깨어지는 하나님께서 주시는 징계이다. 더욱이, 우리가 다른 사람을 접촉할 수 있는 것은 우리가 주님에 의해서 깨어진 오직 그 특별한 부분이다.

이것은 불변의 영적인 사실이다! 우리의 영은 오직 우리의 깨어짐의 정도에 따라서 해방된다. 우리가 피하고 하나님께 어떤 부분을 숨기려고 하는 경우는 언제나, 바로 그 부분에서, 우리는 영적으로 무능하다. 우리의 섬김의 정도는 우리가 받은 훈련과 깨어짐의 정도에 따라 결정된다. 우리가 하나님께 처리되면 될수록, 더욱더 우리는 다른 사람을 민감하게 인식한다. 따라서 우리는 배우면 배울수록, 더욱더 분별할 수 있고, 더 많이 줄 수가 있다.

우리 시대에, 믿는 사람들 가운데 영적인 이해가 부족한 것은 우리의 영적인 지식이 부족하기 때문이다. 그러므로 우리가 하나님께 처리되면 될수록, 더욱 더 다른 사람들이 필요한 것을 충족시켜 줄 준비를 갖추는 것임을 깨닫도록 하자. 알았는가. 우리의 경험의 범위를 넓히는 것 이상 우리의 섬김의 활동 범위를 넓히는 방법은 없다.

우리 시대에, 하나님께서는 자신을 교회에 위임하신다. 하나님의 능력과 그분의 일이 교회에 있다. 복음서에서 우리가 모든 하나님의 일이 그분의 아들에게 위임된 것을 보는 것처럼, 오늘날 하나님께서는 그분의 모든 일을 교회에 위임하시고 교회와는 별개로 일하지 않으실 것이다.

복음서의 기본적인 가르침은 한 사람 안에 계시는 하나님의 실재하심이다. 한편, 서신서들의 기본적인 가르침은 교회 안에 계시는 하나님의 실재하심이다.

은혜의 복음과 왕국의 복음은 함께 결합되어야 한다. 복음서에서, 이 둘은 결코 나눠져 있지 않다. 은혜의 복음을 들었던 사람들이 훗날 왕국의 복음에 대하여 거의 또는 아무것도 알지 못했다. 따라서 이 둘은, 시간이 지나는 동안, 나눠지게 되었다. 그러나 지금 시기는 사람들이 완전히 구원을 받아서, 모든 것을 버리고 전적으로 그들 자신을 주님께 헌신하도록 하기 위해서 은혜의 복음과 왕국의 복음이 다시 결합될 시기가 무르익었다.

성별(聖別)은 단지 하나님의 손 안에 있으려는 우리의 자발심의 표현이다. 성별은 몇 분 안에 일어날 수도 있다. 우리가 전적으로 우리 자신을 기꺼이 하나님께 드린다 할지라도, 우리는 실제로 그저 영적인 행로를 시작하고 있을 뿐이다. 이는 성별에 이어서 성령의 훈련이 있어야만 하기 때문이다. 우리를 주인이 쓰시기에 적합한 그릇으로 만들기 위해서 성령의 훈련에 더하여 성별을 실행하는 것이다(딤후 2:21).

우리는 우리의 모든 외적인 환경은 하나님께서 정하신 것이라는 것을 확신해도 좋다. 아무것도 우연은 없다. 성령께서 그들 자신의 바람 직한 결과를 위해서 기준에 맞추시는 바로 그 일에 대해서 입으로 불평 하고 마음으로 저항하는 사람은 얼마나 어리석은가. 기억하라, 우리에 게 일어나는 것은 무엇이든지 우리의 최상의 바람직한 결과를 위해서 하나님의 손에 의해서 신중히 선택된다.

신앙심을 함양(涵養)시키는 가장 큰 수단으로, 기도가 우리를 회복 시킨다 하더라도, 기도가 아니라는 것과, 말씀을 읽는 것이 우리를 새롭 게 할지라도, 말씀을 읽는 것이 아니라는 것과, 모임이 우리에게 위안을 주고 용기를 북돋아 준다 할지라도, 모임에 참석해서 메시지를 듣는 것 이 아니라는 것을 잊지 말자. 신앙심을 함양시키는 가장 큰 수단은 우 리의 삶의 과정에서 성령의 훈련이다. 무가치한 것 같지만, 성령의 훈련 이 다른 사람들을 섬길 수 있도록 능력으로 우리를 강화시킬 것이다.

의지가 강한 사람들은 자신들의 감정, 방법 그리고 판단이 항상 옳 다고 확신한다. 그러나 바울은 빌립보서에서 "너의 육신을 신뢰하지 말 라"고 말씀했다(빌 3:3, 참조). 우리는 우리 자신의 판단을 감히 신뢰하지 않는 그런 입장으로 하나님의 인도하심을 받아야만 한다. 겉 사람의 파 괴의 시작은 당신이 더 이상 감히 당신 자신을 신뢰하지 않는 바로 그때 이다.

이전에, 나의 육신의 힘이 아직 깨어지지 않았을 때, 겉 사람과 속 사람은 협력할 수가 없었다. 그러나 지금 깨어진 후, 겉 사람은 하나님 앞에서 두렵고 떨림으로 온순하게 기다린다.

하나님께서는 우리의 단단한 껍질을 깨뜨리심과 동시에, 또한 우리를 순화(純化)시키신다. 그러므로 우리는 하나님께서 두 부분으로 우리를 처리하시는 것을 본다. 겉 사람을 깨뜨리시고, 영으로부터 그것을 나누신다. 전자는 성령의 훈련을 통하여 수행된다, 한편 후자는 성령의 계시를 통하여 수행된다.

아버지의 훈련이 그 목적을 완수하는 날은 당신이 실제로 진리를 깨닫고 진리의 실체로 들어가는 날이다. 성령의 일은 한편으로는 당신의 육신을 깨뜨리고, 다른 한편으로는 당신의 영을 강화시키려는 의도가 있다.

바울이 경험했던 것과 같이, 주님께서 빛을 비추실 때, 그는 해방된다. 깨우침은 해방이며, 보는 것은 자유이다. 그와 같은 깨우침, 자기혐오, 수치심과 모욕, 그와 같은 회개는 우리를 오랜 속박에서 해방시킨다. 오직 이런 방법만이 우리의 육신이 하는 것을 끝내게 되고, 우리의 겉껍질이 깨어진다.

언제나, 주님께서 우리를 처리하실 때, 우리는 단지 사람의 손만 본다. 슬프게도, 많은 성도들은 성령의 훈련의 역사가 몇 년이 지난 후에도, 눈에 띄는 결과가 없다. 주님께서 재삼재사 일격을 가하셨음에도 불구하고, 그들은 여전히 그 의미를 깨닫지 못한 채로 있다. 그러므로 대다수의 사람들은 삶속에서 훈련은 많이 있지만, 그 훈련 중에 주님의 손과 그분의 훈련의 목적을 알아보는 사람은 실로 드물다.

깨닫고 훈련된 사람들을 구분하는 하나의 일반적인 특징이 있다. 그들은 온유하다(溫柔 : 마음씨가 부드럽고 따뜻함-역주). 온유함은 깨어짐의 흔적이다. 하나님에 의해서 깨어진 사람은 누구나 온유함의 특성을 나타낸다. 이전에, 우리는 많은 기둥으로 잘 떠 받쳐진 집과 같았기 때문에 완고할 수밖에 없었다. 그러나 하나님께서 그 기둥을 하나씩 하나씩 제거하심에 따라, 그 집은, 조금씩, 무너지게 되었다. 그 후에, 겉 받침대가 모두 파괴된 후, 자아는 쓰러질 수 밖에 없었다.

만일 온유함이 없다면, 믿는 사람들은 공동체 생활에 참여하여 그리스도의 몸을 표현할 준비가 거의 되어 있지 않다. 이는 단지 깨어진 사람만이 몸의 진정한 감각이 있기 때문이다. 슬프게도, 대다수 그리스도인들은 그들이 깨어지기를 거부하기 때문에 하나님께서 교회에 맡기신 공급을 놓친다. 깨어짐의 가장 큰 유익은 깨어짐이 우리에게 모든 몸의 공급을 받을 수 있게 한다는 것이다.

깨어진 사람에게 아주 주목할 만한 것이 있다. 만일 당신이 참으로 깨어진 사람이라면, 당신은 당신이 주는 것으로 인해 당신 또한 도움을 받는다는 것을 깨달을 것이다. 더욱이, 이러한 도움은 당신이 교제하는 모든 영적인 만남 가운데서 받을 수 있다. 잠시 후, 당신은 몸이 지체인 당신에게 공급하고 있는 것에 놀라기 시작할 것이다.

Chapter 27
균형 잡힌 그리스도인의 생활

신약 성경을 읽는 중에, 당신은 그리스도 안에 있는 모든 것이 이미 당신의 것이라는 것을 보아야 한다. 만일 당신이 무엇인가를 가지고 있지 않다면, 그것은 당신이 믿음의 위기를 경험하지 않았기 때문이다. 가나안의 승리 가운데에서 살려면, 우리는 요단의 위기 또는 입구를 통과해야만 한다. 믿음의 입구를 통과하지 않고는, 당신은 결코 믿음의 길을 통과할 수 없을 것이며, 당신의 영적인 삶은 거의 향상되지 않을 것이다.

하나님께서는 당신이 믿음의 위기를 통과한 바로 그 때 당신에게 그리스도 안에서 그분의 풍부하심을 보여 주신다. 믿음의 위기를 통과한 후, 당신은 그리스도 안에 있는 은혜를 더욱 더 경험하게 될 것이다.

당시에 가나안 사람들에게 그랬던 것처럼, 마귀는 오늘날도 완강하다는 것을 내가 당신에게 일깨우기를 바란다. 마귀는 당신의 길에 있어서 걸음마다 방해할 것이다. 만일 당신이 그리스도의 승리 안에 서 있지 않는다면, 당신은 패배를 경험할 것이다.

요단강을 건너지 않고 여리고 성을 도는 것은 믿음의 길을 걷지 않고 믿음의 문으로 들어가는 것과 같다. 잇닿아 있는 요단강을 건너지 않고 여리고 성만 도는 것으로는 결코 성을 함락할 수 없을 것이다. 믿음의 길을 걷지 않고 믿음의 문으로 들어간다면 영적인 향상 없이 끝날 것이다. 그러므로 우리는 믿음을 부여받을 때마다, 승리가 실제로 성을 무너트리는 우리의 경험에 이르도록 그 믿음 안에 계속 있어야 한다.

여리고의 승리 후에, 이스라엘 백성들은 아이성에서 패배를 경험했다. 그런 일은 우리의 천성적인 성향이다. 우리는 그리스도 안에서 놀라운 승리를 경험하기가 무섭게, 다시 우리 자신을 신뢰하여 시험에 떨어진다. 이것은 승리의 삶을 가까스로 살기 시작하는 사람의 전형이다.

의인들의 길은 빛나는 광채 같아서, 점점 더 빛나 완전한 낮에 이르게 된다(잠 4:18, KJV).

하나님께서는 사람들이 그분을 통해서 구원받도록 하기 위해서 그분의 아들을 세상에 보내신다. 하나님께서는 그들이 승리하는 능력을 받도록 하기 위해서 믿는 사람들에게 성령을 보내신다. 나의 한계를 넘어서, 그리스도께서 성취하신 것은 객관적인 진리이다. 성령께서 내 안에서 성취하시는 것은 주관적인 진리이다. 따라서 성령께서는 주님께서 우리의 한계를 넘어서 성취하신 것을 우리 안에서 실제가 되도록 역사하신다.

믿음은 "혼의 닻"(히 6:19, KJV)과 같다. 그러나 혼의 닻은 내릴 때만 바람직한 결과를 낳는다. 믿음은 혼의 닻이 그리스도 안에 내릴 때까지 작용하지 않는다.

십자가에 못 박은 것은 이미 그리스도 안에서 끝난 것이다. 고된 훈련, 곧 몸의 행실을 죽이는 것은 여전히 성령께서 행하시는 것이다.

내가 하나님께서 내게 책임을 지우신 각각의 일에서 그분께 기꺼이 순종할 때, 성령께서는 내가 그 일을 하나씩 하나씩 하도록 하나님의 구원을 성취하신다(빌 2:12-13, KJV).

당신이 당신의 이해의 범위를 초월하는 진리를 믿음으로 들어서 알게 될 때, 성령께서는 그 진리가 당신 안에 영향을 끼치게 하신다. 당신이 갈보리에서 끝난 일을 믿을 때. 성령께서는 그 믿음을 당신 안에서 실제가 되게 하실 것이다.

하나님께서는 부활 다음을 주목하기를 원하신다. 객관적인 면에서, 이미 부활이 있다, 이는 그리스도께서 이미 부활하셨기 때문이다. 그러나 주관적인 면에서, 여전히 우리의 삶속에서 부활의 능력을 경험해야 한다. 그래서 하나님께서는 우리들이 그분을 알 뿐만 아니라, 그리스도의 부활의 능력을 알기를 원하신다(빌 3:10). 그러나 이것은 대다수 그리스도인들이 삶속에서 유감스럽게도 이해하지 못하는 원리이다.

믿음은 그리스도께서 끝마치신 사역에 근거한다. 반면에 순종은 우리 생활 가운데 역사하시는 성령의 현재의 역사에 근거한다.

만일 당신의 생명이 그리스도 안에 감추어져 있다면(골 3:3), 당신은 당신의 영적인 생활에서 죽음, 부활, 그리고 승천의 양상(樣相)을 경험할 수 밖에 없다. 마찬가지로, 만일 당신이 그리스도 안에 감추어져 있지 않다면, 당신은 이것들 가운데 어느 것도 경험하지 못할 것이다.

그리스도께서 성취하신 것은 우리에게 지위를 준다. 성령께서 명령하신 것은 우리로 하여금 경험을 하도록 한다. 그리스도께서 성취하신 것은 받았음에 틀림없는 사실이다. 성령께서 우리를 인도하시는 것은 우리의 순종을 요구하시는 것이 원칙이다.

그리스도인이 주님을 기쁘시게 하는 삶을 사느냐 살지 않느냐 하는 것은 그가 객관과 주관 사이에 적절한 균형을 유지하느냐에 달려있다. 몇몇 사람들은 한쪽에 더 강조를 둔다. 한편 대다수의 사람들은 다른 쪽에 강조를 둔다. 그러나 성경의 원칙에 따르면, 그 순서가 먼저는 객관이다. 그 다음 주관이다. 먼저는 그리스도의 실제 하심으로 말미암는다. 그 다음은 성령의 인도하심의 결과로서 일어난다. 이 적절한 조화의 최종 결과는 많은 열매를 맺는 것이다.

성경은 구원의 문제를 세 시기로 나눈다. 첫째는 과거이다. 이 시기에 하나님께서는 우리를 죄의 형벌로부터 구원하셨다. 둘째는 현재이다. 이 시기에 하나님께서는 우리의 일상생활에서의 죄의 능력에서 우리를 구원하신다. 셋째는 미래이다. 이 시기에 하나님께서는 우리가 그리스도와 함께 통치할 때, 그분의 왕국에서 죄의 실재로부터 구원하실 것이다. 그런데도, 성숙한 그리스도인들은 이 세 분야 모두를 경험한 사람이다(딤후 1:9; 히 7:25; 9:28, 각각 참조).

우리는 구원을 받지 못한 사람들이 지옥의 형벌에서 구원을 받도록 하기 위하여 그리스도를 믿으라고 그들에게 분명하게 전해야 한다. 우리는 구원받은 사람들이 그들의 삶속에서 죄의 능력을 이길 수 있도록 그들을 일깨워 주어야 한다. 더욱이 우리는 주님께 순종하는 삶을 통해서 다가오는 왕국에서 다스리는 영광을 구하도록 두 부류의 사람들에게 용기를 북돋아 주어야 한다.

하나님께 가장 많이 반항하는 우리의 육신 가운데 세 가지 면이 있다. 그것은 육신의 지혜, 힘, 그리고 자만심이다. 만일 이것들이 십자가에 못 박히지 않았다면, 우리는 주님을 위하여 많은 일을 할 수 없을 것이다.

하나님의 일에 적합한 사람의 자격은 열심, 신학 공부 또는 혼에 대한 사랑에 달려있는 것이 아니다. 단지 그것은 전적으로 그 사람이 하나님께 붙잡혀 있느냐에 달려 있다. 하나님께서는 그들 자신이 십자가의 죽음을 경험한 사람들을 필요로 하신다.

오늘날 하나님께서 찾고 계시는 것은 그들 자신을 신뢰하지 않는 사람이다. 그들은 자기 신뢰 또는 자기 의지가 없어서, 그러므로 하나님을 전적으로 신뢰할 수 있는 사람이다(빌 3:3).

하나님께서는 단지 그들 자신을 신뢰하지 않는 정도에 따라서 사람들을 사용하실 수 있다.

하나님께서는 그분의 일을 성취하시기 위해서 오직 성령의 힘과 능력만 사용하실 것이다. 그런데 이 힘과 능력은 단지 어리석은 사람과 약한 사람을 통해서만 분명하게 보인다(고전 1:27-28; 15:42-43).

자청(自請)하는 사람들이 하나님의 일을 하는 것은 그 만큼 더 손해를 입힌다. 이들은 하나님의 보내심을 받지 않은 사람들이다. 그런데도 그들은 하나님께서는 보내심을 받지 않는 사람들을 그분을 위해서 일하러 가도록 승낙치 않으신다는 것을 모르고 간다. 하나님께서는 사람들의 주제넘은 행동을 기뻐하지 않으신다. 뻔뻔스러운 죄는 반항하는 죄와 같기 때문이다(시 19:13; 신 1:43).

보내심을 받지 않거나. 또는 명령을 받지 않고 무엇인가를 하는 것은 금을 도금하고 있는 것과 같고 또는 모래위에 집을 짓고 있는 것과 같다. 그것은 잠시 동안 남의 눈을 끌거나, 일시적으로 서 있을 수는 있지만, 그리스도의 심판의 보좌에서 파괴될 것이다.

십자가의 경험과 십자가의 참뜻, 뿐만 아니라 십자가의 생명이 없이 십자가를 전하는 것은 십자가의 원리에 충실하지 않고 십자가를 전하는 것이다.

오늘날 교회 안에 있는 그토록 많은 사람들이 단지 지식과 교리만 전하는 방법을 알고 있다. 지식과 교리는 하나님의 생명을 줄 수 없다.

영적으로 부족한 사람의 가장 큰 문제는 자신의 부족을 쉽게 인정하지 않는다는 것이다. 전혀 보잘것없는 사람은 자신이 무가치 하다는 것을 서슴없이 고백할 것이다. 그러므로 이런 사람은 하나님을 쉽게 볼 수 있다. 그러나 영적으로 부족한 사람은 그분을 만나는데 있어서 어려움이 있다. 이는 영적인 부족은 영적인 무지와 밀접하게 관련이 되어 있기 때문이다. 영적으로 부족한 사람은 영적인 것들을 볼 수 없다. 이는 그가 볼 수 있다고 생각하지만, 실제로 그는 시각 장애인이기 때문이다(고전 2:14).

풍부한 삶은 성숙한 삶이다. 그것은 단지 있느냐 또는 없느냐의 문제가 아니다. 그것은 주로 우리가 무엇을 가지고 있느냐와 그것을 얼마나 가지고 있느냐의 문제이다. 풍부한 삶은 하나님께서 우리를 하나님의 실체를 보도록 이끌어, 경험으로 영적인 영역으로 들어가게 하실 경우이다.

이상하게도, 우리가 하나님께 빛을 받을 때, 우리는 실제적으로 강해진다. 그런데도, 우리는 그 점을 느끼지 못한다. 우리의 관점에 따라, 우리는 마치 강해진 것이 아니라, 쇠하여진 것처럼 느낀다.

하나님의 풍부하심을 경험하는 것은 무엇을 의미하는가? 하나님께서 더 많은 것을 주실 때마다, 우리는 마치 우리가 받은 것이 실로 처음인 것처럼 느껴진다. 이것이 비록 이상하게 보이긴 하지만, 그것은 사실이다.

삶과 일속에서 믿음의 사람의 영적인 향상을 가장 많이 방해하는 것은 그의 육신이다. 그는 그의 육신을 철저하게 부인하도록 하기 위해서 그를 부르신 하나님의 부르심에 대하여 몰랐든지 그의 육신의 힘을 이기지 못했다.

영적인 삶의 최고의 표현은 육신을 부인하는 것이다. 길갈(육신을 부인하는 것)에서 출발하지 않은 사람은 결코 그들의 영적인 여정을 확실히 시작하지 않은 것이다(수 5:2-9, 참조).

대다수 사람들은 단지 영과 육의 싸움만 안다. 그들은 믿는 사람들과 악한 영들 사이에 사납게 휘몰아치는 영적인 전투를 지각하지 못한다. 이런 전투는 단지 성숙한 그리스도인들만 참가하기 때문이다.

Chapter 28

하나님의 사역자의 자격

당신은 속이고, 죄를 짓고 그리고 타락한 사람을 만났다고 생각해 보라. 그리스도인으로서, 그를 향한 당신의 태도는 어떠해야 하는가? 대답하기 전에, 이것을 곰곰이 생각해 보라. 당신이 하나님의 은혜를 받기 전 당시를 기억해보라. 하나님의 은혜를 별 문제로 하면, 당신이 그 사람보다 더 나은 것이 있는가? 하나님의 은혜를 별 문제로 하면, 당신이 그 사람보다 더 강한 것이 있는가? 하나님의 은혜를 별 문제로 하면, 당신이 그 사람보다 더 깨끗한 것이 있는가? 하나님의 은혜를 별 문제로 하면, 당신이 그 사람보다 더 거룩한 것이 있는가? 우리가 받은 은혜를 별 문제로 하고 우리 자신을 바라볼 때, 우리는 다른 것이 없다. 우리를 다르게 만드는 유일한 것은 우리가 이미 하나님께 받은 은혜이다.

고난을 받을 마음이 있다는 것은 무엇을 의미 하는가? 그것은 내가 하나님 앞에서 기꺼이 고난을 받을 준비가 되어 있는 것을 말하는 것이다. 내가 기꺼이 시련을 겪고, 고난의 길을 선택한다. 내가 가는 길에 고난을 받든 안 받든 그것은 주님께 달려 있다. 어떻게 됐든 고난은 온다. 내 편에서, 나는 항상 고난을 받을 준비가 되어 있는 것이다.

주님을 섬기는 가장 효과적인 방법은 죽음의 순간까지도 기꺼이 섬기는 것이다. 당신이 이런 입장에 서 있으면 있을수록, 적이 당신에게 제멋대로 하지 못할 것이다. 아아, 얼마나 많은 사람들이 그들 자신의 자아를 사랑하는가! 하나님의 사역자들의 실패는 바로 여기에서 분명하게 간파할 수 있다. 그들은 그들의 삶을 너무나 사랑한다.

오직 고난을 받으려 하는 무한한 마음만이 무한한 축복의 여지가 있다.

경주를 하는 것은 일상적인 일이 아니다. 훈련은 일상적인 일이다. 사역자는 이제 자신의 몸이 불순종이 아니라, 잘 반응할 정도까지 훈련을 해야 한다(고전 9:27). 그렇다면, 그는 참으로 주님을 위해서 준비된 종이다.

주님께 크게 쓰임을 받는 사람은 그분의 통제아래 있을 뿐만 아니라, 자제력이 있는 사람이다. 만일 우리가 우리의 세속적인 몸을 좌우하지 못한다면, 우리는 특히 마음에 드는 절박하게 필요한 것이 우연히 우리 눈에 띄었을 때, 의심할 여지없이 타락할 것이다.

사람들의 삶이 새 모습으로 바뀌어 주님의 일에 순종할 때, 무슨 일이 일어나는가? 이 같은 일이 일어난다. 게으름을 피우는 사람은 부지런하게 되고, 수다스러운 사람은 조용해지고, 이기적인 사람은 이기심이 없는 사람이 되고, 교만한 사람은 겸손한 사람이 된다. 고난을 두려워하는 사람은 견디는 마음을 나타내고, 억제되지 않은 사람은 통제가된다. 약하고, 불안정하고, 흔들리는 사람은 강하고, 확고하고, 흔들림이 없는 사람이 된다. 게다가 전에 이 세상의 일에 분주했던 사람은 오는 세상의 일에 열중한다.

하나님께서는 자신들이 모든 것을 알고 있다고 생각하는 사람들은 사용하실 수 없다. 이런 사람들은 성령의 세심하고 부드러운 인도하심을 순순히 받아들이지 않는다. 이는 이런 사람들은 결코 육신의 자아가 깨어지지 않았기 때문이다. 이런 사람들은 또한 주님의 손이 움직이시는 앞에서 조차도 그분의 눈이 이미 움직이셨다는 것을 눈치 챌 수 없다(시 32:8). 이렇게 박식(博識 : 멀리 보고 들어서 아는 것이 많음-역주)한 체 하는 사람들은 얼마나 속수무책인가!

주님의 뜻을 찾는 사람은 누구든지 자기 자신을 무시해야만 한다. 주님의 뜻을 행하는 사람은 누구든지 그의 자아를 포기해야만 한다.

사람들이 당신의 말을 귀담아 들으면 들을수록, 더욱 더 당신의 책임이 커진다. 게다가 우리가 틀리게 말하는 것을 사람들이 귀담아 들을 때, 얼마나 책임이 크겠는가! 이런 이유 때문에, 우리는 주님과 다른 사람들 앞에서 세심한 주의를 기울이는 법을 배워야 한다.

참으로 하나님을 아는 사람의 한 가지 특징은 그는 사람들을 억지로 그에게 귀를 기울이게 하거나 또는 그를 따르게 할 생각이 없다.

박식한 체 하는 사람은 사람들을 지배하기를 좋아하는 사람이다. 그는 자신의 의견이나 학설을 굽히지 않는 것을 낙으로 삼고 명령하기를 좋아한다. 그는 각각의 상황과 환경에 대하여 어떻게 해야 하는지에 대해서 정통하다고 생각하고 견해 차이를 너그럽게 보아 줄 수가 없다. 그는 일을 자신의 손으로 해내어야 하고 지도자로 자신을 내세우는 경향이 있다. 그는 다른 사람들을 위해서 결정을 하고 가장 작은 일조차도 항상 다른 사람들의 일에 참견을 한다. 이는 그가 모든 것을 좌우하기를 좋아하기 때문이다. 그는 세상에서 가장 바쁜 사람이다. 이는 그가 모든 것을 보살펴 주지 않을 수 없다는 느낌을 갖기 때문이다. 크든 작든 모든 문제에 있어서, 그는 자신의 생각, 견해, 그리고 방법이 있다. 그러므로 그는 하나님의 똑바른 길을 걸을 수가 없다.

그리스도인들이 돈을 관리하는 방법과 세상 사람들이 돈을 관리하는 방법이 실로 얼마나 다른가! 세상 사람들은 돈을 저축함으로 늘어난다, 한편 그리스도인들은 돈을 나누어 줌으로 늘어난다. 더 많이 받으려면, 당신은 더 많이 주어야 한다. 당신이 더 많이 주면 줄수록, 더 많이 받을 것이다. 우리가 비록 가난하게 보일지라도, 우리는 가난하지 않으며, 우리는 많은 사람을 부요하게 한다. 이것이 시종 하나님의 말씀에서 볼 수 있는 영적인 원리이다.

Chapter 29

그리스도-모든 영적인 것들의 총체

단지 방법만 아는 사람은 해방이 없지만, 주님을 아는 사람은 완전한 해방이 있다.

우리 안에 살아계시는 그리스도께 속하지 않는 것은 무엇이든지 죽은 행실이다. 모든 영적인 일조차도 그리스도 밖에서는 죽은 것이다.

노력의 결과는 그리스도의 생명이 아니다. 생명은 사람의 노력이 필요 없기 때문이다. 그리스도께서 생명이시다.

만일 그리스도께서 우리의 생명이 되지 않으셨다면, 우리는 노력을 해야만 한다. 그러나 만일 그리스도께서 우리의 생명이 되셨다면, 우리는 애를 쓸 필요가 없다.

그리스도를 별도로 하고는, 길도, 진리도, 그리고 생명도 없다. 이는 그분은 이런 영적인 모든 것들의 총체이시기 때문이다(요 14:6).

아주 중요한 문제로서 나사로의 부활은 주 예수님을 부활 자체로 아는 것과 비교해 볼 때, 실제로 대단한 사건은 아니다. 많은 사람들은 주 예수님을 생명을 주시는 분으로 믿을 수 있다. 그러나 그분을 생명 자체로 믿는 것은 아주 다른 문제이다.

그리스도는 부활의 주님이시며 부활 자체이시다.

대다수 그리스도인들은 좋은 감정을 생명으로 생각한다. 그 밖의 그리스도인들은 고상한 생각을 생명으로 생각한다. 그러나 영적인 문제를 알고 경험한 사람들은 우리에게 생명이 감정 또는 생각보다 더 깊다는 것을 알려줄 것이다. 오직 그리스도만이 생명이시다. 그리고 이 생명은 감정보다 더 깊고 생각보다 더 깊다.

죽음에 직면해서 살아 남은 것을 부활이라고 일컫는다. 부활은 죽음을 벗어난 것이다. 죽음으로 들어가 죽음으로부터 나온 분은 오직 한 분이 있으시다.

죽음의 한계를 경험하고도, 여전히 살아있는 생명이 부활이다. 그러므로 우리가 죽음의 흔적을 몸에 지니지 않고 우리의 삶속에서 경험하는 것들은 부활에 속하는 것들이라고 부를 수 없다.

우리 자신에게서 나오는 것들은 일단 그들이 십자가를 겪으면, 원상태로 되살아 날 수 없다. 그들은 죽음으로 파멸되었기 때문이다.

아담에게 속한 것은 무엇이든지 죽음으로 들어간 후에는 살아남을 수 없다. 그러나 우리 주님의 생명은 죽음을 겪고도 원상태로 나온 그 이상이시다.

사람들은 흔히 주님의 부활 생명 대신에 그들의 선천적인 생명으로 하나님을 섬긴다. 대다수 사람들은 열정이 있지만, 부활에 대한 열정은 거의 없다.

무덤에 들어가서 거기에 남아 있는 것은 무엇이든지 죽은 것이다. 그러나 무덤 다른 편으로 나오는 것, 곧 십자가의 흔적이 있는 것은 무엇이든지 부활이다.

우리는 우리 안에 있는 선천적인 생명이 서서히 쇠함과 동시에 주님의 부활 생명이 더욱더 나타나도록 하기 위해서 겸손하게 우리에게 긍휼을 베풀어 주시기를 주님께 구해야 한다.

그리스도께서는 우리에게 의(義)를 주지 않으셨다. 그분이 우리의 의(義)이시다. 그리스도께서는 우리를 성화시키고 거룩하도록 하기 위해서 능력이라고 부르는 것을 주지 않으셨다. 그분이 우리의 거룩이시다. 그리스도께서는 우리에게 구속(救贖 : 예수님께서 십자가에 못박히셔서 인류의 죄를 대속(代贖)하여 구원하심-역주)을 주지 않으셨다. 그분이 우리의 구속이시다. 그리스도께서는 우리에게 새로운 길을 열지 않으셨다. 그분이 길이시다. 그리스도께서는 우리에게 새로운 진리를 주지 않으셨다. 그분이 진리이시다. 그리스도께서는 우리에게 생명이라고 부르는 것을 주지 않으셨다. 그분이 우리의 생명이시다. 그리스도께서는 모든 영적인 것들의 총체이시다!

만일 우리가 주 예수님께서 주시는 것과 그분이 어떤 분이신가 하는 것, 곧 선물과 선물을 주시는 분을 잘못 구별 짓는다면, 우리의 영적인 생명과 성장은 크게 억제될 것이다. 이는 선물과 선물을 주시는 분은 한분이며 같은 분이기 때문이다.

우리는 실제로 생명을 접촉할 때마다, 곧 만족을 얻는다.

영적인 일에 있어서, 우리는 일을 할 때마다 만족을 느껴야 한다. 만일 우리가 허기(虛氣 : 속이 비어 허전한 기운-역주)진다면, 무엇인가 잘못된 것이다. 이는 단지 하나님의 뜻 이외에 우리가 성취하는 일은 우리에게 허기의 원인이 되기 때문이다. 그러므로 만족을 얻으려면, 우리는 하나님의 뜻을 행해야만 한다.

영적인 경험에 있어서, 먹을 수 있는 사람은 여유가 없다. 그렇지만, 더 많이 먹는 사람은 열심히 내 것으로 삼는 사람이다. 만일 우리가 하나님의 뜻대로 행한다면, 우리가 더 바쁘면 바쁠수록, 더 많이 먹는다. 더욱이, 우리는 힘든 일을 많이 하는 동안 줄곧 지치거나 또는 무의미한 느낌이 들지 않을 것이다.

흔히 우리는 주님의 마음을 이해하지 못하고 우리가 생각하는 것이 선하고 영적인 일이라고 생각하고 행한다. 그 결과로, 우리는 나중에 우리가 하는 일이 무의미한 일이라는 느낌이 든다. 우리는 단지 주님의 뜻에 순종한 이후에만, 만족과 풍부함을 경험할 것이다.

참 빛은 결코 지식이 아니다. 참 빛은 다름 아닌 바로 주님 자신이시다.

만일 우리가 실제로 빛을 보았다면, 땅에 쓰러질 것이다(행 22:6-7). 이는 빛은 단지 비출 뿐만 아니라, 꼼짝 못하게 하기 때문이다.

독선적인 사람과 자만하는 사람은 결코 빛을 경험하지 못한 것이다. 그들이 지니고 있는 모든 것은 교리와 지식이다. 그들이 참 빛을 보았더라면, 그들은 더 큰 계시(啓示), 더 깊은 실명(失明), 더 강한 빛, 더 호된 타격(打擊)을 원하여 이렇게 고백할 것이다. "오 주님 내가 무엇을 알겠나이까? 나는 전혀 아무것도 모르나이다!" 바울은 빛을 보았을 때, 땅에 쓰러져서 삼일 동안 그의 눈으로 아무것도 볼 수가 없었다.

하나님의 목적은 무엇인가? 그것은 그리스도께서 우리의 삶의 모든 영역에서 첫 번째 지위 또는 으뜸이 되도록 하시는 것이다(골 1:18).

대다수 사람들은 "그들의" 소망을 주 예수 그리스도 안에 둔다. 그러나 성경 말씀은 "주 예수 그리스도"께서 우리의 소망이라고 말씀한다(딤전 1:1).

오늘날 엄청난 문제가 하나님의 자녀들 가운데 있다. 그들이 아는 기독교는 아주 단편적이다. "당신은 작은 은혜를 받는다. 나는 작은 은사를 받는다. 그리고 그는 말을 적게 한다. 이 사람은 행동에 약간의 변화를 경험한다. 저 사람은 그분의 사랑에 대해서 다소 헤아린다. 이 사람은 어느 정도 인내를 한다. 저 사람은 약간 겸손하다." 이것이 일반적으로 기독교라고 알려진 것이다. 그러나 이것이 기독교인가? 아니다! 이는 기독교는 무엇인가가 부족한 것이 아니기 때문이다. 더욱이, 기독교는 많은 것도 아니다. 기독교는 다름 아닌 바로 그리스도 자신이다.

하나님께서는 우리에게 겸손과 인내와 관대함을 주지 않으셨다. 하나님께서는 우리에게 흠이 없으신 그리스도를 주신다. 우리의 겸손, 인내 그리고 관대함 되시는 그리스도께서 우리를 통해서 우리 안에서 사신다. 그분은 그리스도이시며, 살아계신 주님이시다. 이것이 참으로 기독교다!

그토록 많은 하나님의 자녀들이 삶을 살아가는데 있어서 패배 가운데서 산다. 이것은 그들이 하나님 앞에서 얻은 것이 그리스도 대신에, 선물이라는 사실 때문이다. 비록 그들이 하나님께 여러 가지 단편적인 선물을 받았다 할지라도, 그들은 하나님이신 그리스도를 얻지 못했다. 그들은 "하나님"이 아니라, 물건과 소유물을 손에 넣었다.

우리가 구원받기 전에는, 이 세상의 목적과 일이 우리의 삶속에서 그리스도의 지위를 빼앗았다. 그 다음 우리가 구원 받은 후에는, 영적인 목적과 일이 그리스도의 지위를 차지하기 시작했다. 그러나 하나님의 목적은 우리가 우리의 삶속에서 그리스도께서 취하셔야 할 높은 지위, 곧 "그리스도께서 더 없이 소중한 분"이시라는 것, 곧 이것이 그분의 타당한 지위라는 것을 보게 하는 것이다.

당신은 주 예수님을 당신의 구원자로 알고 있는가? 또는 당신의 구원으로 알고 있는가? 당신의 구속자로 알고 있는가? 또는 당신의 구속으로 알고 있는가? 당신의 해방자로 알고 있는가? 또는 당신의 해방으로 알고 있는가? 당신의 성화자로 알고 있는가? 또는 당신의 성화로 알고 있는가? 당신의 칭의자(稱義者)로 알고 있는가? 또는 당신의 칭의(稱義)로 알고 있는가? 당신이 그분을 "행위자(er)"로 아는 것은 초등지식이다. 당신이 그분을 "행위 자체(tion)"로 아는 것은 한층 더 깊은 지식이다.

생명의 법이란 무엇인가? 그것은 우리의 모든 생명이 되시는 분은 다름 아닌 바로 그리스도시라는 것이다.

자신이 필요한 것에 대한 사람의 생각은 항상 부족함 또는 욕구의 문제이다. 결과적으로, 사람은 일반적으로 개개의 필요한 것을 충족시켜 주시도록 하나님께 구한다. 우리는 통상 우리의 눈이 공급하신 분, 우리의 수직 수도관인 하늘을 쳐다보기보다는 오히려, 우리의 공급을 찾아 주위를 살펴보는 것에 더 많은 관심이 있는 것은 얼마나 애석한 일인가.

많은 사람들은 유감스럽게도 그들의 삶의 과정 이외에 다른 어딘가에 있을 것 같은 사랑, 인내, 또는 겸손을 찾고 있다. 그들은 오로지 그리스도만 바라보는 것이 아니라, 그것이 세상에 있는 것처럼 찾고 있다. 그 점에서 참 기독교와 거짓 기독교의 근본적인 차이가 있다.

우리가 처음 구원을 받았을 때, 우리는 우리가 필요했던 것은 행위가 아니라, 그리스도였다는 것이 보였다. 우리는 우리 자신의 노력이 아니라, 그리스도를 통해서 구원을 받았다. 그러나 우리가 처음 믿었을 때, 많은 문제가 우리의 삶 속에서 제거되었던 방법으로, 우리는 성화의 과정에서도 계속 제거되어야만 하는 더 많은 문제들이 있다. 차이점은 우리가 처음 구원을 받았을 때, 파멸되었던 것은 우리의 죄였다는 것이다. 한편 지금 파멸되고 있는 것은 소위 영적인 것들이다. 처음에, 파멸된 것은 우리의 교만, 시기, 자만심, 다루기 힘든 기질 그리고 그 밖의 죄들이었다. 오늘날, 그리스도께서 우리의 생명이시며 모든 것 되신다는 것을 알기 위해서 파멸되어야만 하는 것은 또한 우리의 인내, 겸손 그리고 자칭 영적 순결이다.

기독교는 그리스도다! 그리스도인의 삶도 역시 그리스도다!

하나님의 자녀들 가운데에는 두 종류의 삶이 있다. 한 종류는 소유물에 만족하는 삶이다. 한편 다른 종류는 그리스도로 만족하는 삶이다.

왜 당신은 때때로 아멘으로 응답하는가? 이는 당신이 생명을 접촉했기 때문이다. 한 형제가, 그가 기도하고 있을 때, 당신의 생명을 접촉했다. 그러므로 당신은 자연스럽게 아멘을 한다. 그러나 어떤 다른 사람의 기도는, 비록 기도가 진지하고 마음을 끄는 것처럼 들린다 할지라도, 당신 속에 냉담한 결과를 초래한다. 당신은 그가 기도를 그만두기를 갈망한다. 이는 그의 기도는 그의 자아와 별반 다를 바 없기 때문이다. 그는 무엇인가 있다. 그러나 다만 있는 것은 죽음을 접촉하게 하는 그의 육신뿐이다. 그리고 그런 기도는 그 사람뿐만 아니라, 다른 사람에게도 죽음을 초래한다. 기도에 전혀 영적인 가치가 없다. 이는 기도가 사람에 의해서 행해졌기 때문이다.

만일 실제로 하나님께서 우리를 보이는 곳으로 데리고 가신다면, 우리는 그분이 우리의 죄를 미워하시는 것 못지않게 우리의 육신에서 나오는 행위와 노력을 몹시 싫어하신다는 것을 확실히 알아차릴 것이다.

하나님께서는 우리의 죄를 거절하신 것처럼 우리의 행위를 거절하신다. 실제로, 그분이 받아들이시는 것은 오직 한 가지가 있다. 그것은 그분의 아들 예수 그리스도이시다.

Chapter 30
가장 품질이 좋은 말(제1권)

교회란 진정 무엇인가? 교회는 흙으로 자연적으로 만들어진 것이 아니라, 그리스도로부터 꺼내진 부분이다. 교회는 구성요소로서 그리스도의 일원(一員)으로 하나님께서 세우신 새 사람이다. 선천적인 것은 무엇이든지 교회 밖에 있다. 이는 오직 그리스도께로부터 나오는 것만이 교회이기 때문이다. 인간의 수단, 생각, 능력, 곧 사람에게 속한 그런 것들은 모두 교회 밖에 있다. 그리스도께로부터 나오는 것만이 교회다.

교회가 되려면 당연히 필요하고 요구되는 두 단계가 있다. 하나는 그리스도의 생명을 나누는 것이다. 다른 하나는 개인주의를 파괴하는 것이다. 그리스도의 생명을 나누는 것은 중생 때 일어난다. 개인주의를 파괴하는 것은 우리가 구원을 받은 후 성화 과정에서 일어난다. 주님께서 매일 우리의 삶 속에서 역사하실 때, 우리는 결국, 하나님을 기쁘시게 하기 위해서, 우리가 우리 자신의 개인적인 자아를 기초해서는 아무것도 할 수 없다는 것을 깨닫는 순간에 이른다. 이 순간 이후로, 우리는 그리스도의 몸에 속한 서로의 신앙을 함양(涵養)시켜 주는 원칙에 따라 모든 것을 행한다. 교회가 이 상태에 이를 때만 교회는 교회를 위한 하나님의 목적을 달성한다.

그리스도의 피는 우리의 죄를 처리하기 위한 것이다. 그리고 예수님의 옆구리에서 흐르는 물은 그분의 생명을 우리에게 주시기 위한 것이다.

영적으로 말하면, 그리스도로부터 나오는 것만이 그리스도께로 돌아 갈 수 있다. 그분께로부터 나오지 않은 것은 결코 그분께로 돌아 갈 수 없다. 즉, 하늘에서 나온 것만 어느 날 하늘로 돌아갈 것이다.

그리스도로부터 나오는 것만이 교회 안에 있고 영적으로 유용한다. 하나님께서는 새 피조물을 만들어 내기 위해서 옛 피조물에서 아무것도 사용하지 않으셨고 결코 아무것도 사용하지 않으실 것이다. 하나님께서는 그분께 속한 것을 만들어 내기 위해서 타락한 사람에게서 나오는 것을 결코 사용하지 않으실 것이다. 바꾸어 말하면, 하나님께서는 영적인 것을 만들어 내기 위해서 육적인 것을 결코 사용하지 않으실 것이다. 문제는 전적으로 근원의 문제이다.

개인으로서 전투에서 적을 격퇴하는 것이 매우 어려울 때가 그리스도인이 살아가는데 있어서 자주 있지만, 교회가 일어날 때, 사탄은 쉽게 패배를 당한다. 오직 교회 안에 무한하고 풍부한 축복이 있다. 단합된 무리로서 교회의 능력을 알고 경험하는 사람만이 계속 성장하고 "머리"의 풍부함이 그들 자신의 풍부함이라는 것을 깨닫는다.

우리는 우리 동료 그리스도인들을 지배하는 것이 아니라, 섬기기 위해서 교회에서 권위를 사용해야 한다. 권위는 지배하는 것이 아니라, 필요한 것을 충족시켜 주는 것이다.

기독교는 당신이 살아가는데 삶의 모든 상황에 대해서 말하는 당신 안에 있는 생명이다. 당신이 실제로 무엇이 하나님께 옳고, 하나님을 기쁘시게 하는가를 분간 할 수 있는 것은 단지 하나님의 영이 당신 안에서 역사하실 때뿐이다. 당신은 당신 안에 있는 생명이 당신에게 하라고 허용하는 것만을 해야 한다. 그러므로 문제는 옳고 그름의 문제가 아니다. 오히려, 그것은 당신 안에 있는 생명이 그것을 허용하느냐 허용하지 않느냐의 문제이다.

하나님 앞에, 우리는 옳고 그름의 기준을 능가하는 법을 배워야 한다. 양해하라. 나는 옳고 그름의 기준이 적절하지 않다는 것을 암시하기를 원치 않는다. 옳고 그름의 기준은 그것의 목적에 맞고, 적합하다. 그러나 그리스도인에게 있어서, 삶의 그런 원칙은 적합하지 않다. 이는 참 그리스도인의 삶은 옳고 그름의 원칙을 초월하기 때문이다. 만일 우리가 하나님의 생명으로 산다면, 우리는 그분이 우리에게 요구하시는 것이 율법의 요구보다 더 높다는 것을 볼 것이다.

영적인 것들은 하늘의 영역에서만 분별되고, 이 세상 것들은 하늘의 통찰력으로만 명백해진다. 그러므로 하늘은 시간과 노력을 들여 관찰할 만하다.

영적 전투에는, 유지되어야만 하는 두 가지 필수 사항이 있다. 진지(陣地 : 언제든지 적과 싸울 수 있도록 설비 또는 장비를 갖추고 부대를 배치하여 둔 곳-역주)와 통찰력. 진지가 없이는, 우리는 적을 볼 수 없다. 영적인 통찰력이 없이는, 우리는 적의 음모를 알아 낼 수 없다. 이 두 가지 필수 사항 없이는, 우리는 적과 교전을 할 수도 없고 잘 싸울 수도 없다.

Chapter 31
가장 품질이 좋은 밀 (제2권)

어느 누구든지 주님께 크게 쓰임을 받으려면, 그는 하나님께서 그분이 필요하신 것이 있으시다는 것을 알아차리는 곳에 이르러야만 한다. 그러면 그는 세상에서 우리의 삶이 우리 자신의 인간적인 필요가 아니라, 오직 하나님께서 필요로 하시는 것이 중심이 되어야 한다는 것을 깨닫게 될 것이다. 주님께 혼을 되찾아 드리는 것은 사람들의 유익을 위한 것이다. 주님께 쓰임 받아 사탄을 멸하는 것은 하나님의 유익을 위한 것이다. 혼을 얻는 것은 사람들이 필요한 것을 해결하는 것이다. 사탄을 멸하는 것은 하나님께서 필요로 하시는 것을 만족시켜 드리는 것이다.

하나님께서는 세상을 다스릴 수 있는 사람을 얻기를 원하신다. 그러나 만일 우리의 모든 일이 복음을 전파하고 혼을 얻는 일에 한정되어 있다면, 사탄은 치명적인 타격을 당한 것이 아니고, 사람도 그를 위한 하나님의 최고의 목적을 이루지 못한 것이다.

첫 사람(아담)은 하나님의 목적을 성취하는데 실패했다. 그는 세상을 되찾는데 실패했을 뿐만 아니라, 죄에 빠져서, 심지어 사탄의 포로가 되었다. 따라서 그 순간부터 그는 다스릴 수 없게 되었을 뿐만 아니라, 지금 사탄의 지배와 능력 아래 있다. 더욱이, 그는 사탄의 먹이가 되었다. 그러나 하나님께서는 첫 사람 아담 안에서 얻을 수 없었던 것을, 둘째 사람(그리스도) 안에서 성취하셨다. 그래서 오로지 그리스도 안에 있는 사람은 누구든지 첫 사람의 실패로 박탈당한 것을 둘째 사람의 승리를 통해서 되찾았다.

하나님께서 오래 동안 기다리시고 필요로 하셨던 것은 그분의 소원을 만족시켜드리고 사탄을 패배시킬 한 사람이었다. 이 세상의 모든 사람 가운데서, 참으로 하나님을 찾았던 사람은 오직 한 분이 있으셨다. "이 세상의 왕은... 나를 전혀 장악할 수 없다"(요 14:30, KJV)고 말씀하실 수 있는 사람은 오직 한 분이 있으셨다. 주 예수 그리스도께서 바로 그분이시다!

피조물은 하나님의 영원하신 목적을 드러낸다. 피조물은 참으로 하나님께서 무엇을 찾으시는가를 우리에게 가르쳐 준다. 하나님께서는 그분이 그들을 통해서 세상을 다스리시기 위해서 그분의 일을 할 사람을 갖기를 원하신다.

성숙한 그리스도인은 구속의 은혜를 받고 하나님의 창조의 목적에 도달한 사람이다. 구속(救贖)이 없이는 하나님과 관계가 있을 수 없다. 그러나 구속을 받은 후, 우리는 사람을 창조하신 그분의 본래의 목적을 성취하기 위해서 하나님께 우리 자신을 바쳐야 한다.

교회의 사명은 그리스도의 구원과 그리스도의 승리를 증언하는 것이다. 그러므로 우리 앞에 있는 직무는 세 가지이다. 영적인 권위를 행사하는 법을 배우는 것, 마귀의 권위를 넘어뜨리는 것, 그리고 하나님의 사랑과 권위를 선포하는 것이다. 사람들은 은혜를 받고, 사탄은 패배를 당하고, 그리고 하나님의 마음의 소원은 이루어지실 것이다.

안식일의 의미는 물건을 보다 더 적게 사고, 보다 더 적은 거리를 걷느냐에 있는 것이 아니다. 오히려, 그것은 하나님께서 처음부터 마음에 품고 찾으셨던 것을 손에 넣으셨기 때문에 지금 쉬고 계신다는 것을 선언하는 것이다. 그것은 하나님께서 바라고 찾으셨던 단 한 가지 것을 얻으셨고, 이 때문에 쉬신다는 것을 뜻하는 것이다.

기독교는 약함을 배제하는 것도, 단지 주님의 능력만도 아니다. 기독교는 사람의 약함 속에서 나타난 주님의 능력이다(고후 12:9). 이것이 기독교의 모든 것이다.

구약과 신약에 있는 모든 성경은 하나님의 세 가지 속성을 강조한다. 그것은 거룩하심, 의로우심, 그리고 영광이다. 하나님의 거룩하심은 그분의 본성에 대해서 말하고, 하나님의 의로우심은 그분의 행동에 대해서 말하고, 그리고 하나님의 영광은 그분 자신에 대해서 말한다. 바꿔 말하면, 하나님의 본성은 거룩하시고, 그분이 하시는 일은 의로우시고, 그리고 그분 자신은 이루 형용할 수 없다.

갈보리에서 흘리신 주님의 피는 모든 선천적인 생명을 쏟아 부으셨다는 것을 의미한다. 주님께서는 죽기까지 그분의 혼을 쏟아 부으셨다 (마 26:38). 결과적으로, 주님께서 흘리신 피는 선천적인 것, 또는 혼, 생명에 속한 모든 것을 제거하신 것을 뜻한다.

우리의 선천적인 생명에 속하는 모든 것은 하나님께 반하며, 그분을 기쁘시게 할 수 없다. 그러면 선천적인 생명의 요소는 무엇인가? 그것은 태어날 때 우리에게 생긴 모든 것, 죽음으로 없어질 모든 것이다. 이 모든 것이 선천적인 생명에 속한 것이다.

참으로 주님을 사랑하는 사람들을 통해서 유지되는 지위는 단 두 가지가 있을 뿐이다. 죽음, 그 안에서 옛 창조에서 유래한 모든 것이 버림을 받는다. 그리고 부활, 그것을 통해서 우리는 그분 앞에 서서, 그분을 기다리며, 그리고 그분의 명령을 들음으로, 우리 안에서 역사하시는 그리스도와 함께 하나님을 섬기는 법을 배운다.

Chapter 32
주님의 생명의 영광

용서는 목욕을 하는 것과 같다. 의(義)는 옷을 입는 것과 같다.

하나님께서 우리가 구원받기 전 또는 구원받은 후에도, 우리가 우리의 행위 또는 행실을 의지해서는 안 된다는 것을 깨닫도록 우리의 눈을 열어 주시기를 기원한다.

우리가 모든 불의에 대처하는 법을 배우는 것이 의(義)를 배우는 과정에 있다.

만일 우리가 다른 사람들 속에 불의가 있는 것을 알아 차렸다면, 우리는 그들을 위해서 기도해야 한다. 그러나 한 가지 문제는 이렇다. 우리가 옳을 때, 우리는 다른 사람들의 불의를 보고 불평이 많고 성을 내는 경향이 있다.

하나님께서는 우리 안에서 그분의 일을 어디에서 시작하시는가? 그분의 첫 단계는 우리 안에 그리스도의 생명을 두시는 것이 아니다. 그보다는, 하그분은 그리스도 안에 우리를 두신다. 하나님께서는 우리 안에 그리스도를 두시기 전에, 그분은 우리를 그리스도 안에 두시는 것이 필요하시다.

하나님께서는 어리석은 사람을 지혜롭게 만들지 않으신다. 하나님께서는 그리스도를 어리석은 사람들의 지혜로 만드신다. 이것이 진정한 구원이다!

하나님의 말씀은 결코 우리가 거룩하게 될 수 있다거나, 그리스도께서 거룩하게 되도록 힘을 주신다고 말씀하지도 않는다. 하나님의 말씀은 그리스도 자신이 우리의 거룩이 되신다고 말씀한다. 이것은 모든 선행에도 다를 바 없이 적용된다. 그리스도인들의 선행 가운데 어느 것도 결코 자신의 행실이 아니다. 선행은 그들 안에 계시는 그리스도의 유출(流出 : 밖으로 흘러 나가거나 흘려 내보냄-역주)이다. 이전에, 나는 그리스도인이 되기 위해서 자신을 의지했다, 그런데도 나는 잘못되었다. 이제 나는 그리스도께서 나를 통해서 그분의 생명을 사시도록 한다.

모든 믿는 사람들은 그들 안에 그리스도의 생명이 있다. 그러나 소수의 사람만이 기꺼이 더 깊이 들어가 그들의 죽어야 할 육신에 나타난 예수님의 생명을 경험한다. 그 차이는 헤아릴 수 없다.

누구든지 율법으로부터 해방될 수 있지만, 그러나 모두 해방되는 것은 아니다. 문제는 하나님 편에 있는 것이 아니라, 사람 편에 있다. 이는 모든 사람들은 그런 해방을 원하지도, 기꺼이 대가를 치르려고도 하지 않기 때문이다.

당신의 삶속에 영적인 향상이 있을 때마다 당신의 현재 상태에 대한 불만족이 반드시 먼저 일어난다는 것을 기억하라. 모든 영적인 향상은 불만족으로부터 시작된다.

각각의 승리를 위한 시작점은 당신이 패배한 것을 유감으로 생각하는 바로 그 순간이다. 율법에서 해방되기를 원하는 사람은 그들의 인내의 한계에 벅찬 압박을 받을 필요가 있다. 왜 그런가? 이는 그런 사람만이 주님의 해방을 순순히 받아들이기 때문이다.

사도 바울이 왜 우리가 율법에서 자유하기 위해서 율법에 대하여 죽게 되었다고 선언했는가?(롬 7:4). 그것은 우리가 죄의 속박에서 해방되는 것은, 우리가 더 이상 우리의 죄의 생명을 연장시키기보다는 오히려 기꺼이 죽을 정도까지, 우리가 다만 죄의 패배 속에서 살고 싶지 않을 때이기 때문이다.

유일무이한 해방은 당신이 당신 자신을 전적으로 소망이 없는 사람으로 볼 때이다.

하나님께서는 우리가 전에도 지금도 스스로 어떻게 할 수가 없고 가망이 없다고 보셨기 때문에 우리를 그리스도 안에서 십자가에 못박으셨다. 하나님께서 그리스도와 함께 우리를 십자가에 못박으셨다는 사실은 우리에 대한 그분의 평가를 나타내시는 것이다(갈 2:20, 참조).

우리가 살아 있는 한, 율법은 우리에게 율법의 요구를 한다. 그러나 만일 우리가 죽는다면, 우리에게 율법의 영향력은 중지되고, 율법은 더 이상 요구 하지 않는다. 그러므로 죽음 이외에, 율법으로부터 자유롭게 될 방법은 없다.

세상에는 놀라운 두 가지 영적인 경험이 있다. 하나는 하나님께서 당신을 위해서 계획하신 것을 보는 것이다. 곧, 하나님께서 당신에게 죽음을 선고하셨다는 것이다. 다른 하나는 하나님께서 당신을 위해서 그리스도 안에서 행하신 것을 보는 것이다. 이 두 가지 영적인 사실은 아주 중요하다.

승리의 비결은 결코 그리스도 밖에서 우리 자신을 바라보지 않는 것이다. 이것은 그분 안에 거하는 것을 의미한다(요 15:1-11).

사람들은 자신들이 적을 저지할 수도 없고 하나님 앞에서 아무 쓸모가 없는 갈대와 같다는 것을 모르고, 항상 생전에 최고의 사람이 되겠다는 결심을 한다.

당신이 그리스도 밖에서 당신의 존재를 받아들일 때마다, 당신은 즉시 실패한다. 당신은 그리스도 안에서만 자신을 보아야 한다. 이는 당신은 그분 안에서 두 사실, 곧 죽었고 부활했다는 사실을 소유하고 있기 때문이다.

불행하게도, 사람은 생명나무의 열매 대신에 항상 선과 악을 알게 하는 나무의 열매를 그 자신에게 더할 것이다.

부활은 죽음의 감금에서 우리를 자유롭게 한다. 성령의 능력은 부활의 능력이다. 성령을 만나는 사람은 누구든지 부활을 만난다.

우리는 하나님께서 믿는 사람들 속에 역사하시는 능력이 어느 정도일까 하는 것을 전해 들었다. 그것은 하나님께서 그리스도를 죽은 자들 가운데서 살리셨을 때 그리스도 안에서 역사하셨던 것과 같은 능력이다(엡 1:18-20).

우리는 우리가 그리스도의 부활의 능력을 경험할 수 있도록 하기 위해서 하나님께서 우리에게 지혜와 계시의 영을 주시도록 구해야만 한다. 이는 교회는 세상에서 하나님의 부활의 능력을 경험해야 하기 때문이다.

Chapter 33

혼의 구원

혼의 구원은 우리가 일반적으로 영의 구원으로 알고 있는 것과 전혀 다르다. 영은 믿음을 근거로 구원을 받는다. 일단 우리가 믿기만 하면, 영의 구원은 영원히 결정된다. 혼은 다음에 말하는 것에 근거해서 구원을 받는다. 혼의 구원은 일생동안의 문제, 곧 일생동안 완성되는 과정이다. 영은 그리스도께서 나를 위해서 그분의 생명을 버리셨기 때문에 구원을 받는 것이다. 혼은 내가 나 자신을 부인하고 주님을 따르기 때문에 구원을 받는 것이다.

혼은 우리의 선천적인 욕구의 본거지이다. 혼은 우리에게 느끼고 즐길 수 있게 한다. 이 혼의 생명의 욕구는 충분히 만족되어지기를 요구한다. 그러나 만일 사람들이 이 시대에 이런 것들에 대해서 만족을 얻으려고 애를 쓴다면, 그들은 오는 시대에 만족을 잃어버릴 것이다. 이

시대에 그의 혼을 즐기는 사람은 누구든지 이미 그의 몸에서 나오는 만족을 얻은 것이다. 그러므로 그는 오는 시대에 이러한 만족을 잃을 것이다(마 16:25-26, 참조).

주님께서는 우리를 금욕주의자가 되도록 하기 위해서 훈련시키시는 것이 아니다. 주님께서는 단지 우리를 설득해서 이 세상 것들에 "사로잡히지"않게 하기를 원하신다. 만일 우리가 이 세상 것들에 과도하게 빠지기 시작한다면, 우리는 타락했다. 만일 우리가 입을 옷, 음식, 또는 집이 있다면, 우리는 우리 자신의 향락을 얻으려고 해서는 안 된다.

하나님께서는 죄인들에게 천국 또는 지옥을 선택하도록 책임을 지우셨다. 이와 같은 방법으로, 하나님께서는 개개의 그리스도인들에게 세상 또는 그분의 왕국을 선택하도록 책임을 지우셨다.

죄를 이기는 사람은 천국에 들어간다. 이것은 용서다! 세상을 이기는 사람은 왕국에 들어간다. 이것은 상급이다.

영이 구원을 받는 것은 우리의 믿음의 시작이다. 그리고 혼이 구원을 받는 것은 우리의 믿음의 결말이다(벧전 1:9).

하나님께서는 그분만이 그분이 세우신 기준에 맞는 생활을 하실 수 있다는 것을 그리스도를 통해서 보여 주신다. 그러므로 하나님께서는 그리스도께서 우리를 위해서 갈보리에서 죽도록 하셨을 뿐만 아니라, 오늘날 우리의 생명이 되게 하셨다.

하나님의 구원은 주 예수님을 우리를 위해서 갈보리에서 죽도록 하셨을 뿐만 아니라, 우리 안에 살도록 하셨다. 주님께서는 우리의 모든 죄의 빚을 지불하셨을 뿐만 아니라, 우리가 결코 다시 빚에 빠지지 않도록 하기 위해서 우리 안에 사신다. 만일 당신이 단지 이 구원의 절반만 받는다면, 당신은 의심할 여지없이 비참하게 되고, 구원의 완전한 기쁨을 경험하지 못할 것이다.

정말로, 하나님께서는 당신이 오직 한 가지만 하기를 요구하신다. 이 순간부터 당신 자신을 그분께 내어드리라. 그것은 한 마디로 요약될 수 있다. 넘겨드리는 것이다.

우리의 모든 환경의 가장 친한 친구는 우리의 감정의 존재이다. 만일 당신이 당신의 감정을 극복할 수 있다면, 당신은 그 밖의 모든 환경 역시 승리할 것이다. 환경을 이길 수 없는 사람은 누구든지 감정을 극복하지 못한다. 환경을 극복하는 사람은 먼저 자신의 감정을 극복한다.

Chapter 34
복음의 참뜻

하나님의 사랑은 세상 사람들이 결코 알지 못하는 것이다. 그리스도께서 인류를 위해서 죽으셨다는 것도 또한 세상 사람들의 이성을 초월한다.

자신을 사랑하는 사람은 자신의 모든 감정을 자신에게 소모시킨다. 우리는 복음을 위해 우리의 감정을 후일을 대비하여 비축하는 법을 배워야 한다.

그리스도인의 일을 억누르는 가장 근본적인 문제는 복음의 영역에 있는 것이 아니다. 이는 복음은 무한하기 때문이다. 십자가의 능력에 있는 것도 아니다. 이는 "다 이루었기"(요 19:30) 때문이다. 오히려 그것은 우리 가운데서 복음의 흐름을 방해하는 사람들에게 있다.

믿음은 얻는 것이다. 믿음은 하나님께서 사람에게 주시는 것이다. 믿음은 하나님의 은혜의 부분이다.

성령께서는 우리에게 그리스도께서 마치신 일을 적용하기 위해서 오신다. 그 결과 그것은 우리의 주관적인 경험이 된다. 다른 말로 말하면, 성령께서 하시는 일은 객관적인 사실을 주관적인 사실로, 교리를 삶의 경험으로 바꾸시는 것이다.

지혜로운 사람은 혼들을 얻는다(잠 11:30, KJV). 혼을 얻으려면 지혜가 필요하다.

이 세상에는 주님을 위해서 있는 사람은 아무도 없고, 주님만이 사람들을 위해서 계신다. 이것이 참으로 은혜이다. 이것이 복음이다!

우상을 숭배하는 사람들이 노리는 것은 축복이다. 그들은 하나님을 찾는 것이 아니라, 하나님께서 가지고 계시는 것을 구한다. 그러나 하나님께서 우리에게 찾으시는 것은 우리가 가지고 있는 것이 아니라, 우리다.

휘장을 찢으신 분은 하나님이시다(막 15:38). 그러므로 하나님께 나아가는 길은 오직 하나님에 의해서 열려진다.

하나님께 몸을 드리는 목적이 무엇인가? 구약에서, 율법아래서, 희생제물의 육체가 살해되어서 제단위에 놓였다. 오늘날은, 하나님께서는 우리에게 우리의 살아있는 몸을 그분께 희생 제물로 드리기를 요구하신다. 이것은 우리가 죽었음에도 불구하고 살아있다는 것을 뜻한다. 우리가 세상에 살아 있는 한, 우리는 우리 자신에 대하여는 죽고 하나님께는 살아있는 자로 자신을 희생 제물로 드려야 한다. 이것은 하나님께서 만족하실 뿐만 아니라, 우리가 받아온 긍휼 때문이다. 이것은 또한 우리의 영적 예배이다(롬 12:1-2).

하나님께서는 이미 우리 안에 거하실 곳을 확보하신 후, 지금 우리의 현세적인 삶을 그분께 드리길 요구하신다. 우리가 그분의 생명에 의해서 생명을 받았기 때문에, 하나님께서 우리가 그분을 위해서 현세적인 삶을 살기를 기대하시는 것은 당연하다고 생각해야 하지 않겠는가?

모든 객관적인 진리는 그리스도 안에 있다. 그리고 그리스도 안에 있는 모든 것은 이미 성취되었다. 모든 주관적인 진리는 성령 안에 있다. 만일 우리가 성령께 순종한다면, 성령 안에 있는 모든 것은 우리 안에 계시는 성령을 통해서 성취되기를 기다린다.

구속은 대략 이천 년 전에 성취되었다. 구원은 주님께서 우리의 믿음을 통해서 성취하신 것을 우리가 실제적인 경험으로 들어가는 그 날에 성취된다. 구원은 우리가 믿을 때마다 우리 시대에도 계속된다.

믿음은 하나님의 말씀을 사실로 바꾸는 것이 아니다. 오히려, 믿음은 하나님의 말씀의 사실에 근거한다.

당신은 하나님께서 예비하신 것(어린양)을 보기에 앞서 당신의 삶속에 있는 이삭을 하나님께 실제로 바쳐야만 한다(창 22:13).

믿음이 없는 순종은 능력이 없다. 이는 순종이 없는 믿음은 단지 이론에 불과하기 때문이다. 십자가로 나가 순종의 문지방을 건너가지 못한 사람은 어느 누구도 하나님께 쓰임 받지 못했다.

하나님 앞에서 영적으로 약한 사람은 성경의 페이지를 넘겨서 말씀을 읽을지는 모르지만, 그 사람은 하나님의 말씀이 전하는 것을 접촉하지는 못한다. 그 사람은 하나님과 접촉이 없기 때문에 생명을 얻지 못한다. 이것이 그 사람이 영적으로 약한 이유이다.

그리스도인들은 성경을 읽기 위해서 좀 더 일찍 일어나야 한다. 이는 해가 뜨거워지면, 만나는 사라지기 때문이다(출 16:21).

꽤 많은 그리스도인들은 결코 이른 아침 시간에 하나님의 말씀을 먹지 않았다. 그들이 그만큼 약한 것을 이상하게 여기지 말라!

참으로 하나님을 믿는 사람들에게, 기적의 역사는 아주 흔하다. 하나님으로부터 멀리 떠나있는 사람만이 기적의 역사를 의외의 것으로 생각한다.

기적은 우리의 노력을 필요로 하지 않는다. 기적은 하나님의 능력이 우리의 삶속에서 나타날 때 자연 발생적으로 일어난다.

우리가 신앙생활을 오래 하면 할수록, 더욱 더 우리의 삶이 단순해져야 한다. 자신의 삶이 차츰 더 복잡해지고 있는 사람은 빗나가고 있는 것이다. 우리가 하나님께 가까이 가면 갈수록, 더욱 더 우리의 삶은 단순하게 된다.

Chapter 35

노래 중의 노래

우 리는 이미 그리스도의 부활 생명의 모든 특권을 가지고 있다. 그러나 아담에게서 나온 것은 그리스도에 대한 즐거움과 표현을 방해한다. 그러므로 중요한 문제는 우리가 그리스도를 얼마나 소유하느냐의 문제가 아니라, 오히려, 우리가 아담에게 속한 것을 얼마나 잃어버렸냐가 문제이다.

그리스도인의 경험의 첫 단계는 십자가에 못박혀 죽으신 주님을 아는 것이다. 영적인 경험으로 나아가는 둘째 단계는 내주(內住 : 안에 사심-역주)하시는 실체로서 그리스도를 소유하는 것이다.

누구든지 빛 가운데 거하면 거할수록, 더욱 더 그는 어둠을 보고 곧 알아본다. 누구든지 완전하면 할수록, 더욱 더 그는 불완전하다는 것을 의식하게 된다. 마찬가지로, 믿는 사람이 성숙하면 할수록, 더욱 더 그는 자신이 미숙하다는 것을 느끼게 될 것이다.

우리는 언제나 더 높은 영적인 안정 상태에 이르기까지 현재 이룬 공적의 영역을 떠나기를 싫어한다.

우리의 모든 영적인 경험과 활동은 그리스도에 의해서 초래(招來 : 결과를 가져옴-역주)된 결과이다. 자기만족의 어떤 상태로부터 해방은 먼저 주 예수 그리스도의 새로운 계시를 바라보고, 주 예수 그리스도께 간청하지 않고는 불가능하다.

Chapter 36
창조의 신비

주 예수님의 죽으심을 통해서, 우리는 아담에게 속한 모든 것, 곧 선천적인 것에서 구원을 받았다. 그분의 부활을 통해서 우리는 그리스도께 속한 모든 것, 곧 초자연적인 것으로 들어갈 수 있다.

하나님의 구속 계획은 옛 사람을 교정(敎正) 또는 개선(改善)하려는 것이 아니다. 우리를 재창조하는 것이다. 하나님께서는 옛 사람을 버리신다.

부활의 경험(세 째 날의 일)은 중생의 경험(첫째 날 일) 뒤를 이어서, 그리스도와 함께 죽음의 경험(둘째 날의 일) 뒤에 온다.

중생은 우리에게 생명을 준다. 부활은 우리에게 생명을 더 풍성하게 준다. 믿는 사람이 중생 단계에서 멈춘다면, 그는 죄를 이길 수 없을 것이다. 그가 그리스도와 함께 죽는 단계에 머물러 있다면, 그는 의(義)를 실천할 능력이 없을 것이다. 그러므로 우리는 우리의 삶속에서 그분의 부활의 능력을 분명하게 보여줄 때까지 그리스도께 대한 우리의 경험을 향상시켜야 한다. 이것이 하나님께서 우리를 위해서 예비하신 풍성한 양식(糧食)에 다다르는 것이다.

하나님께서는 우리가 그분의 아들을 위한 몸이 되기를 원하신다. 곧 하나님께서는 "머리"(그리스도-역주)되신 그분이 우리를 위해서 성취하신 모든 것을 그분의 몸인 우리가 경험하기를 원하신다. 따라서 우리는 옛 피조물로부터 구원을 받아 하나님께서 정하신 새로운 피조물이 될 것이다.

하나님께서는 결코 우리의 능력을 요구하지 않으신다. 하나님께서는 단지 무능력을 요구하신다. 하나님께서는 우리에게 능력을 요구하시는 것이 아니라, 우리의 약함을 찾으신다. 하나님께서 우리에게 요구하시는 것은 가득 찬 것이 아니라, 비어있는 것이다. 더욱이, 하나님께서는 우리의 반항을 받아들이는 것이 아니라, 그보다도 우리의 순종을 기다리신다(고전 1:27-29).

열매를 맺는 것은 자신을 원래 그대로 보존한 결과가 아니다. 그것은 자신이 깨어져서, 겸손하고 약해져서, 스스로 어떻게 할 수가 없고 가망이 없어서 하나님을 의지한 결과이다.

우리는 혼의 선천적인 능력, 지혜, 그리고 장점과 함께, 혼의 생명을 증오하지 않는다면, 많은 열매를 맺을 수 없을 것이다. 우리가 많은 열매를 맺을 수 있는 것은 우리가 육신으로부터 나오는 선천적인 힘을 버리고 깨어진 마음으로 하나님의 손길을 받아들인 바로 그 후이다.

우리 자신이 약하고 보잘 것 없어서, 토기장이의 손에 있는 항아리처럼 완전히 내어 드릴 때 만이, 그리스도께서 우리 안에서 그분의 생명을 사시기 시작하실 수 있다. 그 다음에, 그분의 능력 바로 그것이 우리를 통해서 나타나기 시작한다.

만일 우리가 참으로 그리스도와 함께 부활해서 그분의 부활 생명에 연합되었다면, 우리는 이 세상에서 자연스럽게 열매를 맺을 것이며, 우리의 영의 생명은 하늘로 올라갈 것이다.

이전에, 우리는 죽음과 부활로, 단지 육신과 죄 그리고 세상을 이겼다. 이제 우리는 승천으로, 어둠의 모든 권력자들, 주권자들, 통치자들 그리고 권위자들과 싸워서 이기는 경험을 해야 한다.

새 신자들은 통상적으로 영적인 전투에 대해서 분명하지 않으며, 마귀의 궤계, 공격, 시험 그리고 거짓에 대해서 잘 모른다. 그들이 즉시로 그들을 둘러싸고 있는 어둠의 권력자들의 실체를 느끼고 그들과 싸워 "어린양의 피와 자기들의 증언의 말"(계 12:11)로 이기기 위해서는 하늘에 계시는 그리스도와 함께 그들의 승천한 지위의 경험 속으로 들어가는 것뿐이다.

승천한 그리스도인들이 종종 그들의 발밑에 사탄을 상하게 하는 경험이 있는 것은 그들이 통치하는 지위를 유지하고 있기 때문이다(롬 16:20).

사람이 구원을 받으려면 단지 주 예수님을 믿는 믿음을 필요로 하지만, 그리스도와 함께 통치하려면 충성, 고난, 그리고 승리를 필요로 한다. 십자가는 면류관으로 가는 길이다. 고난은 영광을 얻기 위한 조건이다.

주님을 위해서 이 세상에서 기꺼이 손해를 보는 사람만이 오는 세상에서 얻을 것이다.

성경이 말씀하는 천년 통치는 미래에 시작되는 것이 아니다. 천년 통치의 완전한 실현과 그것의 실제적인 현시(顯示)는 미래에 있다할지라도, 실제로, 우리는 지금 살고 있는 동안에 통치할 수 있다(롬 5:17). 우리는 우리 시대에 악한 영들을 정복하고 그들의 소행을 저지하는 법을 얼마나 잘 배웠느냐에 따라서, 주님의 날에 그분과 함께 왕노릇하며, 통치할 우리의 가치를 나타내는 것이다.

사악한 사람의 이상한 현상 가운데 하나는 자기 자신의 행위가 하나님을 만족시키고 있다고 생각하는 것과 주 예수 그리스도의 삶이 자신보다 결코 나은 것이 없다고 생각한다!

살아계신 그리스도께서는 하나님께로부터 사악한 사람들을 쫓아내시지만, 찢기셔서 죽으신 그리스도께서는 그분을 따르는 사람들을 "지성소"로 데리고 가신다.

부활의 목적은 바로 열매를 맺는 것이다. 이것은 부활의 자연적인 결과이다(민 17:8, 참조).

죽음이 없이는, 부활이 없고, 부활이 없이는 열매도 없다. 하나님의 은혜로 열매를 맺는 것은 오직 주 예수 그리스도와 함께 죽고 부활을 통해서이다

승천은 죽음과 부활에 근거하기 때문에, 그것은 그리스도께서 사탄의 왕국에 속한 모든 것을 이기신 사실을 뜻한다. 그러므로 그리스도의 승천은 그분의 지상 사역의 결론이다.

인간의 본성에 따르면, 아무도 은혜를 좋아하지 않는다. 사람들은 그들 자신이 어느 정도 선하고 능력이 있다고 생각한다. 곧 그들은 죄가 없고 그들의 선행을 통해서 구원을 얻을 수 있다고 생각한다. 그러므로 하나님께서는 사람들이 실제로 얼마나 스스로가 전적으로 무력한 존재인가를 고백하기 전에 그들이 참으로 그들 자신을 알도록 하셔야만 하신다.

하나님의 율법을 지켜서 선을 행할 수 있는 사람은 없다는 것을 세상에 보여 주기 위해서 율법 세대 하에서 1,500년 이상이 걸렸다(시 14:3).

Chapter 37
혼의 잠재력

우리 시대에, 마귀의 일은 사람의 혼을 휘저어 영적인 능력 대신에 속임수로 혼 안에 있는 잠재력을 풀어주는 것이다.

기독교와 다른 종교의 유일한 차이점은 우리의 모든 기적은 성령을 통해서 행해진다는 것이다. 반면에 다른 종교 체계는 사탄이 그의 능력을 분명하게 보여 주기 위해 사람의 혼의 힘을 사용하도록 하는 것이다.

사탄의 계획은 그가 에덴동산에서 시작했던 것을 완수하는 것이다. 그때 사탄이 사람의 혼을 지배하려는 소행을 시작했지만, 완전히 성공하지 못했다. 왜 그런가? 이는 타락 후에 사람의 전 존재는 그의 혼 안에 있는 능력을 포함해서, 사람 자신의 육신에 지배를 받기 때문이다. 우리 시대에, 사탄은 그가 이전에 끝내지 못한 일을 끝내려고 준비하고 있다. 일단 사탄이 완전히 사람을 속이면, 그는 사람들의 모든 혼의 잠재력을 풀어 놓으려고 한다. 이것은 사람들이 그들 자신을 전적으로 사탄에게 내어 주어서 그를 숭배하는 그날에 성취될 것이다.

성령의 모든 역사는 사람의 영을 통해서 행해진다. 한편 악마의 역사는 모든 사람의 혼을 통해서 행해진다.

기독교에서 최고의 성취는 무엇인가? 그것은 하나님과의 완전한 연합과 자아의 완전한 상실이다.

오늘날 교회 안에는 많은 결점이 있다. 대다수의 믿는 사람들은 성경을 해설한 것에 불과한 것에 관심이 있다. 그들의 지식은 우수하다. 그런데도 그들은 그들 안에 있는 영적인 생명의 성장에 관심도 없고 추구하지도 않는다.

대다수의 사람들은 그들 주변의 환경을 바라보고 환경의 영향을 받는다. 그러나 만일 우리가 우리의 영의 생명이 성숙해져서 성령께 내어 드린다면, 그분을 통해서 우리는 그런 환경을 지배하고 있는 세력을 이기는 능력을 얻을 것이다.

영안에서 행해지는 것은 무엇이든지, 혼은 모방할 수 없다. 따라서 혼에 의해서 모방된 것은 무엇이든지, 영을 가장하기 위한 다름 아닌 바로 그 목적의 역할을 한다.

하나님께서는 그분 자신의 능력으로 역사하신다. 따라서 우리는 하나님께서 우리의 혼의 생명을 묶어 주시도록 구해야만 한다.

성령의 역사는 특이하다. 때문에 성령께서는 결코 그분의 역사하심 속에서 사람의 손을 주무르시는 것을 관대하게 다루지 않으신다.

주 예수님께서는 완전하셨다. 그런데도 그분은 스스로 어떻게 할 수가 없고, 어찌할 도리가 없어, 하나님을 의지하는 삶을 사셨다(요 5:19). 만일 주 예수님께서 우리에게 그 길을 보여 주셨다면, 우리가 따라야 하지 않겠는가?

Chapter 38
그리스도의 몸-실체

생명의 가장 특징적인 표현은 생명의 의식이다. 만일 의식이 없다면, 아마도 생명이 없을 것이다.

그리스도의 몸의 생명을 경험하고 있는 모든 사람들은 그리스도의 몸에 대한 의식이 있을 것이다.

하나님의 생명이 있는 사람들에게 특이한 것은 그들이 외부적으로 거짓말을 할 때, 그들은 마음속에서 기분이 좋지 않은 느낌이 든다. 이는 그들이 교리적으로 거짓말하는 것이 나쁘다는 것을 알기 때문이 아니라, 거짓말을 하면 마음속으로 고통을 느끼기 때문이다. 이것이 참으로 그리스도인이 되었다는 것을 의미하는 것이다.

그리스도인은 사람들에게 외부에서 들은 것에 따라서 행동해서는 안 된다. 오히려 그는 마음속에서 들은 것에 자극을 받아야 한다.

만일 어떤 사람의 마음속에 하나님의 사랑이 있다면, 믿는 사람들의 사랑이 거기에 있다. 만일 하나님의 사랑이 없다면, 형제 사랑 또한 없다.

그리스도의 몸에 대하여 "알고" 따라서 몸의 의식을 지니고 있는 사람은 그가 하나님의 자녀들로 하여금 불화를 일으키게 하거나 분열시키는 어떤 일을 하면, 마음속에 견딜 수가 없는 느낌이 든다.

만일 당신이 진정으로 그리스도의 몸을 경험했다면, 당신은 당신의 이기적인 모습이 보일 때마다, 무엇인가 잘못되었다는 의식이 있을 것이다.

몸은 하나이기 때문에, 일을 당신이 하든 다른 사람이 하든 차이가 없다. 이는 몸은 몸의 모든 지체들의 역할을 인정하기 때문이다.

교제는 외적인 사교 활동이 아니다. 교제는 몸의 자연스러운 필요이다.

만일 당신이 참으로 그리스도의 몸을 경험하고 인정한다면, 당신은 하나님의 자녀들에 대한 사랑스러움, 분열시키는 잘못, 교제의 필요성, 그리고 당신이 그리스도의 몸의 지체로서 가지고 있는 책임에 대해서 자각하고 있는 것이다. 모든 이런 자각하는 면들은 몸에 대한 의식 때문에 일어난다.

만일 우리 눈이 몸을 인정하도록 주님에 의해서 열려있다면, 우리는 또한 권위를 인정할 것이다. 몸을 알고 있는 사람은 단지 몇 사람만이 함께 모여도, 그들 가운데 누가 권위가 있는지를 분별할 수가 있다.

만일 우리가 진정으로 주님께 처리되었다면, 곧 만일 우리의 육신이 선천적인 생명의 중추가 깨어지는 것과 같은 조치가 있었다면, 우리는 적어도 우리 자신을 하나님께서 그리스도의 몸에 맡기신 권위에 복종할 수 있다.

만일 우리가 그리스도의 몸의 생명을 이어가기를 원한다면, 우리는 우리 자신들의 머리들(권위를 받은 자들-역주)에게 모자를 씌워 주어야만 한다. 곧 우리는 개인적인 의견, 독선적인 의지, 또는 이기적인 생각을 가지고 있어서는 안 된다.

만일 당신이 머리(그리스도-역주)와 좋은 관계를 유지하려면, 당신은 몸(교회-역주)과 좋은 관계를 가져야할 것이다. 당신은 그들의 머리, 곧 다윗에게서 사람들을 분열시킨 압살롬과 같이 되어서는 안 될 것이다 (삼하 15:1-14).

몸의 정반대는 개인이다. 몸의 실체로 들어가려면, 우리는 개인주의로부터 해방되어야만 한다.

하나님께서 나를 앞선 위치에 두시든지 나중 위치에 두시든지는 문제가 되지 않는다. 둘 다 내가 공평하게 받아들일 수 있는 것이다. 오직 그리스도의 몸을 보지 못하고 알지 못하고 그리고 경험하지 못하는 사람만이 교만과 질투심의 감정을 품는다.

몸의 한 지체의 패배는 실제로 전체 교회에 손상을 입힌다.

우리는 교리를 검토하고, 분석하고, 탐구하는데 너무 많은 시간을 허비해서는 안 된다. 왜 그런가? 이는 교리는 현실적인 삶의 어려움을 만났을 때, 당신을 지탱해 줄 수 없는 갈대와 같기 때문이다. 오직 교리가 아닌, 하나님만이 삶의 어려움을 견디어 내게 하실 수가 있다.

참으로 한 지체를 보는 눈이 뜨일 때, 몸 전체를 볼 수가 있다. 다른 말로 말하면, 영적인 것들에 대한 통찰력이 있는 그리스도의 몸의 지체는 몸의 눈이 되어서 몸에 시력을 준다.

생명이 없는 사람은 단지 그 한 사람만 아멘을 해도, 모임에 죽음을 초래한다. 그러나 생명이 있는 사람은 단지 그 한 사람만 아멘을 해도, 모임에 생명을 줄 수 있다.

주님을 위해서 살고 자아로부터 해방된 사람의 외면적인 삶의 가장 중요한 부분은 그가 교회 안에서 그의 역할을 분명하게 보여 줄 수 있다는 것이다.

그리스도의 생명과 능력은 몸을 통해서 가장 풍성하게 나타나는 것을 볼 수 있다. 이 때문에, 사탄은 그리스도의 몸의 "분열"을 초래하려고 애를 쓴다.

사탄은 우리가 그의 파멸시키려는 계획을 실행하기를 갈망하도록 하기 위해서 우리의 타락한 육신, 우리의 교만한 자아 그리고 세상을 이용한다. 만일 이런 요소가 우리의 삶속에 여전이 있게 내버려 둔다면, 우리는 사탄에게 그가 분열시키는 일을 시작하는데 필요한 도구를 주는 것이다.

우리는 단 한 가지 필요한 것이 있다. 그것은 내부를 하나님께 향하여 그분이 십자가와 성령의 여과를 통해서 우리를 깨끗케 하시고 더러움을 제거하시도록 하는 것이다. 그 결과 사탄이 우리 안에 섞어 놓은 모든 부정한 것에서 깨끗케 되는 것이다.

하나님께서 찾으시는 그릇은 개인이 아니라, 몸이다.

몸의 불순종하는 부분은 어느 부분이든지, 그 부분은 마비를 경험한다. 생명이 충만한 사람은 권위에 순종한다.

Chapter 39

영적인 실재 또는 망상

성령 안에 있는 것만이 영적으로 실재(實在)한다. 모든 영적인 것들은 성령에 의해서 생명을 공급받기 때문이다. 일단 어떤 것이 성령 밖에 있으면, 그것은 문자, 형식, 그리고 교리로 변한다. 따라서 그것은 죽은 것이다. 영적인 것들은 성령 안에 있을 때만, 실재하고 살아있고 생명이 충만하다.

아무도 물질적인 세상으로 돌린 그의 눈으로는 영적인 것들을 결코 깨닫지 못하는 것처럼, 마찬가지로, 아무도 그의 두뇌로는 영적인 영역을 충분히 생각할 수 없다.

경이적인 일은 당신이 실재를 접촉한 후 일어난다. 그러나 당신이 실재를 접촉하지 않았거나 또는 실재에 들어가지 않은 누군가를 만날 때마다, 당신은 즉시 그것을 감지한다.

성경이 무엇인가 "진리"라고 부르는 것이 있다. 그것은 다름 아닌 바로 실재이다. 이 진리, 곧 이 실재에 관하여, 우리는 교리, 문서, 인간의 생각, 그리고 인간의 수단에 의해서 전달을 받는다.

우리는 영과 진리로 하나님을 예배해야만 한다(요 4:24). 영에 속한 것은 실재다. 영에 속하지 않은 것은 실재가 아니다. 영이 하나님을 접촉할 때, 진리가 있고, 영이 하나님을 접촉하지 못할 때, 진리는 없다.

사람이 성령의 실재를 접촉할 때, 그는 생명을 접촉한다. 만일 그가 접촉하는 것이 단지 교리라면, 그는 생명을 경험하지 못할 것이다.

계시가 없다면, 사람들은 주님께서 어떤 분인지를 알 수 없다. 이는 사람이 다만 그리스도를 뚜렷이 볼 수 있는 것은 계시를 통해서 뿐이기 때문이다. 우리는 그리스도는 우리의 외부의 감각 기능, 곧 시각, 청각, 그리고 촉각과 같은 것으로 경험되지 않는 다는 것을 기억하지 않으면 안 된다. 성령이 없이는, 아무도 그리스도의 실재를 지각할 수 없다.

대다수 그리스도인들은 그들의 믿음이 역사하지 않는 것처럼 보이기 때문에 낙담한다. 그들은 수년 동안 말씀을 들었지만, 그들이 아는 모든 것이 여전히 효과가 없다고 불평한다. 왜 그런가? 이는 육신의 손으로 그리스도를 만지게 하는 것은 결코 바람직한 결과를 낳지 못할 것이기 때문이다.

믿음이 역사하느냐 또는 역사하지 않느냐 하는 것은 믿음이 실재를 접촉했는지 여하(如何)에 달려있다.

우리는 육신 안에 계신 그리스도는 육신의 손, 눈, 그리고 귀로 만질 수도, 볼 수도, 들을 수도 있다는 것을 이해해야 한다. 그러나 성령 안에 계시는 그리스도는 우리가 단지 성령 안에서만 이해할 수 있다.

우리는 참으로 우리가 어떤 사람인가에 준해서 하나님 앞에서 사는 법을 배워야만 한다. 그러므로 우리는 그분이 우리에게 영적으로 실재를 접촉하게 해 주시도록 구해야 한다.

분별하는 능력은 우리가 이미 경험한 것으로부터 나온다. 만일 우리가 어떤 문제의 영적인 실재를 접촉했다면, 어느 누구도 다름 아닌 그 문제에 있어서만은 우리들을 속이지 못할 것이다. 마찬가지로, 어떤 문제에 있어서 영적인 실재를 접촉한 사람은 그것이 일어나자마자, 자연적으로 가짜를 간파(看破)하지만, 한편 다른 사람들은 속을 것이다.

자신을 과대 평가하는 사람들은 다른 사람들에게 속임을 당하기 일쑤다. 만일 우리가 무엇인가 우리 자신 속에 있는 것을 보지 못한다면, 우리가 어떻게 다른 사람들 속에 있는 것을 보기를 바라겠는가?

영적인 분별력은 다만 우리 자신이 바로 실재를 접촉한 후에만 생긴다. 실재를 접촉하지 않은 사람은 두 사람 곧, 자기 자신과 영적으로 같은 범주 안에 있는 사람을 속인다. 그럼에도 불구하고 그는 성령에 속한 것을 아는 사람, 곧 성령 안에서 성령에 따라서 사는 사람을 속일 수는 없다.

죄는 쉽게 분간되지만, 자아에서 일어난 "선"은 그렇게 쉽게 간파되지 않는다.

우리가 실재를 만날 때, 그 결과는 생명이다. 모든 다른 만남은 죽음으로 끝난다.

실재가 없는 설교는 무가치하고 무익하다. 그것은 그리스도의 몸을 충족시킬 수 없기 때문이다. 예수님의 생명이 다른 사람 속에 나타나기 시작하는 것은 다만 예수님의 죽으심이 우리 안에 역사한 후이다.

만일 우리가 실재를 접촉했다면, 우리는 노력할 필요 없이 실재를 다른 사람들에게 채워 줄 것이다. 이는 교회에 필요한 것을 충족시키는 것은 우리가 개인적으로 접촉한 하나님의 실재이기 때문이다.

계시는 모든 영적인 향상의 기초이다. 그러나 계시가 기초인 반면에, 훈련은 건축이다.

성령의 모든 역사 중, 가장 중요한 것에 속하는 것은 두 가지이다. 곧, 성령의 계시와 성령의 훈련이 있다. 첫 번째는 우리에게 영적인 실재를 알고 보게 한다. 한편 두 번째는 그 영적인 실재의 경험 속으로 우리를 인도한다.

날마다, 성령께서는 우리를 영적인 실재 속으로 인도하실 기회를 찾으신다. 만일 우리가 이 훈련을 받아 들이기를 거절한다면, 우리는 성령께서 우리를 그 실재 속으로 인도하실 기회를 거절하는 것이다. 아쉽게도 사람들은 너무 자주, 어려움이 닥칠 때, 쉬운 방법을 선택하거나, 또는 단지 어려움을 돌아서 간다. 이렇게 하여, 어려움은 피할 수 있을지는 모르지만, 성령께서 는 그들을 영적인 실제 속으로 인도하실 기회를 놓쳐 버린다. 주님의 영이 생명과 실재를 주실 적당한 기회는 없는 것이다. 따라서 성령의 이러한 훈련을 교묘히 피함으로서, 대다수 그리스도인들은 영적인 실재 속으로 들어가지 않는다. 그 결과 몸(교회-역주)은, 대체로, 여전히 병이 들어 허약하다.

다른 사람을 속이는 사람은 거짓말쟁이다. 자신을 속이는 사람은 망상에 사로잡힌 사람이다. "망상"이란 용어는 자기기만을 의미한다. 망상은 마음의 문제이기 때문에, 교만한 대다수 사람들은 망상(妄想 : 근거가 없는 주관적인 신념. 사실의 경험이나 논리에 의하여 정정되지 아니한 믿음-역주)에 사로잡혀 있다.

거짓말하는 사람은 겉껍질은 두껍지만 속은 마른 사람이다. 그가 겉으로 자신 만만 하면 할수록, 내적으로는 더 든 것이 없다. 그러나 망상에 사로잡혀 있거나 또는 자기를 기만하는 사람은 외적으로나 내적으로 자신 만만하고, 또한 외면이나 내면이 굳어있다.

그리스도인이 가장 두려워해야 하는 것은 자신이 생활 속에서 죄를 짓고 있으면서도 그 죄를 보지 못하는 것이다. 죄를 짓는 것은 부패의 문제이지만, 죄를 보지 못하는 것은 어둠의 문제이다. 부패는 매우 위험하지만, 그러나 부패에 어둠을 더하는 것은 극히 위험하다.

모든 망상 또는 자기기만은 원인이 있다. 한 가지 원인은 사람들이 빛보다 어둠을 더 사랑하는 것이다(요 3:19). 어둠은 망상의 주요한 이유이다.

하나님의 빛을 경험한 사람은, 당신을 만나자 마자, 당신의 본래의 성품을 분별하고 당신의 결점을 지적할 수 있다. 그것은 그가 당신의 흠을 들추려고 애를 쓰기 때문이 아니다. 오히려, 그의 분별력은 오로지 그의 마음의 눈이 선명하기 때문이다.

교리 또는 가르침을 통해서 우리의 결점을 아는 것은 피상적이다. 하나님의 영의 빛 속에서 우리의 결점을 파악하는 것은 최적의 완전한 방법이다.

Chapter 40
"계시록"의 보조 자료

구원은 기꺼이 주어진 것이다. 구원은 획득할 수 없다(롬 6:23).
그러나 상급은 다른 문제이다. 상급은 기꺼이 받는 것이 아니다. 선행을 통해서 얻어야만 한다. 상급은 각 성도들의 행위에 따라서 주어진다(고전 3:8, 14).

성경에 의하면, 우리 앞에 제시된 목적은 두 가지다. 우리가 아직 죄인이었을 때, 목적은 구원이다. 우리가 구원을 받고 믿는 사람이 된 후, 목적은 상급이다. 구원은 죄인들을 위해서 준비되었다. 상급은 믿는 사람들을 위해서 준비되었다.

누구든지 구원을 받은 후, 하나님께서는 그가 달릴 수 있도록 그를 생명의 경주로 위에 두신다. 만일 그가 경기에서 이긴다면, 상급을 받을 것이다. 그러나 그가 패한다면, 상급이 없다. 그럼에도 불구하고 그가 비록 경주에서 이기지 못하였다 할지라도, 그는 영생을 잃어버릴 수 없다(고전 3:14-15). 구원이란, 경주에서 이김으로, 상급이 선물(구원)에 더하여 추가될 것이라는 소망으로 경주를 달리도록 권한을 주는 선물인 것이다.

구원은 얻기에 아주 쉽다. 이는 주 예수님께서 이미 우리를 위해서 모든 것을 성취하셨기 때문이다. 상급은 다소 얻기에 더 힘이 든다. 이는 상급은 우리가, 우리의 솔선에 의해서, 그리스도를 통해서 성취하는 일에 달려있기 때문이다.

죄인이 선행으로 구원받을 수 없는 것처럼(엡 2:8-9), 또한 성도는 단지 믿음만으로는 상급을 받을 수 없다(마 16:27). 구원은 믿음에 근거한다. 상급은 행위에 근거한다. 둘 다 믿음에 근거하지만, 믿음이 없이는 구원이 없고, 행위 없이는 상급이 없다.

구원이란 무엇인가? 구원은 멸망치 않고 영생을 얻는 것이다(요 3:16). 그런데도 구원은 영광 중에 있을 우리의 지위를 결정하는 것은 아니다. 우리의 지위는 사실 상급에 의해서 결정되기 때문이다(마 10:40-42, 실례 참조). 상급이란 무엇인가? 상급은 천년 왕국에서 그리스도와 함께 통치하는 것이다(계 20:4-6). 믿는 사람들은 모두 영생이 있다. 그러나 믿는 사람들이 모두 그리스도와 함께 통치할 권리를 상으로 받지는 못할 것이다.

구원은 하나님께서 우리의 죄에 따라서 우리에게 갚으시는 것이 아니라, 오히려, 주 예수님을 믿는 모든 사람을 구원하시기 때문에, 하나님의 은혜를 나타낸다(딤후 1:9). 상급은, 반면에, 하나님께서 그들의 선행에 따라서 성도들에게 보상하시기 때문에, 하나님의 의(義)를 나타낸다. 죄인들을 구원하는 것은 하나님의 은혜의 행위이시다. 성도들에게 상급을 주는 것은 하나님의 의(義)의 행위이시다. 충성스럽게 하나님을 섬기는 사람은 누구든지 상급을 받을 것이다.

성경의 마지막 책인 계시록은 믿는 사람들의 구원의 문제에 관해서는 아주 적게 언급한다. 그보다는 계시록은 분명하게 그들의 상급 문제에 초점을 맞춘다.

마지막 날이 우리에게 임하기에 앞서서 일어날 하나의 사건은 승리하는 믿는 사람들의 휴거이다. 그들의 삶 속에 깊이 역사한 십자가를 지니고 있는 모든 사람들은 휴거될 것이다. 그러나 구원을 받고, 여전히 세상과 섞여서 죄와 타협하는 사람은 세상에 남아서 큰 환란을 겪을 것이다. 단지 승리하고 깨어있는 성도들만이 주님께서 오실 때, 맞이할 준비가 되어 있을 것이다.

Chapter 41

하나님의 일

비록 우리가 하나님의 일을 할 수 없을지라도, 그것은 절대적으로 완전히 하나님의 일임으로, 우리는 그분의 영을 통해서 협력자가 될 수 있고 함께 일하는 자로 초청을 받았다. 이것은 그분과 함께 일하는 자가 되도록 하기 위해 우리를 구원하신 하나님의 목적이다.

누가 하나님의 동역자인가? 그는 하나님께서 그분의 영원하신 목적을 수행하도록 임명하신 사람, 그 일만 하는 사람이다.

나는 내가 하나님과 함께 일하고 있는지를 어떻게 알 수 있는가? 이것은 쉬운 대답이다. 당신은 당신이 하고 있는 일에 만족하고 있는가? 만일 당신이 하나님의 마음을 만족시켜 드리지 못한다면, 당신은 당신 자신을 만족시키지 못할 것이다.

천국의 입구에는 십자가가 서 있다. 들어가는 모든 것은 그리스도다. 우리에게 속한 것(육신)은 아무것도 들어가지 못한다. 바꿔 말하면, 우리 안에 있는 그리스도의 순수한 생명은 모두 하나님께서 영원히 인정하시고 그분과 관련이 있는 모든 것이다.

하나님께서 교회에 명하신 직무는 "성도들을 온전케 하는 것이다"(엡 4:12, KJV). 몸의 지체는 몸을 위한 것이고, 몸의 지체들에게 주어진 은사는 몸을 위한 것이다. 둘 다 몸을 세우기 위한 목적을 위한 것이다.

몸의 목적은 믿음의 일치를 달성하는 것이다(엡 4:13). 해가 지나면 지날수록, 우리는 하나로 부름 받은 사람들 가운데서 점점 더 분열과 파벌을 보는 것은 얼마나 슬픈 일인가!

몸의 생명은 우리가 배울 수 있는 것이 아니다. 몸의 생명은 매우 자연스럽고 자발적인 것이다. 몸의 생명은 우리의 머리로서, 우리, 곧 그분의 몸을 통해서 사시는 그리스도의 생명을 표현하는 것이다.

하나님의 영원하신 목적은 결코 이해할 수도 없고 또는 마음으로 터득할 수도 없다. 그것은 계시를 통해서 나와야만 한다. 모든 영적인 역사는 계시에서 나오며, 계시 이외에 영적인 역사는 없다.

만일 우리가 쥐는 것이 단지 교리(敎理 : 종교상의 원리나 이치-역주) 또는 교의(敎義 : 진리로 여기고 있는 종교상의 가르침)라면, 그것은 잠시 후에 우리를 떠날 것이다. 그러나 만일 우리가 깨달은 것이 빛 또는 계시라면,

그것은 생명이다. 우리는 그것으로부터 벗어날 수 없다.

만일 우리가 진정 계시로 무엇인가를 보았다면, 우리는 우리가 보았던 것을 본 것이다. 그것은 결코 우리를 떠나지 않을 것이다. 그리고 우리는 항상 볼 것이다.

우리가 지니고 있는 모든 영적인 것은 계시를 통해서 얻으며 이와 같은 순서로 얻는다. (1)빛, (2)계시, (3)생명, 곧 하나님의 생명, 그리고 (4)그분의 풍성하심(그분의 모든 것).

하나님과 함께 일하는 자가 되려면, 우리는 계시가 있어야만 한다. 그렇지 않으면, 우리는 그분의 영원하신 목적을 위해서 일하고 있는 것이 아니다. 더욱이, 만일 우리가 하나님의 영원하신 목적을 깨닫지 못했다면, 우리는 결코 하나님께서 우리에게 하도록 하신 각각의 일을 결코 깨닫지 못할 것이다.

왜 우리가 계시가 있어야만 하는가? 하나님의 빛은 그분께 속하지 않은 모든 것, 곧 사람에게 속하는 모든 것을 소멸시키기 때문이다.

만일 우리 일이 단지 사람을 모으는 것이라면, 사람이 그것을 성취하는 데 있어 아주 중요한 역할을 할 것임이 분명하다. 그러나 만일 우리의 일이 그것의 목적으로서 몸을 세우는 것이라면, 사람은 완전히 제외되어야만 한다. 이는 몸은 그리스도이며, 몸은 모든 것이 그리스도를 위한 것이기 때문에, 그러므로, 사람은 결코 들어갈 수 없기 때문이다.

참으로 몸을 최대한 가르쳐 감화시키고 돕는 것은 은사가 아니다. 그것은 또한 하나님께서 주신 은사가 있는 사람들의 말하는 능력도 아니다. 참으로 몸을 최대한 가르쳐 감화시키고 돕는 것은 우리가 교제하는 사람들, 곧 십자가를 깊이 경험하고 십자가를 날마다 지는 사람들 속에 있는 생명이다.

은사로 교회 자체를 세우려고 하는 교회는 항상 세속적인 교회로 끝날 것이다. 은사는 유아 단계에서 교회를 세우는 것이기 때문이다. 이것은 왜 그런가? 이는 은사는 사람의 내면을 변화시키지 못하기 때문이다. 단지 십자가만이 사람의 내면을 변화시킨다!

불행하게도, 교회에서 오늘날 관심의 초점은 사람이 말하는 것 또는 행동하는 것에 있다. 그 사람이 어떠한가에 대해서는 거의 중요시하지 않는다.

당신이 다른 사람들에게 주어야 하는 도움은 항상 당신 자신이 치러야 할 값에 비례하게 될 것이다. 값이 비싸면 비쌀수록, 당신은 더 많이 주어야 한다. 값이 낮으면 낮을수록, 더 적게 주어야 한다.

하나님께서 교회에 주신 은사는 두 종류가 있다. 하나는 기적, 치유, 방언 등과 같은 유형적인 은사이다. 다른 하나는 선지자, 교사, 목사, 그리고 전도자들과 같은 사역을 하는 사람들의 은사이다. 전자는 우리에게 교회 안에 그리스도의 생명을 더 많이 주지는 않는다. 이 은사들은 단지 하나님의 말씀을 실증한다. 후자는 하나님의 말씀 사역과 관계가 있다. 이 은사들은 교회 내부의 영적인 생명을 증진시킴으로서 교회 안에 있는 그리스도의 생명을 우리에게 더 많이 준다.

흘러나온 성령에 따라서 말 또는 초자연적인 능력으로 말하는 방법으로 나타날 수 있는 대언의 은사가 있다. 그러나 이것은 하나님께서 교회를 발전시키기 위해서 재치 있는 그릇으로 사용하실 수 있는 영적인 깊이, 경력, 그리고 성숙한 사람이 아무도 없을 때 단지 하나님의 일시적인 방법이다.

고난은 사역의 기본이다. 그리스도의 생명이 우리 안에서 분명히 나타나려면 우리에게 십자가의 상처 자국이 있어야만 한다. 주님의 생명이 우리를 통해서 흘러나와 다른 사람에게 흘러들어 갈 수 있는 것은 죽음이 우리 안에서 역사할 때 뿐이다.

요즘에 사역이 그토록 형편없이 천박하고 빈약한 이유가 무엇인가? 그것은 사역자들 자신이 그 만큼 적은 경험을 했다는 것이다. 참으로 영적으로 풍부한 사람이 얼마나 적고 귀한가.

당신은 아무리해도 옛 창조에 속한 것, 곧 옛날의 생각, 옛날의 재치 있는 태도, 옛날의 영리함, 옛날의 말재주, 또는 옛날의 능력을 성막(주님의 사역)으로 가지고 갈 수 없다. 단지 죽음을 겪은 것만이 하나님께 유용하다. 당신이 하나님께서 사용하시기에 쓸모가 있는 사람이 되기 전에 당신은 먼저 그분 앞에 당신의 죽은 막대기를 놓고 그것이 꽃이 피게 해야만 한다(민 17:1-8, KJV).

부활은 단 하나의 의미가 있을 뿐이다. 부활은 사람이 죽음을 겪고 새 생명을 얻은 것이다.

하나님을 위해서 일하는 것과 하나님을 섬기는 것은 둘이 별개의 일이다. 정말 하나님을 섬기는 일만이 하나님께서 받아들이실 수 있으시다.

성직을 시작하고 싶은 사람은 주님께서 그분의 생명을 죽은 막대기에 주입하시도록 주님 앞에 자신의 죽은 막대기를 놓아야만 한다(민 17:1-8, KJV). 그 후에 그는 그 막대기가 열매를 맺도록 기다려야만 한다. 멸절(滅絶 : 멸망하여 끊어짐-역주)되어야 할 생명이 그 막대기에 남아 있지 않을 때, 곧 죽었을 때, 그 막대기는 열매를 맺을 것이다.

성소에서의 직무에 있어서 불법은 무엇인가?(민 18:1). 그것은 부활 생명 이외의 것을 주님을 섬기는 곳으로 가져가는 것이다.

옛 창조에 속한 것을 신뢰하거나 또는 옛 창조에 속한 것을 주님의 일 안으로 가져 오는 것은 성소의 불법을 야기하는 것이다.

우리는 오직 하나님께 속한 것만으로 하나님을 섬길 수 있다. 하나님께로부터 나오는 것 이외에 어떤 것도 그분을 섬기는 데 사용될 수 없다.

Chapter 42

하나님의 계획과 이기는 자들

우리가 능력이 없는 이유는 전적으로 약하지 않기 때문이다. 그리스도의 능력은 약함 속에서만 완전해진다(고후 12:9, KJV). 승리하는 삶에 이르는 비밀은 그리스도께서 나를 능력 있게 만드시는 것이 아니라, 나의 약함에 그리스도께서 능력이 되시는 것이다.

우리가 여전히 우리 자신의 삶이 있는 한, 우리는 그리스도의 승리를 받아들일 수 없다. 그리스도께서 우리 안에 거하신다 할지라도, 우리가 그분께 통치의 지위를 넘겨 드리지 않았기 때문이다. 우리는 우리 자신의 어떤 삶도 끝나야만 한다. 이는 사람의 끝이 하나님의 기회이기 때문이다.

사람이 전혀 자신의 약함을 보지 못한다면, 그 사람은 결코 십자가를 받아들이지도 그가 지니고 있는 모든 것을 잘 처리하는 능력을 전적으로 주님께 넘겨드리지도 않을 것이다.

이스라엘 백성들이 성막과 적절한 관계를 유지하는 한, 그들은 승리했고, 다른 민족은 그들을 이길 수가 없었다. 그러나 이 관계에 문제가 있었을 때, 그들은 포로가 되었다. 때때로, 그들은 강력한 왕과 비상한 지혜가 있었지만, 문제가 되었던 모든 것은 하여간 그들이 성막의 궤의 규범을 어긴 것이 문제였다. 이것은 오늘날 하나님의 백성인 우리에게도 똑같은 사실이 적용된다. 우리가 그리스도께 최고의 지위를 넘겨드리지 않는다면, 우리는 이길 수 없을 것이다. "우리가 그분을 통해서 정복자들보다 더 나은 자들"이 되는 것은 결국 하나님께 최고의 지위를 넘겨드릴 때 뿐이다(롬 8:37).

그리스도께서 모든 것에 으뜸이 되시도록 하는 사람만이 지성소로 들어갈 수 있다.

우리의 성경 지식이 늘어나는 것이 영적인 성장이 아니다. 우리 안에서 그리스도께서 강해지시는 것만이 영적인 성장이다.

계시는 하나님께서 우리에게 객관적으로 주신 것이다. 빛은 하나님께서 우리에게 계시 안에서 주관적으로 보도록 하시는 것이다. 영적 통찰력은 빛과 계시를 포함한다.

능력을 경험하려면, 우리는 그리스도께서 그분의 생명의 보좌에 앉으시도록 해야 한다. 그리스도께서 그 사람 안에서 강해지실 때, 그는 능력을 경험할 것이다.

하나님께서는 종종 우리가 그분의 풍성하심을 인정하도록 하기 위해서 이 세상에 음식과 옷을 공급하지 않으심으로, 광야에서 이스라엘의 자녀들을 다루셨던 것처럼 우리들을 다루신다.

하나님을 위해서 일하는 사람은 많지만, 그분을 섬기지는 않는다. 이는 하나님을 위해서 일하는 것과 그분을 섬기는 것은 크게 다르기 때문이다. 그분을 섬기는 사람이 얼마나 적은가!

우리의 일에 있어서 성공의 정도(程度)는 우리의 일 속에 그리스도의 정도에 달려있다.

우리는 주님의 손안에 있는 **빵**이다. 사람들은 이 **빵**을 먹은 후, 그들은 **빵** 자체가 아니라, **빵**을 주신 분께 감사한다.

하나님의 중심은 그리스도이시다. 그리스도는 하나님의 목적과 계획의 중심이시다. 그러므로 우리의 메시지의 중심은 항상 그리스도가 되어야 한다.

하나님께서는 죄인들을 구원하기 위해서 복음을 전파 할 뿐만 아니라, 십자가상의 그리스도의 승리를 보여 주기 위해서 세상에 교회를 남겨 두셨다. 따라서 하나님께서는 우리가 그분의 아들의 승리를 보여 줄 기회를 만들도록 하기 위해서 사탄으로 하여금 세상에 남아 있도록 용인 하셨다.

신약 성경에서 볼 수 있는 세 가지 주요한 요점이 있다. 그것은 (1) 십자가 (2)교회 (3)왕국이다. 그리스도의 십자가는 구속을 성취하고 승리를 획득했다. 교회는 세상에서 십자가의 승리를 유지하고 드러내어 명백히 해야 할 책임이 있다. 왕국은 그 권위와 능력의 집행을 드러낼 것이다.

이전에는 우리가 우리의 옛 본성 탓으로 아담의 연장선이었던 것처럼, 지금은 새로운 본성 탓에 예수 그리스도의 연장선이 되는 것이다.

성경을 통해서, 우리는 육신은 성령을 좇아서 행함으로 이기고(갈 5:17-18), 세상은 아버지를 사랑함으로 이기고(요일 2:15), 그리고 사탄은 그리스도를 믿음으로 이긴다는 것을 본다(요일 3:8-9).

교회가 세상에 남아 있는 이유는 모든 곳에서 사탄을 묶음으로 그리스도의 십자가의 승리를 유지하고 보여 주는 것이다.

그리스도의 제자의 삶의 원칙은 이와 같아야 한다. 죽음이 내 안에서 역사하는 것처럼, 생명이 다른 사람 속에서 역사해야 한다(고후 4:12).

오늘날, 교회는 요단강 바닥에 서 있는 제사장들이 부족하기 때문에 승리를 얻기 위해서 본토(가나안 땅-역주)로 건너갈 수 없다(수 3:14-17, 참조).

하나님의 이기는 자들은, 한편, 그들 자신의 자아, 세상, 그리고 사탄을 부인하는데 충실해야만 한다. 다른 한편, 그들은 그리스도의 권위를 행사하는 법을 알아야만 한다.

보통 간구하는 기도는 땅에서 하늘을 향하여 기도하는 것이다. 명령 또는 권위 있는 기도는 하늘에서 땅을 향하여 기도하는 것이다.

사탄은 우리가 약하다는 것을 믿기를 원한다. 우리는 기쁨으로 이것을 그에게 확증해야 한다. 이는 우리가 약할 때, 그리스도께서 우리를 통해서 강하시기 때문이다. 그분의 능력은 우리의 약함을 통해서 완전해지신다(고후 12:9, KJV).

Chapter 43
지혜와 계시의 영

영원한 과거에, 하나님께서는 하나의 소원이 있으셨다. 그러나 다가오는 영원 속에서, 그분은 그것을 손에 넣으실 것이다.

은혜의 복음과 왕국의 복음은 두 복음이 아니다. 그런데도 하나의 복음이 두 개의 다른 관점으로 보였다. 사람의 관점으로 이해할 때, 그것은 은혜의 복음이다. 하나님의 관점으로 이해할 때, 그것은 왕국의 복음이다.

어떤 사람은 그가 새로 태어난 날에 자신에 대한 하나님의 선하심의 보배(매우 귀중한 사람을 비유하여 이르는 말-역주)를 보았고 그가 지금도 보는 것이 조금도 틀림없이 이전과 같지만 그의 삶에 영적인 진보가 없다.

우리가 강한지 약한지는 우리가 어느 정도 보는지에 따라 결정된다. 보는 사람은 강해지고, 보지 못하는 사람은 약해지게 된다. 그러므로 요지는 보는 것이다. 이는 우리가 경험에 이를 수 있는 것은 오직 보는데 있기 때문이다.

하나님의 능력은 얼마나 대단히 크신가? 하나님의 능력은 그리스도 안에서 역사하셨던 정도까지, 그 정도까지 교회 안에서 역사하실 것이다. 만일 우리 안에 나타난 능력이 그리스도 안에서 나타난 능력만 못하다면, 우리는 우리가 보지 못하고 이해하지 못한 많은 것들이 있다는 것을 인정해야 한다.

하나님께서 우리가 이해하기를 간절히 바라시는 것은 우리가 그분께 더 이상 얻을 것이 없다는 것이다. 우리에게 필요한 것은 우리가 그분께 이미 얻은 것이 얼마나 영광스럽고 부요하고 그리고 큰가를 충분히 이해하고 경험하는 것이다.

오늘날의 문제는 "하나님께서 역사하실까?"가 아니라, "우리가 하나님께서 이미 역사하신 것을 보는가?"이다. 둘의 차이는 엄청나다. 일단 우리가 이것을 이해한다면, 우리가 앞으로 해야 할 모든 것은 그분이 마치신 일을 붙잡는 것이다.

많은 사람들은 그들이 삶속에서 경험하는 약함과 실패로부터 어느 날 해방되기를 기대한다. 만일 그들이 단지 하나님께 그들의 눈을 열어 주시도록 한다면, 얼마나 비참한가! 주님께서 행하려고 하시는 것이 아니라, 이미 행하신 것을 우리에게 밝히는 것이 계시이다.

성경은 우리에게 이미 우리 안에 있는 "그분의 지극히 크신 능력"(엡 1:19)을 이해하기 위해서 우리가 더 큰 능력이 필요한 것이 아니라, 오히려 "지혜와 계시의 영"(엡 1:17)이 필요하다고 말씀한다.

우리에게 보게 하는 것은 계시의 영이며, 우리가 보는 것을 이해하도록 하는 것은 지혜의 영이다. 바꿔 말하면, 우리에게 꿰뚫어 보는 힘을 주는 것은 계시이다. 한편 이 통찰력의 주안점을 제시하는 것은 지혜이다.

주님을 아는 데 있어서, 우리가 보고 듣고 그리고 만지고 하는 것은 충분하지 않다. 이는 주님께서는 그보다 훨씬 더 크시기 때문이다. 오직 주님께 열려 있어서 하나님께로부터 계시를 받는 사람만이 그분을 하나님의 아들로 알게 된다.

사람의 가르침에서 나온 주 예수님에 대한 지식이 있다. 그러나 주님에 관한 그런 지식은 무의미하고 무익한 축에 든다. 주 예수님에 관해서 아버지께서 주신 지식만이 그분에 대한 참 지식이다. 왜 그런가? 이는 어느 누구도 아들로 말미암지 않고는 아버지께 올 수가 없고(요 14:6), 어느 누구도 아버지께 아들에 대한 계시를 받는 것을 제외하고는 아들을 알 수가 없기 때문이다(요 6:44).

오늘날 큰 문제가 교회 안에 있다. 문제는 그리스도에 대한 그들의 지식이 단지 가르침에서만 나온 사람들에게서 시작된다. 더욱이, 그분에 대한 이런 지식은 사람 자신의 영리함이나 지혜의 산물이기 때문에, 그것은 굳건히 서 있을 수 있는 반석이 아니다. 우리가 이것을 어떻게 아는가? 이는 그것은 밀릴 때, 쉽게 쓰러지기 때문이다.

단순한 교리란 무엇에 불과한가? 단순한 교리란 하나님께로부터 나온 어떤 빛 또는 그분과 직접적인 교제 없이 혈과 육으로 가르쳐지는 것이다. 단순한 교리에 불과한 것은 계시가 없고 영적으로 무익하다.

구원하는 것은 그리스도에 대한 교리가 아니다. 오히려, 구원하는 것은 하나님께서 계시하신 그리스도다.

만일 교회에 하나님의 계시가 부족하다면, 그렇다면 교회가 가지고 있는 모든 것은 전통이 될 것이다. 교회는 그때 실패할 수 밖에 없다.

오늘날 교회 안에 있는 많은 약함, 실패와 무기력은 계시에 대비되는 교리에 중점을 두는 탓으로 돌릴 수도 있다. 만일 사람이 교리만 듣고 빛을 받지 못한다면, 얻은 것은 살아계시는 그리스도가 아니다.

우리는, 믿는 사람으로서, 우리가 그분의 미래의 왕국의 능력을 미리 맛볼 수 있는 권리를 받았기 때문에, 매일 우리의 삶속에서 우리는 다가오는 그 왕국의 경험 속으로 나아갈 수 있다. 왕국의 능력을 이용하는 사람이 너무 적다는 것은 얼마나 슬픈 일인가!

만일 우리가 하나님께서 그리스도 안에서 우리에게 주신 것을 늘 충분하게 경험하기를 기대한다면, 우리는 그분께 우리 자신의 생각과 영리함으로부터, 과거, 현재, 그리고 우리의 미래에 갇힌 이 세상의 시간 개념의 한계로부터, 그리고 우리가 가지고 있는 성령 밖에 있는 모든 죽은 지식으로부터 우리를 해방시켜 주시도록 구해야만 한다. 이것이 일어날 때, 우리는 하나님께서 그리스도 안에서 우리를 위해서 행하신 모든 것 뿐만 아니라, 현재 있는 것, 그리고 살아있는 것을 보기 시작하게 된다.

우리가 하나님의 빛이 우리의 삶속에 들어와 우리에게 비추도록 할 때만이 우리는 우리의 진정한 상태, 우리 안에 있는 모든 어둠을 볼 수 있다. 이것이 일어날 때, 우리는 주님의 영광, 거룩하심, 그리고 심판에 직면하게 되고, 참으로 우리는 우리 자신을 몹시 싫어할 수 밖에 없다.

우리가 주님의 부활의 모습으로 주님과 함께 연합된 것은 우리가 단지 그분의 죽으심의 모습으로 그분과 함께 연합되었기 때문이다(롬 6:5, KJV).

그리스도는 생명의 근원이시다. 주님의 생명은 스스로 존재하는 생명이다. 주님께서는 생명이시다(요 11:25).

부활 생명은 죽음을 견디고 다시 살아난 생명이기 때문에, 부활이 무엇인가를 아는 어느 교회나 또는 사람은 어떠한 시련 또는 고난이라도 견디어낼 것이다.

하나님께서는 성경에서 하나님의 왕국, 하나님의 집, 그리고 하나님의 가족의 순서로 말씀하신다. 오늘날 그토록 많은 사람들이 이 가운데 아무것도 전혀 알지 못하는 것은 실로 얼마나 불행한 일인가! 하나님의 왕국이란 무엇인가? 그것은 세상에서의 하나님의 영적인 영역(領域 : 하나님의 주권이 미치는 범위- 역주)이다. 하늘의 왕국은 하나님의 주권과 통치를 보여준다. 하나님의 집이란 무엇인가? 그것은 하나님의 성품이 얼마나 영광스럽고, 사랑스럽고, 의로우신가를 보여준다. 하나님의 가족이란 무엇인가? 그것은 하나님의 사랑과 그분과 우리의 관계를 분명하게 보여 준다.

우리가 하나님의 자녀가 되었을 때, 우리는 확실한 권리와 권위를 받았다(요 1:12). 구원 받는다는 것은 우리가 교회에 들어왔다는 것 뿐만 아니라, 우리가 왕국에 들어갈 권리가 있다는 것을 의미한다. 그러나 오늘날 하나의 문제는 이렇다. 대다수 사람들은 마치 그들이 일단 교회에 들어가면, 모든 것을 얻은 것처럼, 교회를 지나치게 과장하여 말한다. 그들은 하나님의 왕국에 들어가는 것을 잊어버린다.

지금 교회의 가련한 처지는 실은 모두 우리 자신들이 만들어 놓은 것이다. 우리는 자신을 모든 것의 중심에 두고 주님께서는 단지 우리를 돕는 분으로 간주한다. 그 결과로, 하나님의 왕국의 실체가 우리의 삶 속에서 거의 나타나지 않는다. 우리가 이것을 어떻게 알 수 있는가? 이는 왕국을 조금이라도 붙잡는 사람은 변화되는 삶이 있기 때문이다. 그들은 이전과 같지 않다.

구원은 다름 아닌 바로 성령의 멍에 아래 놓이는 것이다.

구원을 받는 것은 단지 개인적인 기쁨이나 우리가 하기를 원하는 것은 무엇이든지 하는 기회를 얻기 위한 것도 아니다. 반면에, 구원은 주님의 사람들을, 그들이 생각하는 모든 생각, 그들이 말하는 모든 말, 그들이 행하는 모든 행동으로, 하나님의 주권에 복종하도록 이끄는 것이다. 이것이 왕국의 경험이다.

은혜의 복음은 주로 축복을 다룬다. 한편 왕국의 복음은 특히 사탄의 흉포한 압제에 대하여 주의를 돌리게 한다.

만일 그리스도인들이 혼을 구원하는 것을 이 세상에서 그들의 가장 큰 책임이라고 간주한다면, 그들은 하나님의 최고의 뜻을 성취하지 못한 것이다. 그들은 혼을 구원하는 그 것보다 훨씬 더 큰 책임이 있다는 것을 깨달아야만 한다. 그리스도인들은 하나님의 왕국에 들어옴으로서 이 세대를 끝내도록 해야 한다.

하나님의 자녀들이 하늘의 왕국의 "살아있는 증거"를 전하기 위해서 일어나는 곳은 어디든지, 하나님께서는 그분 자신이 강하시다는 것을 보여 주시기 위해서 그들을 대신해서 일어나실 것이다(역대하 16:9). 오직 충실한 증거만이 주님께서 일어나셔서 일하시게 할 수 있다.

Chapter 44

심판의 참뜻

창조의 역사는 죄가 결코 다시 들어오지 못하도록 보증하지 못한 반면에, 하나님의 최후의 심판의 실행은 죄가 영원히 소멸(消滅)될 것임을 보증할 것이다.

우리 각자 속에 있는 죄는 논쟁으로 고쳐지는 것이 아니라, 심판으로 고쳐진다. 심판 아래서 죄는 우리 안에서 쇠퇴(衰退)된다.

죄가 들어 올 때, 하나님께서는 죄를 해결하기 위해서 심판을 행사하신다. 심판 이외에 어느 것도 죄 문제를 해결할 수 없다.

십자가는 죄의 문제를 해결할 뿐만 아니라, 죄, 사탄, 그리고 사탄의 세상을 이긴다.

가르침과 계시는 엄청난 차이가 있다. 가르침은 누군가에게서 전해들은 후에 무엇을 하여야 할 것인가를 제시한다. 그런데 계시는 이미 완료된 것을 보는 것이다. 빛(계시-역주)이 들어 올 때, 문제는 해결된다.

만일 당신에게 짐이 되는 것들이 있다면, 당신은 하나님께서 그분의 강한 빛을 당신에게 비추어 주시도록 구해야 한다. 그러면 당신을 괴롭히는 것이 제거될 수 있다. 오늘날 당신 자신을 그분의 빛으로 심판을 받도록 해야 한다. 그 결과 당신은 나중에 심판의 보좌에서 빛으로 심판을 받지 않을 것이다.

오직 하나님의 자녀들만이 하나님의 끊임없는 심판을 누릴 특권이 있다. "우리가 세상과 함께 정죄를 받지 않도록 하기 위해서 주님께 징계를 받는다"(고전 11:32)는 것은 얼마나 큰 특권인가. 우리가 심판을 받는 것은 참으로 은혜와 기쁨이다.

어느 날 하나님께서는 죄의 능력을 완전히 멸하실 것이다. 그러나 오늘날 그분은 죄의 능력이 그분의 자녀들 안에서 먼저 파멸되기를 원하신다.

오늘날 하나님의 자녀들은 능력이 부족한 것이 아니다. 그들은 깨우침이 부족하다. 하나님께서 당신을 깨우쳐서 당신에게 당신의 죄의 사악함을 보여 주실 때, 그 죄가 당신을 떠난다.

만일 우리가 빛을 받아들이지 않는다면, 우리는 징계를 자초(自招)

해야만 한다. 우리가 어떤 문제에 있어서 빛의 심판을 받아들일 때, 우리는 용서를 받는다. 반면에 빛을 받아들이지 않는 사람은 징계를 받아야만 한다.

대다수 하나님의 자녀들은 반복된 징계 후에도, 빛을 보지 못하거나 또는 그것을 받아들이지 않는다. 이것은 수많은 징계가 의도된 목적에 미치지 못하는 이유이다. 사람들은 그들의 삶속에서 뒤틀린 것과 부당한 것을 보기를 꺼려한다.

사람들이 하나님께 가까이 가기를 원할 때, 그들은 징계를 받고, 그들이 그분께로부터 훨씬 멀리 있을 때, 세상의 번영을 누린다. 이것이 무슨 이유인가? 이는 우리가 하나님께 더 가까이 나아가기를 원하면 원할수록, 우리는 더 많은 징계를 받아야만 하기 때문이다(히 12:6).

우리는 하나님께서 우리에게 징계 없이 자유하게 하실 때, 아쉬워해야만 한다. 왜 그런가? 이는 믿는 사람들이 하나님께 버림을 받는 것보다 더 나쁜 것은 없기 때문이다. 징계를 받는 것은 아들이기 때문이다. 징계를 받지 않는 것은 사생아이기 때문이다(히 12:8). 만일 누군가에게 징계가 결코 없다면, 나는 그를 걱정할 것이다. 이는 징계는 하나님의 경고 역할을 하기 때문이다.

심판은 기본적으로 깨우치는 것이다. 일단 어떤 사람이 심판으로 때려 눕혀졌다면, 그는 즉시 가장 적은 양의 빛을 볼 것이다. 이것은 당연히 그에게 그 자신의 삶 뿐만 아니라, 다른 사람들의 삶을 분별하고,

판단하며 그들에게 배울 수 있도록 한다. 이것이 일어날 때, 영적인 향상이 의심할 여지없이 아주 눈에 뜨일 것이다. 그러므로 그분의 심판의 빛에 따라서 우리는 생명에 이르게 된다(시 119:156, KJV).

밖의 뜰(성막의 이방인의 뜰-역주)의 빛은 자연 그대로다. 성소에는, 인위적인 또는 사람이 만든 빛이 있다. 그러나 지성소에는, 자연 빛도 인공 빛도 없다. 단지 하나님의 영광의 빛만 있을 뿐이다. 그러므로 우리는 지성소에서만 모든 것을 하나님의 빛에 의해서 볼 수 있다.

교회는 지금 하나님의 심판이다. 바꿔 말하면, 교회는 교회의 직무로 하나님의 심판을 행사하는 것이다. 그러나 개신교는 "심판"이라는 말을 사용하기를 꺼리는 반면에, 로마 가톨릭 교회는 심판이라는 말을 부당하게 이용한다. 하지만 우리는 우리 스스로 영적인 본질을 찾아야 한다.

성경에 의하면, 심판은 교회에 있지만, 그러나 교회는 빛이 교회에 비출 때까지 심판을 할 수 없다. 따라서 교회는 고압적이 아니라, 가엾게 여겨야 한다. 교회는 교회 자신을 먼저 심판해야만 한다. 교회는 교회가 당연히 다른 사람들에게 하나님의 징계를 행사할 능력과 가치가 있으려면, 교회 자신이 회개 해야만 한다.

사랑은 하나님의 긍정적인 힘이다. 인내는 하나님의 기다리시는 힘이다. 그리고 분노는 하나님의 멸하시는 힘이다.

위로하는 것보다 책망하는 것이 더 어렵다.

책망하는 것과 꾸짖는 것은 아주 다르다. 약한 사람은 꾸짖을 수는 있지만, 책망할 수는 없다. 단지 성령의 훈련을 받은 사람만이 책망할 능력이 있다.

하나님께서는 그분의 영광을 보존하시고 죄와 무엇보다도 그분께 반하는 것을 뿌리째 뽑기 위해서 심판을 사용하신다.

믿는 사람들은 복음을 세상에 접촉케 하는 임무가 있는 하늘의 시민들이다. 그와 같은 자격으로, 세상에 있는 동안, 우리는 법을 지켜야만 하지만, 우리 자신을 세상에서 공적인 권리를 가진 시민으로 인식해서는 안 된다. 그보다, 우리는 우리의 하늘의 시민권에 대한 권리가 우선이기 때문에, 세상적인 권리를 주장하는 것을 몹시 망설여야 한다.

공직을 맡음으로 그리스도인의 특성을 보존하는 것은 불가능하다. 왜 그런가? 이는 세상 사람들은 공무원에게 상벌로 봉사하기를 요구하기 때문이다. 반면에, 하나님께서는 그리스도인들에게 사랑과 은혜로 봉사를 하도록 명령하시기 때문이다.

성경은 우리가 주인과 종이 되는 법에 대한 가르침이 있다. 그러나 우리는 주목해야 한다. 성경은 공무원이 되는 법에 대한 가르침은 없다.

복종은 행동의 문제이다. 반면에, 순종은 마음가짐의 문제이다. 하나님께만이 마땅히 무조건 복종할 가치가 있으시다. 하나님께서 주신 권위의 한계를 능가하는 모든 사람은 복종할 가치가 없다. 그러므로 그리스도인이 하나님과 달리 그의 국가, 또는 어떤 권위에 표하는 복종은 순종하는 권위이며 절대적인 것은 아니다.

일부 믿는 사람들은 세상을 개선시키기 위해서 나아간다. 그러나 불행하게도, 그들은 그보다는 결국 세상에 의해 더럽혀지는 것으로 끝난다. 무슨 까닭인가? 이는 우리는 세상 자체를 바꾸는 것이 아니라, 다만 세상 밖으로 사람들을 구출하도록 부름을 받았기 때문이다. 세상은 이미 하나님 앞에 사형선고를 받았다.

죄인들은 그들이 구원을 받기만 하면, 그들이 어떻게 구원받는가에 대해서 관심이 없다. 그러나 하나님께서는 의로우시기 때문에, 그분의 의로우신 본성을 유지하셔야만 하신다. 그러므로 하나님께서 우리를 구원하기 위해서 사용하시는 방침은 그분의 영광과 의(義)에 미치지 못할 수가 없다.

하나님의 사랑은 우리를 십자가로 인도한다. 그러나 십자가는 우리를 의(義)로 인도한다. 하나님의 사랑이 그분으로 하여금 우리에게 그분의 아들을 내어 주게 했다. 하나님의 의(義)는 우리에게 그분의 아들을 통해서 그분께 다가갈 수 있게 했다. 십자가 이전은 하나님의 사랑의 문제이다. 십자가 이후는 그분의 의(義)의 문제이다.

주 예수님의 의(義)가 우리를 구원하신다는 것은 신약성경에서는 가르치지 않는다. 성경이 말씀하는 것은 하나님의 의(義)가 우리를 구원하신다는 것이다. 주 예수님의 의(義)는 다만 그분께만 속한다. 그리고 그것은 하나님 앞에서 그분께 직무를 부여한다. 그러나 주 예수님 자신은 우리의 의(義)의 옷이다. 우리는 우리가 의롭기 때문이 아니라, 단지 그리스도 안에 있기 때문에 하나님께 다가갈 수 있다.

나의 죄를 처리하는 것은 그리스도의 피다. 그리고 죄인으로 나를 처리하는 것은 십자가다. 전자는 십자가가 없고, 후자는 피가 없다.

성경에서, 말씀하는 두 종류의 빛이 있다. 하나는 거룩이고, 다른 하나는 복음이다. 만일 우리가 복음의 빛 가운데서 행한다면, 하나님께서는 우리에게 휘장 뒤에 있는 그분의 거룩의 빛을 드러내실 것이다. 이것이 교제의 빛 가운데서 행하는 것이다(요일 1:7).

죄의 문제는 외적인 문제가 아니라, 내적인 문제이다. 우리가 그리스도인의 삶을 시작할 때, 우리는 우리의 행위가 사악함에도 불구하고, 우리의 마음이 선하다고 생각하는 경향이 있다. 그러나 우리가 주님께 대한 더 깊은 지식으로 들어갈 때, 우리는 우리의 행위가 선하다 할지라도, 우리의 마음이 사악하다는 것을 보기 시작한다.

믿는 사람이 그가 다시 태어난 후 알아야 되는 가장 중요한 두 가지는 이렇다. 중생으로 무엇을 얻었는가와 선천적인 자질이 얼마나 남아 있느냐 하는 것이다.

성경이 우리에게 결코 죄 때문에 우리 자신을 십자가에 못 박으라고 가르치지 않는다 할지라도, 성경은 우리에게 자아 때문에 십자가를 지라고 말씀한다. 이것은 주님께서 우리의 자아를 처리하시는 방법과 우리의 죄를 처리하시는 방법이 다르기 때문이다.

믿는 사람은 눈 깜짝할 사이에 죄를 이길 수 있지만, 그는 그의 생애동안 자아를 부인하는 것이 필요하다. 죄를 이기는 것은 성취된 사실이다. 자아를 이기는 것은 일생의 일이며, 나날의 일이다.

그리스도의 피는 죄를 처리한다. 십자가를 통해서 성령께서는 자아를 처리하신다.

한심스러운 것은 그토록 많은 그리스도의 사역자들이 죄인들에게 하나님의 완전한 구원을 제시하지 않는 것이다. 그러므로 믿은 것과 받은 것이 단지 완전한 구원의 반일뿐이다. 사람이 중생의 순간에, 하나님의 완전한 구원을 믿고 받는다면, 그의 그리스도인의 생활에서 죄와의 싸움에서 더 적은 패배와 자아와의 싸움에서 더 많은 승리를 경험할 것이다. 그러나 불행하게도 그러한 그리스도인은 드물다.

육신은 자아를 모든 것의 중심으로 만든다. 한편 영은 모든 삶을 그리스도께 집중시킨다. 그러한 일은 자아를 지배하여 승리를 얻을 때까지 모든 믿는 사람들 속에서 맹위를 떨치는 싸움이다.

하나님의 목적은 육신을 다시 고쳐 만드시는 것이 아니라, 육신의 생명유지에 필요한 중추(中樞 : 중심이 되는 중요한 부분-역주)을 멸하시는 것이다. 중생 때 그분의 생명을 사람에게 주심으로, 하나님께서는 우리가 육신의 자아를 멸하기 위해 그분의 생명을 사용하게 하실 작정이셨다.

세속적이라는 것은 육신의 지배 아래 있는 것이다. 그리고 영적이라는 것은 하나님의 영의 지배 아래 있는 것이다.

아무도 하나님의 완전한 구원, 곧 죄와 자아를 지배하는 승리를 얻지 못한다. 그것은 그가 하나님의 완전한 구원이 유효하다는 것을 모르기 때문이 아니라, 자신이 하나님의 완전한 구원을 얻으려는 결심을 하지 않기 때문이다.

그들의 의지로 죄를 이기려고 하는 사람은 비참한 그리스도인이다. 왜 그런가? 이는 이런 방법으로 얻은 어떠한 승리라도 주님께로부터 비롯되지 않았기 때문이다. 더욱이 그것은 본성의 변화가 아니기 때문에, 단지 일시적일뿐이다.

하나님께서는 우리에게 새 생명을 주실 때, 또한 우리에게 "생명의 성령의 법"을 주신다(롬 8:2). 이 법은 믿는 사람이 만일 그가 받은 새 생명의 본성을 따라간다면, 노력 없이 선을 행하도록 하는 것이다.

새는 날아 다니는 것은 아주 쉽지만, 수영하는 것은 매우 어렵다고 한다. 그리스도인은 이기는 것은 매우 쉽지만, 죄를 짓는 것은 아주 어렵다고 말할 수 있어야 한다. 아멘!

믿음은 두 가지 기본적인 원칙으로 구성되어 있다. (1)사람 자신의 노력을 그만 두는 것 (2)하나님께서 일하시도록 기다리는 것.

중생 때 하나님께서 우리에게 믿음을 주신 것과 같이, 하나님께서 우리의 일상생활을 위한 믿음도 또한 주셔야만 한다. 그러므로 모든 믿음은 하나님이 주시는 것이다. 그래서 우리는 항상 믿음을 공급받기 위해서 그분을 의지해야만 한다.

하나님께서는 우리가 우리 자신의 소원을 성취하도록 우리에게 믿음을 주지 않으신다. 이는 우리의 적절한 본분은 죽음이기 때문이다. 하나님의 뜻에 의하면, 믿는 사람은 주님의 뜻과 영광만을 위하여 세상에서 사는 것이다. 하나님께서 우리를 그분의 그릇으로 사용하기를 원하시더라도, 이것은 우리에게 자아의 죽음을 요구한다.

하나님께서 믿음을 주시자마자, 믿는 사람은 즉시 걱정 없이 마음의 편안함, 곧 믿음의 결과를 나타낸다. 인력(人力)으로 만들어 내는 것은 무엇이든지 믿음이 아니다. 그러므로 평온을 주지 못한다.

믿는 사람이 영적인 성장이 없는 이유는 두 가지가 있다. 첫째는 자신의 자아를 모르는 것이다. 다른 하나는 주님의 부요하심을 모르는 것이다.

우리를 향하신 성령의 역사의 첫 단계는 우리로 하여금 우리의 현상황이나 또는 삶에 불만을 느끼게 하는 갈망을 우리 안에 불러 일으킨다. 이것은 무슨 이유인가? 이는 성령께서는 그분이 채우는 일을 진행하시기 전에 비우는 일을 시작하셔야만 하기 때문이다.

우리를 비우게 하려는 목적으로, 성령께서는 우리에게 우리 스스로 이길 수 없는 어려움을 겪게 하신다. 이것은 우리에게 그분을 의지하도록 가르친다. 당신도 알다시피, 하나님께서는 그분이 우리를 채우시기 전에 우리를 완전히 비워야만 하신다.

하나님께서는 우리의 환경을 규제(規制)해서 그분 자신에 대한 더 깊은 지식뿐만 아니라, 우리 자신과 우리의 무지함에 대한 더 깊은 지식으로 인도하신다. 하나님께서는 때로는 우리를 실패하게도 하신다. 그 결과, 우리는 우리의 무지함과 무익함을 알게 된다.

우리가 비워지도록 하나님의 성령의 역사에 순종해야하는 것은 우리의 책임이지만, 성령께서는 우리를 채우실 책임이 있으시다.

하나님의 일에, 하나님께서는 그분과 함께 일할 사람들을 찾으신다. 하나님께서는 당신이 그분의 일을 하는데 필요한 것을 주기 위해서 부귀를 주신다. 만일 당신이 이 점에서 태만 한다면, 그분은 어쩔 수 없이 다른 사람들을 찾아내실 것이다.

아담이 하와를 위해서 지음 받은 것이 아니라, 하와가 아담을 위해서 지음 받은 것처럼, 이와 같이 세상에서 믿는 사람의 하나의 큰 목적은 그리스도를 위해서 사는 것이다.

Chapter 45

하나님의 증언

하나님의 증언은 하나님께서 그분 자신에 대해서 말씀하시는 것이다. 만일 하나님께서 말씀하지 않으신다면, 증언도 없다. 그러므로 사람이 하나님에 대해서 증언하려면 그는 하나님께서 그에게 전하기를 원하시는 말을 할 수 있도록 하나님 자신을 접촉할 필요가 있다. 사람은 단지 하나님께서 그에게 알려주시고, 보여 주시고, 드러내신 후에만 말해야 한다.

증언은 교리가 될 수도 있지만, 그러나 교리는 결코 증언이 될 수 없다. 왜 그런가? 이는 증언은 주님을 접촉하는 문제이기 때문이다.

부활은 오늘날 하나님을 섬기는데 있어서 유일무이한 조건이다.

하나님께서 그분의 사람들을 징계하시는 것은 그분 자신의 정당함을 입증하실 목적으로 그렇게 하신다. 그분은 그분의 거룩하심을 정당화하여야만 하신다. 만일 그분의 사람들이 진정한 증언을 주장할 수가 없다면, 그것은 하나님께서 그것을 정당화하기 위해서 나타나셔야 한다는 것을 의미한다.

하나님께서 우리를 징계하실 때, 하나님께서는, 사실상, 그분 자신의 정당성을 입증 하신다. 우리가 하나님의 징계의 손아래 순종하면 할수록, 더욱 더 그분은 정당성이 입증되시고, 그 결과 징계가 더 빨리 지나갈 것이다.

믿는 사람들 가운데 있는 하나의 문제는 일반적으로 세상 것이 아직도 우리 안에 얼마나 남아있느냐에 관심을 갖기보다는, 어떻게 됐든 우리가 세상에 남아 있는 것에 더 관심이 있다는 것이다.

실수하지 말라. 마귀의 가장 교활하고, 빈틈이 없고, 그리고 마음 놓을 수 없는 책략은 그리스도의 사람을 공격하는 것이다.

예수님은 누구신가-이것이 증언의 근거이다. 모든 거짓 가르침과 파멸시키는 교리는 직간접적으로 이 중심적인 주제를 공격한다. 이것들은 그리스도의 위격(位格 : 삼위일체의 하나-역주)을 공격한다.

오늘날, 예수 그리스도에 대한 증언은 교회, 곧 그리스도의 몸이라고 부르는 그릇 속에 맡겨졌다. 그것은 다음 방식으로 맡겨졌다. 첫째,

이 증언은 모든 계시된 진리의 총체이다. 둘째, 이 증언은 그릇 속에 포함된 진리의 능력이다.

우리가 구원을 받는 순간, 하나님께서는 그리스도 안에서 우리를 흠이 없고 완전하다고 보신다(골 1:28). 그러나 그리스도의 완전하심을 우리가 경험으로 나누어 주는 것은 이제 성령의 역사가 된다. 성령의 인도하심에 대한 우리의 믿음과 복종을 통해서, 그분의 임무가 성취된다. 이런 방법으로, 하나님께서 보시는 것과 우리의 경험이 실제로 연합된다.

우리는 주 예수님께서 "우리를 위해서"죽으셨을 뿐만 아니라, "우리와 함께" 죽으셨다는 것을 알아야 한다.

심판이 끝난 것은 오직 부활의 근거에 있다. 이 근거에서만, 더 이상 정죄가 없다.

구약에서, 하나님의 모든 은혜는 언약궤로부터 흘러 나왔다. 마찬가지로, 새 언약 기간에는, 하나님의 모든 은혜는 전적으로 그리스도를 통해서 우리에게 전달된다.

아마도 어떤 사람은 특히 그토록 많은 사람들이 하나님의 뜻을 육신의 수단으로 대체하고 있을 때, 왜 우리가 교회 안에서 하나님의 심판을 보지 못하는지를 물을 것이다. 이것은 때가 아직 심판을 내릴 그 상황에 이르지 않았다는 사실 때문일 수 있다. 그렇지 않으면 그것은 언약궤(하나님의 임재)가 이미 사람들 가운데서 떠났을 수도 있다(시 78:60-61). 그러나 어느 경우에나, 우리는 그분의 인내와 관용 때문에 주님을 조롱하는 무모한 짓을 해서는 안된다.

영적인 일에 있어서 가장 중요한 요소는 모든 것을 산(시내산-역주)에서 보여준 양식에 따라, 바꿔 말하면, 하나님의 조언에 따라 행동해야 한다는 것을 아는 것이다(히 8:5, KJV). 성막을 짓는데 있어서, 어느 것도 사람 자신의 개인적인 재량(裁量-스스로 판단하여 처리함-역주)에 맡겨지지 않았다. 마찬가지로, 하나님께서는 그분의 교회를 세우는 일에 대해서도 미리 정해진 계획이 있으시다. 어떤 대체 또는 변화도, 가장 좋은 의도로 성취된다 할지라도, 하나님께 받아들여지지 않을 것이다.

그리스도의 종의 영광은 하나님의 일을 하는데 있어서 그의 훌륭한 솜씨에 있는 것이 아니라, 오히려 그가 하나님의 뜻이라고 생각하는 것을 꼼꼼하게 이행하는데 있다. 주님의 의도를 알고 그것을 적절히 이행하는 것은 그리스도의 충실한 종의 영광이 되는 것이다.

하나님께서는 그분의 종들에게 개인적인 입안(立案 : 실행에 앞서 안을 세움-역주)을 위한 어떤 근거도 주지 않으셨다.

그리스도의 종에게 가장 큰 축복은 하나님께서 명하신 일을 알고, 그 일에 대해서 미리 정해진 행동 양식을 익히 알고, 하나님께서 지시하신 산에 도착하는 것이다.

하나님 앞에서 두 종류의 죄가 있다. 그것은 하나님께서 말씀하신 일을 행하지 않는 반역죄와 하나님께서 하라고 하지 않으신 일을 행하는 뻔뻔스러운 죄이다(시 19:13).

반역은 하나님께서 당신에게 하라고 맡겨주신 일을 하지 않는 것이다. 뻔뻔스러움은 하나님께서 전혀 명령하지 않으신 일을 행하는 것이다.

그리스도의 종에게 중요한 것은 하나님께서 그에게 무엇을 하기를 원하시는가를 알 뿐만 아니라, 그것을 언제 하기를 원하시는가를 알고, 그것이 성취되도록 하기 위해서 주시는 수단을 사용하는 것이다.

주님의 일에 대해서 말하면, 아마도 그분께 선택된 사람들보다도 자원봉사자가 더 많을 것이다. "내가 왔다"고는 말할 수 있지만, "내가 보내심을 받았다"고 말할 수 없는 사람들이 많다. 많은 사람들은 "내가 여기 있나이다. 나를 보내소서"(사 6:8, KJV)라고 말하지만, "가라"는 말씀을 기꺼이 기다리는 사람은 거의 없다(사 6:9). 이 때문에, 많은 하나님의 일이 소위 완전히 죽어 있다.

하나님께 드려진 모든 봉사는 둘 중 어느 한 근원으로 거슬러 올라갈 수 있다. 한쪽은 하나님께로부터 비롯된다. 다른 쪽은 사람에게서 비롯된다.

한쪽은 하나님께서 원하시고 바라신 반면, 다른 쪽은 사람이 하나님께서 바라실 것이라고 생각하는 것이다.

주님을 단지 피상적으로 아는 사람은 그들이 성경이 금하지 않는 것은 할 수 있다고 생각한다. 그러나 주님을 더 깊이 아는 사람은, 성경이 비록 그것을 금하지 않는다 할지라도, 하나님께서 하라고 명하지 않으신 것을 하려고 한다면, 주제 넘는 죄를 범할 것이라는 것을 안다.

선천적인 생명으로부터 나오는 것은 무엇이든지 동기가 얼마나 순수하고, 목적이 얼마나 선하고, 또는 결과가 얼마나 마음을 끄는지에 관계없이 하나님을 기쁘시게 할 수가 없다. 만일 그것이 하나님의 뜻에서 나오지 않는다면, 그것은 그분의 동의를 얻지 못할 것이다.

흔히, 하나님의 사람들은 그분이 단지 우리에게 섬김을 요구하시고 섬김의 방법은 우리의 재량(裁量 : 스스로 판단하여 처리함-역주)에 맡기셨다고 생각함으로 착각하고 있다. 얼마나 어이가 없는가!

주님께서는 그분의 백성들이 그분의 일을 돕는 것 이상으로 그분의 명령에 복종하기를 원하신다. 주님께서는 그분의 영광을 받들 어떤 사람도 필요로 하지 않으신다. 그러나 주님께서는 사람들 앞에 타당한 증언을 고무(鼓舞 : 격려하여 힘이 나게 함-역주)할 사람을 찾으신다.

우리의 지혜가 심판을 받고 우리의 생각이 죽음에 넘겨지지 않는다면, 우리는 결코 신적인 일을 수행할 수 없다.

주님에 의해서 처리되고 복종과 교제를 배운 후에, 우리는 그때 주님께서 사용하시기에 적합한 그릇이 되는 특권이 있다. 그러나 우리는 먼저 주님의 다루심을 받아들여야만 한다.

하나님께서는 사람들 앞에 두 가지 고려해야할 사항을 놓으신다. 첫째, 하나님께서는 죄인들에게 영생을 주신다. 둘째, 하나님께서는 이미 영생을 얻은 사람들에게는 왕국을 주신다.

그리스도인에게, 영생을 얻는 것은 이미 해결된 문제지만, 그러나 왕국을 얻는 것은 우리가 상을 얻기 위해서 얼마나 경주를 잘 하느냐에 따라 좌우된다(빌 3:14).

히브리서 기자는 우리 앞에 놓여 있는 것을 경주하는 것으로 비유하고 우리의 전진을 가로막을 수 있는 바로 두 가지 것을 언급한다. 그것은 "죄"와 "모든 무거운 짐"이다(히 12:1, KJV). 죄는 우리의 영적인 전진을 최대한으로 가로막는다. 죄는 사람들에게 경주할 자격을 박탈한다. 죄는 규칙을 위반하는 것이다. 그래서 규칙을 위반하는 사람은 경주를 하는 것이 허용되지 않는다. 그는 사이드라인 바깥쪽의 선수 대기석으로 가도록 명령을 받는다. 모든 무거운 짐을 버리지 않고는, 그것이 우리가 경주하는 것을 설사 방해하지 않는다 할지라도, 빨리 달리는 것을 틀림없이 가로막을 것이다.

경주를 하는 특권을 놓쳐버린 사람은 왕국에 들어가서 그리스도와 함께 통치하는 상을 잃어버린다.

왜 우리가 "인내"로 경주를 해야 하는가?(히 12:1, KJV). 이는 상은 출발 지점, 중간 지점에서 받는 것이 아니라, 오직 코스의 바로 종점에서 받기 때문이다.

히브리서 기록자는 예수님을 "우리의 믿음의 창시자와 완성자"라고 말씀한다(히 12:1, KJV). 그러므로 우리의 믿음이 그분 안에서 시작되어 끝나기 때문에, 우리는 주님만 바라보아야 한다. 그러면 주님의 거룩하심, 주님의 승리, 그리고 주님의 의(義)가 계속적으로 우리의 삶 가운데서 나타나게 될 것이다.

하나님께서 우리에게 십자가를 어깨에 지게 하실 때마다, 그분은 특별한 이유가 있으시다. 각각의 십자가는 각자 영적인 사명이 있다. 곧 그것은 우리의 삶 속에서 무엇인가 특별한 것을 성취하도록 보냄을 받은 것이다. 만일, 이 문제로, 우리가 하나님의 뜻에 따라서 인내한다면, 우리의 선천적인 생명은 더 깊이 처리될 것이고, 우리는 아들의 부활 생명으로 채워지기에 적합한 더 큰 수용력을 얻게 될 것이다.

그토록 많은 그리스도인들은 단지 바람에 따라서 항행한다. 그들이 주님께서 정하신 길 위에 있는지 그것이 나를 의아하게 여기게 한다.

세상을 사랑하는 것은 노력이 필요 없다. 세상을 따르는 것은 능력을 필요로 하지 않는다. 누구든지 그가 거스르는 바람이 분다는 느낌이 드는 것은 단지 주님과 함께 충실히 걷고 있을 때 뿐이다.

Chapter 46

영적 지식

그리스도인들은 두 종류의 지식이 있어야 한다. 하나는 성경 지식과 다른 하나는 하나님의 능력에 대한 지식이다(마 22:29).

일반적으로 말하면, 진심으로 주님을 찾는 사람 중에는 두 부류의 사람이 있다. 하나는 성경을 알지만, 하나님의 능력을 거의 알지 못하는 사람이다. 다른 하나는 하나님의 능력은 알지만, 성경은 거의 알지 못하는 사람이다.

그리스도께서 탄생하실 때, 그분을 열심히 찾았던 사람들(지혜자들, KJV)은 성경 지식이 거의 없었다. 반면에, 성경에 대단한 지식이 있는 사람들(서기관들과 대제사장들)은 그분을 찾지 않았다. 이것으로 우리는 성경 지식이 있는 것이 반드시 하나님을 아는 사람이라는 것을 의미하지 않는다는 것을 볼 수 있다.

성경의 한 가지 원칙은 확실하다. 만일 당신이 하나님을 알기를 원한다면, 당신은 그분과 교류(交流)하는 법을 배워야 한다. 만일 당신이 하나님과 이런 교제를 받아들이기를 거절한다면, 당신은 결코 어떤 실질적인 영적 향상을 하지 못할 것이다.

대다수 믿는 사람들은 성경에 거의 주의를 기울이지 않는다. 많은 사람들이, 그들의 일생에, 성경 중에서 한권의 책도 습득(習得)하지 못하는 것은 얼마나 한심한 일인가! 그러나 더 한심한 것은 대다수 사람들이 아직도 실제적인 면에서 하나님을 결코 모르고 있다는 사실이다. 우리 모두는 하나님과 교제를 반복해야 하고 우리가 그분의 응답을 받을 때까지 기도해야 한다. 왜 그런가? 이는 우리는 이러한 반복되는 교류를 통해서 우리 자신에 대한 교훈을 배워야 하고, 이런 교훈을 통해서, 하나님을 아는 참 지식에 이르러야 하기 때문이다.

설교하는 것과 증언하는 것의 차이는 설교하는 것은 증언하는 것만큼 다른 사람에게 도움을 줄 수 없다는 것이다. 당신이 증언할 때, 당신은 마치 당신이 말하고 있는 바로 그것을 손에 붙들고 있는 것처럼, 실제적인 상황을 설명하는 것이다. 당신이 말을 잘 하지 못한다 할지라도, 틀리게 말할 수 없다. 이는 당신이 당신에게 실제적인 것, 곧 보고 만질 수 있는 실제의 장면을 말로 표현하고 있기 때문이다.

만일 당신이 정확하게 하나님의 방법을 배운다면, 당신은 하나님께서 어떤 기도를 응답하시는지를 확인할 수 있다. 그 다음에, 당신은 사람들과 함께 기도할 때, 누구의 기도가 응답되고 누구의 기도가 응답이 되지 않을 것인지에 대해서 알 것이다. 이것은 당신이 예언자가 되었다는 것을 의미하는 것이 아니다. 그것은 단지, 당신에 의해서, 기도하는 사람들의 영적인 상태의 분별을 나타내는 것이다. 이것으로 당신은 그들의 기도의 결과를 알 수 있다.

우리가 언제나 하나님의 뜻을 찾을 때마다, 우리의 자아는 그분에 의해서 죽어야만 한다. 만일 우리가 우리의 자아를 버리고 모든 것을 포기하지 않는다면, 하나님께서는 그 문제에 있어서 우리에게 그분의 뜻을 드러내지 않으실 것이다.

오늘날 사람들의 잘못은 참 영적인 지식은 하나님께로부터 배운다는 것을 이해하지 못하고, 성경 지식이 그들의 영적인 지식이라고 착각하는데 있다. 만일 누구든지 하나님께 배우기를 원한다면, 그는 주님과 함께 죽을 뿐만 아니라, 그분과 교제를 해야만 한다.

먼저 자기 자신을 모르고, 이제까지 그의 영적인 삶이 향상된 그리스도인은 결코 없었다.

그리스도인의 영적인 삶에 있어서 절대로 필요한 부분은 그 자신을 판단하여, 그의 육신을 믿을 수 없고 무용한 것으로 보는 것이다. 이렇게 한 후만이 그는 육신 안에서가 아니라 성령 안에서 행하므로 전적으로 하나님을 신뢰할 수 있다.

하나님께 깨우침을 받은 사람만이 그들 자신의 육신을 판단하는 법을 안다. 그리고 그들 자신의 육신을 판단하는 사람만이 하나님께 쓰임을 받을 수 있다.

자신을 알지 못하는 사람은 그들의 마음속에 배고픔이나 목마름이 없기 때문에, 성령으로 충만할 수 없다.

만일 우리가 참으로 우리 자신을 시험하기를 원한다면, 우리는 먼저 우리가 믿을 수 있는 사람인지를 우리 스스로에게 물어 보아야 한다. 왜 그런가? 이는 하나님께서 말씀하시는 바에 의하면, 우리의 자아는 아주 타락해서 그분은 자아를 신뢰할 수 없다고 간주하시기 때문이다. 만일 이것이 사실이라면, 우리가 어떻게 자아를 자성(自省 : 자기가 한 일에 대하여 옳고 그름을 되돌아 봄-역주)의 목적으로 사용할 수 있겠는가?

우리가 우리 자신을 되돌아 볼 때마다, 우리는 움직이지 못하게 되어 앞으로 나아갈 수 없다. 그러나 만일 우리가 하나님의 빛을 본다면, 우리는 무의식적으로 앞으로 나갈 것이다.

승리의 길은 우리 자신을 끊임없이 꼼꼼히 살펴보는데 있는 것이 아니라, 예수님을 바라보는데 있다. 악한 생각을 상기시키는 것이 아니라, 좋은 생각을 상기시키는데 있다. 우리의 것을 없애는데 있는 것이 아니라, 그리스도께서 우리를 채우시게 해서 우리가 우리의 모든 것을 잊어버리게 하도록 하는데 있다. 우리가 우리 자신을 상기하는 순간 앞으로 나아가는 것은 끝난다.

바울은 우리가 옳은지 그른지를 분별할 수 있는 것은 단지 주님의 빛이 비출 때 뿐이라는 것을 알았다.

하나님의 빛이 우리에게 비출 때, 우리의 악행이 사악하게 보일 뿐만 아니라, 우리의 선행조차도 악한 것처럼 보일 것이다.

우리가 단지 하나님께 깨우침을 받은 후만이 우리는 죄의 사악함을 완전히 깨달을 것이다. 하나님을 위해 일하는 우리는 사람들에게 그들의 죄를 확신시키기 위해서 논쟁을 해서는 안 된다. 그 보다는, 우리는 성령께서 그들을 확신시켜 주시도록 부탁해야 한다. 하나님의 빛만이 사람들에게 하나님께서 보시는 대로 그들의 실제적인 상태를 보게 할 수 있다.

우리는 하나님의 빛으로 깨우침을 받을 때만이 우리 자신의 전적인 타락을 즉시로 인정한다.

얕은 그리스도인은 그가 하나님께서 특별히 가끔 비추시는 조명(照明 : 빛으로 비추어 밝게 함-역주)아래 있을 때 때때로 개개의 잘못을 알지 모르지만, 깊은 그리스도인은 계속적으로 하나님의 깨우침 아래 있어서 참으로 그 자신을 부분적으로가 아니라, 완전히 안다(고전 13:12).

하나님의 빛이 임할 때, 우리의 선이 선하지 않은 것으로 분명하게 보여질 뿐만 아니라, 우리의 사악한 면, 곧 우리가 일반적으로 그와 같이 인정하는 것이 몹시 추악하게 된다.

자기 분석에 의해 얻은 자각(自覺)은 단지 당신이 당신 자신에 대해서 생각하는 것을 마음에 떠올리는 것에 불과하다. 하나님의 빛을 통해서 얻은 자각은 하나님께서 당신에 대해서 생각하시는 것을 드러낸다.

그리스도인은 빛이다(마 5:14). 그는 하나님의 빛 속에서 살 때, 다른 사람들이 그를 매우 두려워한다. 이는 그를 보면, 그들은 자신들이 옳지 않다고 느끼기 때문이다.

당신이 하나님과 친밀한 삶을 사는 사람에게 다가갈 때, 당신은 그분의 임재(臨在)를 느낀다. 그 사람은 그가 얼마나 온유하고 겸손한 사람인가를 당신에게 느끼게 하지는 않는다. 그는 당신에게 하나님을 느끼게 한다.

누구든지 하나님과 친밀하게 살면 살수록, 더욱 더 그는 자신의 연약함을 안다. 하나님의 빛을 더 많이 받은 사람은 반드시 그 자신의 부패를 더 많이 본다.

조지 횟필드(George Whitefield : (1714-1770) 영국의 저명한 전도자-역주)는 이전에 이렇게 말했다. "나는 나의 회개조차도 회개할 필요가 있다는 것을 고백하는 것을 피할 수 없게 되었고, 나의 눈물조차도 나의 구속자의 귀중한 피로 씻을 필요가 있다는 것을 고백하는 것을 피할 수 없게 되었다. 우리의 최선의 행위는 그저 최대한 죄를 깨끗하게 하는 것 뿐이다"

우리의 죄의식의 깊이는 우리가 받은 하나님의 빛의 정도에 따라서 결정된다. 우리가 생각했던 많은 것들이 우리가 그리스도인의 삶을 시작할 때는 벌 받을 일이 아니었다. 우리는 우리가 은혜 안에서 성장함에 따라 사실상 벌 받을 일이라는 것을 깨닫는다. 과거에 옳다고 생각했던 것이 우리가 하나님께로부터 더 많은 빛을 받았기 때문에 지금은 잘못된 것으로 깨닫게 되는 것이다.

오늘날 우리가 사역을 위해서 받는 하나님의 빛은 하나님께서 그리스도의 심판의 보좌에서 우리를 심판하시기 위해서 사용하실 바로 그 빛이다. 그분의 뜻을 따르지 않음으로서 지금 정죄한 하나님의 빛이 미래에 정죄할 것이다. 하나님의 빛이 지금 시인한 것을 미래에 시인할 것이다. 그러므로 우리는 하나님을 기쁘시게 해서 그리스도의 심판의 보좌에서 상을 받을 수 있도록 하나님의 빛이 지금 우리를 시험하도록 요청해야 한다.

수많은 믿는 사람들은 하나님의 뜻을 알기를 원한다. 그들은 그분께 그것을 구하기까지 한다. 그런데도 그들은 그분의 뜻이 무엇인지에 대한 어떤 통찰력도 받지 못한다. 이것은 그들의 마음에 사악한 면 이외에 다른 이유가 없다. 그리고 그들은 자의식이 없기 때문에, 하나님의 뜻을 깨닫지 못한다. 만일 그들이 그들 자신을 알고 모든 장애물이 옮겨질 수 있도록 자신들을 깨우쳐 주시도록 하나님께 구한다면, 하나님께서는 확실히 그들을 인도하실 것이다.

그들 자신에게 주의를 기울이는 사람은 누구든지 고정(固定)되거나 또는 퇴보(退步)하지 않을 것이다. 이것은 특히 영적인 향상에 있어서 틀림없다.

믿는 사람이 생각할 수 없다면 그의 마음이 병든 것이고, 항상 생각한다면, 그의 마음은 똑같이 병든 것이다. 어떤 사람의 마음은 속박으로 너무 둔해져서 무엇인가를 생각할 수 없다. 한편 다른 사람의 마음은 너무 활동적이어서 그들의 그칠 새 없는 생각에 정지를 명할 수 없다.

대다수 사람들은 그들의 안이 이미 꽉 채워져 있기 때문에 하나님 말씀을 받아들일 수 없다. 그러므로 만일 이미 그들 안에 있는 것이 버려지지 않는다면, 그들은 결코 하나님의 말씀을 이해할 수 없을 것이다.

우리의 옛 사람은 십자가에 못박힐 필요가 있을 뿐만 아니라, 버릴 필요가 있다. 우리의 옛 사람이 십자가에 못박혔다는 것은 믿어야 하는 것이다. 그것은 믿음의 문제이다. 버리는 것은, 반면에, 의지의 문제이다. 우리가 무엇인가를 버리는 것은 우리에게 의지를 발휘할 것을 요구한다(엡 4:22).

하나님께서는 세 가지 다른 모습, 곧 영광, 거룩, 그리고 의(義)로 알려지셨다. 영광은 하나님 자신을 가리킨다. 거룩은 하나님의 본성을 가리킨다. 그리고 의(義)는 일을 행하시는 그분의 방법을 가리킨다.

죄가 무엇인지를 모르는 사람은 누구나 거룩이 무엇인지를 모른다. 이는 거룩은 죄의 인식(認識)이기 때문이다.

Chapter 47
성경을 자세히 살피라

성경은 영리함, 연구 능력, 또는 선천적인 재능으로 통달(通達)할 수 없다. 이는 하나님의 말씀은 영이기 때문이다(요 6:63).

"생명을 주는 분은 영(성령)이다. 육은 아무 유익이 없다. 내가 너희에게 이른 말들이 영이요 생명이다"(요 6:63, KJV). 주님을 믿는 그분의 제자들에게는 주님의 말씀은 영이요 생명이었다. 그러나 믿지 않은 유대인들에게는 주님의 말씀은 육과 죽은 문자였다.

사람의 지혜에 따른 말이란 무슨 뜻인가? 눈으로 보고, 귀로 듣고, 그리고 마음으로 묵상하는 것들, 곧 이와 같은 것들은 사람의 말이다. 그러나 계시는 성령으로부터 나온다. 이는 성령만이 하나님의 일들을 아시기 때문이다(고전 2장, 참조).

영적인 사람은 속에 하나님의 영이 있을 뿐만 아니라, 성령의 능력에 따라서 살고 성령의 법칙에 따라서 처신하는 유형의 사람이다. 이런 유형의 사람만이 모든 것들을 판단 할 수 있다(고전 2:15).

빛은 정확한 법칙이 있다. 빛은 그 빛에 노출되어 있는 모든 사람들에게 비춘다. 따라서 우리의 노출된 정도에 따라서 우리가 받는 조명(照明)의 양이 결정된다.

머지않아, 두 주인을 섬기는 사람은 이 진퇴양난(進退兩難 : 이러기도 어렵고 저러기도 어려운 매우 난처한 처지에 놓여 있음-역주)를 만날 것이다. 그는 결국 하나는 사랑하고 다른 하나는 싫어하게 될 것이다. 그러므로 만일 어떤 사람이 그 자신을 주님께 완전히 헌신하지 않는다면, 그는 결국 전적으로 맘몬(재물)을 섬길 것이다(마 6:24).

우리가, 검소하게 산다 할지라도, 경솔해서 우리 자신의 이기적인 유익을 고려할 때마다, 우리가 하나님께로부터 받는 빛은 가려진다.

우리의 눈이 어떻게 하나가 될 수 있는가(마 6:22, KJV)? 누구든지 그의 보물을 주님의 돌보심에 맡긴다면, 그의 마음은 바로 자연히 주님께 끌릴 것이다. 그의 보물을 하늘로 보냄으로서, 믿는 사람들은 그의 마음도 같이 보냈다. 그러므로 그의 눈은 하나가 될 것이다.

우리의 온몸이 빛으로 가득하다는 것은 무엇을 의미하는가?(마 6:22). 그것은 우리의 발이 걷고, 우리의 손이 일하고, 그리고 우리의 마음이 생각하도록 가르쳐 주는 충분한 빛을 받은 것을 의미한다. 바꿔 말하면, 그것은 모든 부분에 빛을 받은 것이다.

단지 한 부류의 사람만이 주님 앞의 길을 이해하기 힘들다. 그의 눈은 하나가 아닌 사람이다. 만일 누구든지 참으로 주님의 길을 걷기를 원한다면, 그는 그분 앞에 표시된 길을 뚜렷하게 볼 것이다.

하나님 앞에서 우리의 순종의 정도는 우리가 받은 빛의 양에 따라서 결정된다. 만일 우리가 하나님께 지속적으로 순종한다면, 우리는 끊임없이 볼 것이다. 헌신이 없이는 보지 못할 것이다. 지속적인 순종이 없이는 빛의 증가도 없을 것이다.

하나님의 뜻을 기꺼이 행하는 마음은 그분의 가르침을 아는 것을 조건으로 한다(요 7:17). 순종은 하나님의 뜻을 아는 것을 조건으로 한다.

영적인 안약은 값 주고 사는 것이다. 그것은 기꺼이 주어지지 않는다(계 3:18). 모든 보는 것은 값이 비싸다. 그것은 싸게 주어지지 않는다.

성경은 성경을 읽는 자들을 폭로하는 책이다. 어떤 사람의 참 성품과 습관을 규명하려면, 당신은 그에게 성경 한 장만 읽고 나서 그 장에서 나온 것을 당신에게 말해달라고 요청할 필요가 있다.

하나님께서는 우리가 그분의 말씀을 공부하는 데 있어 꿰뚫어 보기를 원하시는 세 가지 것이 있다. 첫째, 성령께서는 우리가 그분의 생각을 이해하기를 원하신다. 둘째, 성령께서는 우리가 성경을 이해하도록 많은 기본적인 사실을 성경에 써넣으셨다. 셋째, 성령께서는 기록된 것을 영으로 이해하기를 원하신다. 더군다나, 직감적으로 이해할 수 있는 사람은 다만 가르침을 받고 훈련받은 사람뿐이다.

누구든지 하나님 앞에서 가르침을 받으면 받을수록, 더욱 더 사죄 (謝罪 : 자신이 지은 죄에 대하여 용서를 빎-역주)할 것이다. 성경을 더 많이 배운 사람은 누구든지 다른 사람의 감정에 더 민감하게 반응해서 반드시 더 많이 사죄 할 것이다.

말씀과 영은 분리할 수 없다. 왜 그런가? 말씀 사역은 영을 해방시키는 것이기 때문이다. 말씀 사역을 향상시키려는 사람은 누구든지 그의 영을 해방시켜야만 한다. 그렇지 않으면, 말씀과 하나가 될 수 없다.

성령의 훈련이란 무엇인가? 우리의 영이 성경의 영과 하나가 될 때까지, 그분의 역사하심을 통해서, 우리의 모든 매일의 환경을 배열(排列)하는 분은 하나님의 영이시다.

성경의 어느 구절의 배후의 영을 접촉하는데 실패하는 것은 그 구절을 이해하는데 실패한 것을 의미한다. 이는 성경의 본질은 영이기 때문이다.

단지 같은 성질의 영만이 성경의 영을 접촉할 수 있다. 성질이 다른 영은 그렇게 할 수가 없다. 그러므로 성경 공부의 정점(頂點 : 수준이나 정도 따위가 최고의 경지에 달한 상태-역주)에서, 하나님의 말씀을 공부하는 사람의 영은 성경을 기록한 사람의 영과 하나가 되어야 한다.

만일 우리의 영이 성경의 기록자들의 영과 하나가 되지 못했다면, 우리는 기껏해야 교사는 될 수 있다. 그러나 우리는 전혀 지도자는 될 수는 없다. 왜 그런가? 이는 우리가 접촉할 수 있는 것은 대부분 가르침 또는 교리는 될 수 있지만, 영은 될 수 없기 때문이다.

만일 우리가 이 책(성경)을 문자에 준하여 읽는다면, 곧 성경이 묵은 것임을 알게 될 것이다. 마찬가지로 만일 우리가 다만 성경을 깊이 생각하려고만 한다면, 이전 그대로 일 것이다. 그러나 만일 우리가 우리의 영으로 성경을 읽는다면, 읽을 때마다 생기가 넘치게 될 것이다.

성경의 어떤 구절이 우리에게 의미 없는 것처럼 보일 때마다, 우리는 의미가 없는 것은 성경이 아니라는 것을 깨달을 필요가 있다. 성경의 각 구절은 영들로 충만하기 때문에, 오히려, 불충분한 것은 우리의 영이다.

우리의 영이 민감성이 풍부하고 세심하게 되는 것은 바로 우리가 많은 훈련을 받은 후이다. 그러므로 우리가 주님과 풍부한 교제를 갖는 것은 굉장히 중요하다.

성경에서, 우리를 위해서 행해진 것은 구원이다. 우리 안에서 행해진 것은 거룩이다. 그리고 우리를 통해서 행해진 것은 사역과 섬김이다. 만일 우리가 이 세 가지 면을 분명하게 구별할 수 있다면, 우리는 성경의 모든 가르침을 그들의 알맞은 순서로 놓을 수 있을 것이다.

Chapter 48
영적 권위

사탄은 우리가 그리스도의 말씀을 설교하는 것을 두려워하지 않는다. 하지만 사탄은 우리가 그리스도의 권위에 복종하는 것을 대단히 두려워한다.

세상의 싸움은 누가 권위가 있는가에 집중되어 있다. 그래서 사탄과 우리의 싸움은 우리의 권위가 하나님께 있다고 생각하는 직접적인 결과이다.

하나님께서 사람에게 요구하시는 최상의 요구는 그가 십자가를 지고, 다른 사람을 섬기고, 헌금을 하고 또는 자신을 부인하는 것이 아니다. 하나님께서 사람에게 요구하시는 최상의 요구는 그가 순종하는 것이다.

밖으로 드러난 권위에 대해서, 복종해야만 한다. 그런데 만일 복종하려면, 자아가 배제되어야만 한다.

하나님의 종으로서, 우리는 할 일을 찾아내는 선택권을 받지 않았다. 오히려 우리는 일을 하도록 하나님께로부터 보내심을 받았다. 일단 우리가 이것을 이해한다면, 우리는 참으로 하늘의 왕국의 권위의 실체를 경험할 것이다.

세상의 모든 권위는 마침내 결국 전복(顚覆 : 뒤집어 엎어짐-역주)되고 무법(無法)천지가 지배할 때까지 서서히 약화될 것이다.

사탄은 반항하는 사람이 말씀을 설교할 때, 웃는다. 이는 그 사람 안에 사탄적인 요소가 있기 때문이다.

권위 아래 있는 사람만이 권위자가 될 수가 있다. 그러므로 우리가 어디로 가든지, 우리는 무엇보다도 먼저 생각해야 할 것은 누가 하나님께서 우리에게 복종하기를 원하는 사람인지를 간파(看破 : 꿰뚫어 보아 알아차림-역주)해야만 한다.

우리가 처음 주님을 따르기 시작할 때, 우리는 활동에 전념하고 순종은 아주 부족하다. 그 후에 우리가 영적으로 향상될 때, 우리가 순종으로 충만할 때까지, 우리의 행동은 차츰 감소된다. 이렇게, 사람은 순종이 증가할 때, 그의 행동은 감소된다.

하나님이 아니면 권위는 없다. 모든 권위를 그 근원까지 거슬러 올라가 보면, 마침내 언제나 똑같이 하나님이 된다.

그리스도 안에서 소수의 형제들이 함께 모일 때마다, 곧 영적인 서열이 지위에 따라 나누어진다. 우리가 자연적으로 몸 안에서 우리의 지위를 안다는 것은 우리가 단지 누구에게 복종하느냐를 알고 난 후이다. 아아! 오늘날 얼마나 많은 그리스도인들이 복종에 대해서 어렴풋한 생각조차도 없는가!

타락 이후로, 무질서가 우주에 널리 퍼지게 되었다. 그리하여 대다수의 사람들은 우리가, 하나님의 도움 없이도, 악에서 선을 구별할 수 있고 옳고 그름을 판단할 수 있다고 생각한다. 우리가 하나님보다 더 잘 아는 것처럼 보인다. 이것은 타락의 어리석음이다. 우리는 그러한 기만에서 해방되는 것이 필요하다. 이것은 반항이외의 아무것도 아니기 때문이다.

믿음이 우리가 생명을 얻는 법칙인 것과 같이, 참으로 순종은 그 생명이 생명을 이어가는 법칙이다.

권위를 회복하려면, 순종이 먼저 회복되어야만 한다. 그러나 대다수의 사람들은 순종에 대해서 전혀 알지 못하고, 머리가 되는 기질을 계발(啓發)해 왔다.

권위에 복종하지 않는 사람은 결국 권위에 복종하는 사람에게 종이 될 것이다(창 9:20-27).

이상한 불은 사람에게서 시작된 것이다(레 10:1-2, KJV). 이상한 불은 하나님의 뜻을 알거나 또는 하나님의 권위에 순종을 필요로 하는 것이 아니다. 참된 예배만이 하나님에 의해서 시작되는 것이다.

영적인 권위는 우리가 노력을 통해서 차지하는 것이 아니다. 영적인 권위는 하나님께서 누구를 선택하시든 하나님께서 주시는 것이다. 영적인 권위와 자연적인 권위는 실로 얼마나 다른가!

모든 죄는 죽음의 능력을 방출(放出)하지만, 반항하는 죄는 그것을 최대한 방출한다. 순종만이 지옥의 문을 닫고 생명을 방출할 수 있다.

이성과 보는 것으로 처신하는 사람은 이성의 전철을 밟는다. 단지 믿음으로 권위에 순종하는 사람들만이 가나안에 들어 갈 수 있다. 이성을 따르는 사람은 아무도 영적인 길을 걸을 수 없다. 영적인 길은 인간의 이성을 초월하고 능가한다.

권위는 외부의 가르침의 문제가 아니라, 내부의 계시의 문제이다.

권위는 순종 없이는 확립될 수 없기 때문에, 하나님께서는 이 목적을 위해서 두 종류의 살아있는 생명들을 창조하셨다. 그러나 하나님께서는 반란을 일으킨 천사들과 타락한 아담과 같은 인간으로는 그분의 권위를 확립하실 수가 없으셨다. 따라서 권위의 완전한 조화는 하나님 자신의 아들의 순종으로 확립된 신격(神格) 안에서 달성되었다.

아들이 영광을 버리셨을 때, 그분은 원래의 신적인 속성의 근본으로 돌아가려고 생각하지 않으셨다. 이에 반해서, 그분은 사람으로서 높아지기를 원하셨다. 예수님께서는 순종하신 후, 하나님에 의해서 높아지셨다. 또한, 하나님께서는 지금 우리 안에서 이 순종의 법칙을 확인하기를 원하신다. 그 결과 우리 역시 주님께서 재림하시는 그날에 높아질 만한 가치가 있게 될 것이다.

우리의 유용성은 우리가 고난을 겪었는지 어떤지에 따라서 결정되는 것 보다, 오히려, 우리가 그 고난을 통해서 얼마나 순종을 배웠느냐에 따라 결정된다(히 5:8).

죄에 대한 의식의 부족은 사람에게서 헌신적인 그리스도인으로 사는 것을 빼앗는 반면에, 권위를 의식하는 능력의 부족은 사람에게서 순종을 하는 것을 빼앗는다.

하나님께서는 그분 자신이 위임한 권위를 대체하지 않으실 것이다. 오히려, 하나님께서는 그분이 위임하신 권위를 제한하는 쪽을 선택하셨다.

하나님의 일의 첫 단계는 그분 자신을 그리스도의 머리가 되게 하시는 것이다. 둘째 단계는 그리스도를 교회의 머리가 되게 하시는 것이다. 그리고 셋째 단계는 이 세상의 왕국을 우리 주님의 왕국이 되게 하시는 것이다. 첫 단계는 이미 성취되었다. 셋째 단계는 아직 이르지 않았다. 오늘날, 우리는 중간 단계에 있다.

오늘날 교회의 문제는 누구든지 자기 스스로 모든 것을 갖추기를 원하고 다른 지체들이 주는 것을 받아들이기를 거절하는데 있다. 이것은 개인뿐만 아니라, 몸으로서 교회 안에 결핍을 일으킨다. 단지 다른 사람들의 역할과 그들의 권위를 받아들임으로서만, 우리는 온 몸의 풍부함을 받을 수 있다. 하나님께서 주신 풍부한 소유물을 소유하게 되는 것이 우리의 복종 때문인 것처럼, 그만큼 부족한 것은 우리의 불복종 때문이다.

우리는 대개 권위가 우리를 억압하고, 상처를 주고, 그리고 괴롭히는 것으로 오해 하지만, 그러나 하나님께서는 그런 생각이 없으시다. 하나님께서는 우리의 부족을 채우기 위해서 권위를 사용하신다. 권위를 세우신 그분의 동기는 그분의 풍부하심을 우리에게 주셔서 약한 사람들의 필요를 채우시는 것이다.

하나님께서는 영적으로 더 향상된 형제자매들을 교회 안에서 우리보다 우위에 두시므로 간접적으로 그분의 풍부하심을 주신다. 그 결과 우리는 그들의 판단을 우리의 것으로 받아들일 수 있다. 이것은 우리에게 개인적으로 그들이 겪은 가슴 아픈 경험을 하지 않고 그들의 풍부함을 지니게 한다. 하나님께서는 교회에 많은 은혜를 맡기셨다. 우리가 이런 권위를 인정함으로, 이런 풍부함이 풀어질 수 있다. 이런 일이 일어날 때, 각 지체들의 풍부함은 전체의 풍부함이 된다.

하나님의 직접적인 권위에는 귀를 기울이지만 여전히 위임된 권위를 받아들이지 않는 사람은 그럼에도 불구하고 여전히 반항의 법칙 아래 있는 것이다.

우리가 다른 사람을 거역하여 반항 할 때마다, 그것은 무기력을 의미한다. 이런 무기력은, 반항이 마음속에서 숨겨진 채 남아 대립하는 것으로서, 반항이 말로 나타날 때 무기력은 훨씬 더 크다.

참으로 하나님을 아는 사람만이 자기 자신을 안다.

이전에, 나는 나의 많은 생각을 옹호하기 위해서 많은 논쟁을 했다. 그러나 지금 나는 다시는 논쟁을 하지 않는다, 그 이유는 나는 사로 잡혀 있기 때문이다. 사로 잡힌 사람으로서, 나는 자유가 없다. 종은 단지 그의 주인의 생각을 받아들이고 자기 자신의 의견을 제시하지 않기 때문이다. 따라서 하나님의 생각을 받아들이고 그들 자신의 어떤 조언(助言: 곁에서 말을 거들거나 일깨워줌- 역주)도 제시하지 않는 사람은 단지 그리스도께 사로 잡힌 사람이다.

참으로 하나님의 권위에 순종하는 교회가 있는 곳은 이 세상 어디에라도, 왕국의 증거가 있다. 그리고 거기서 사탄은 패배는 당한다.

과거에 우리는 우리 힘으로 삶속에서 자유를 찾아냈다. 지금 우리는 하나님에 의해서 우리의 생각을 되찾아 그리스도께 순종함으로 참 자유를 얻는다(고후 10:5). 우리의 자유를 잃어버림으로, 우리는 주안에서 참 자유를 얻는다.

하나님만이 무제한으로 우리의 절대적인 순종을 받으셔야 한다. 어떤 사람이라도 단지 그에게 권한이 주어진 순종만 받을 수 있다. 더욱이, 우리는 하나님으로부터 위임된 권위를 받은 어느 누구에게도 순종해야 하지만, 그분을 거역하는 어떤 명령도 순종해서는 안 된다.

순종은 행위와 관련되어 있다. 순종은 상대적이다. 복종은 마음의 자세와 관련되어 있다. 복종은 절대적이다.

우리가 어떤 사람이 권위에 순종하는지 어떻게 판단할 수 있는가? (1)권위를 아는 사람은 그가 가는 곳은 어디라도 자연히 권위를 찾으려고 힘쓸 것이다. (2)하나님의 권위를 경험한 사람은 인자하고 동정심이 많다. 그는 잘못되는 것을 두려워한다. 따라서 그는 여리다. (3)권위를 경험한 사람은 결코 권위를 부여 받는 것을 좋아 하지 않는다. 진심으로 순종하는 사람은 항상 잘못하는 것을 두려워한다. (4)권위를 접촉한 사람은 그의 입을 다물고 잠자코 있다. 그는 경솔하게 말하지 않는다. 이는 그의 마음속에 권위에 대한 의식이 있기 때문이다.

우리가 하나님의 뜻을 이해하는 정도는 하나님께서 위임하신 권위의 기준에 비추어 판단된다. 어느 누구도 자신의 권위에 대한 저항이 처리될 때까지 권위를 행사하는 법을 알 수 없다. 따라서 어느 누구도 권위 아래 있는 법을 배울 때까지 위임된 권위자가 될 수 없다.

모든 권위는 하나님께서 세우신다. 그러므로 위임된 권위는 사람들과 싸워서 그의 권위를 확보하려고 힘쓸 필요가 없다. 이는 하나님께서 우리에게 맡겨 주신 권위가 크면 클수록, 더욱 더 우리가 다른 사람들에게 자유를 주기 때문이다.

　　당신에게 맡겨진 위임된 권위가 시험을 받고 있을 때, 아무것도 하지 말라. 서두르거나, 싸우거나, 또는 당신 자신을 변호할 필요가 없다. 만일 당신의 권위가 참으로 하나님께로부터 나왔다면, 당신을 반대하는 사람들의 영적인 진로가 막히는 것을 볼 수 있을 것이다. 더구나 그들에게는 더 이상 계시가 없을 것이다.

　　권위와 자기 방어는 공존할 수 없다. 변호는 항상 하나님께로부터 나와야만 한다. 중상하는 말에 흔들리고 압도당하는 사람들은 그들 스스로 위임된 권위자가 되기에 적임자가 아니라는 것을 보여주는 것이다.

　　싸움을 통해서 얻은 권위는 하나님께서 주신 권위가 아니다. 하나님의 왕국은 이 세상에 속한 것이 아니기 때문에, 하나님의 종들은 권위를 세우기 위해서 싸울 필요가 없다.

　　만일 하나님께서 어떤 사람에게 계시를 주신다면, 그 사람의 권위가 확립된다. 그러나 하나님의 계시가 철회(撤回: 일단 낸 것이나 보낸 것을 도로 거두어들임-역주)될 때, 그 사람은 거부된다. 만일 하나님께서 기꺼이 우리에게 계시를 주시고 우리와 함께 말씀하신다면, 만일 우리가 그분과 대면하여 교제를 한다면, 어느 누구도 우리를 무시할 수 없다.

계시는 권위의 증거이다. 만일 우리가 권위를 얻으려고 애를 쓴다면, 우리의 권위가 전적으로 세속적이고, 무지하고, 그리고 하늘에 속한 통찰력이 없음을 보여줄 뿐이다.

신실한 종은, 인간적으로 다른 사람들에게 거절을 당하고 무시를 당한다 할지라도, 대다수 사람들의 짐을 질것이다. 이스라엘 백성들이 모세를 거역했다. 그럼에도 불구하고 그는 그들의 죄를 떠맡았다. 그들은 그를 반대했고 거절했지만, 여전히 그는 그들을 위해서 하나님께 탄원했다. 만일 우리가 단지 우리 자신의 감정에 마음을 쓴다면. 우리는 하나님의 자녀들의 문제를 떠맡을 수 없을 것이다.

하나님께서는 한 가지 생각이 있으시다. 그것은 그분 자신의 권위를 세우시는 것이다. 우리는 우리 스스로 권위가 없다. 우리는 단지 그분의 권위의 대리자일 뿐이다. 그러므로 우리는 한편으로는, 하나님께 복종하는 법과 다른 한편으로는, 그분을 대리(代理 : 일을 대신하여 처리함-역주)하는 법을 배워야 한다.

어떤 사람의 권위는 그의 직무에 근거한다. 그리고, 그의 직무는, 이번에는, 그리스도의 부활에 근거한다. 만일 그리스도의 부활이 없다면, 직무가 있을 수 없다. 만일 직무가 없다면, 권위도 없다.

권위 안에 있는 어느 누구도 자기 자신을 세우기 위해서 다른 사람의 권위를 훼손시키는 것을 용납해서는 안 된다.

어느 누구든지 권위가 있다는 것을 알면 알수록, 더욱 더 그는 그 권위를 유지하는 능력이 있다.

당신이 자격이 있는 권위자인지 어떻게 아는가? 만일 당신이 지닌 권위가 다른 사람을 실족케 할 수 없다면, 당신은 권위를 행사할 자격이 있다. 당신이 하나님께 임명을 받았기 때문에 거리낌 없이 권위를 행사할 수 있다고 생각하지 말라. 단지 순종만이 권위를 행사할 자격이 있다.

누구든지 자신을 정당화 하거나 변호하지 말자. 누구든지 하나님 앞에서 자신을 낮게 엎드리면 엎드릴수록, 그분은 더욱 더 빨리 그 사람의 정당성을 입증하실 것이다.

하나님께서는 그들 자신의 무능을 자각하는 사람에게만 권위를 주신다. 우리가 우리 자신을 높일 때, 우리는 하나님께 거절을 받는다. 사람들은 하나님 앞에서 무릎을 꿇어야 한다. 그때 그들은 그분께 쓰임을 받을 수 있다.

장차 그리스도의 심판의 보좌에서, 겸손한 사람조차도 크게 놀랄 것이다. 만일 이것이 사실이라면, 그날에 교만한 사람들의 공포가 얼마나 더 크겠는가! 우리는 우리의 무능을 인식해야만 한다. 이는 하나님께서는 단지 쓸모가 없는 사람을 사용하시기 때문이다.

권위자가 되려면 누구든지 고위직에 올라도, 고독을 두려워하지 않고, 남을 정치적 목적으로 위협하지 않을 수 있는 그런 사람이 될 필요가 있다.

Chapter 49
하나님의 말씀 사역

간단히 말해서, 성경에는 전체에 걸쳐, 하나님께서 그분의 말씀을 전하기 위해서 사용하셨던 세 부류의 서로 다른 사람들이 있다. 구약에서, 하나님의 말씀은 대언자들에 의해서 전파되었다. 그러므로 우리는 대언자의 사역이 있다. 우리 주 예수님의 이 세상의 순례 기간에, 하나님의 말씀은 육신이 되셨다. 그러므로 우리는 주 예수님의 사역이 있다. 신약에서, 하나님의 말씀은 사도들에 의해서 전파되었다. 그 결과는 사도들의 사역이 있다.

성경은 경건의 시간을 위해서 어떤 항목을 수집해 놓은 것이 아니다. 하나님의 말씀을 행하고 살아가는 것은 사람들이다. 성경 전체를 좌우하는 원칙은 우리 안에서 육신이 되신 말씀이다. 결과적으로, 성육신(하나님께서는 아버지, 아들, 성령의 세 위격(位格)과 하나의 본체로 존재하시는데 제 2위인 아들이 인간성을 취하여 나사렛 예수라는 사람의 몸으로 태어나신 것-역주)의 참 의미를 모르는 사람은 하나님의 말씀이 무엇인지를 이해하는 것이 극히 어렵다.

오늘날 교회의 문제들은 성직자로서 임무를 다하는 사람들의 어깨에 달려있다. 어떤 사람은 성령에 대해서 말한다고 할지 모르지만, 그런데도 사람들이 귀담아 듣는 것은 단지 육신의 소리만 들릴 뿐이다. 어떤 다른 사람은 거룩에 대해서 말한다고 할지 모르지만, 그런데도 청중들이 듣는 것은 영의 가벼움(부담이 없음-역주)만 있을 뿐이다. 게다가 또 다른 사람들은 십자가에 대해서 말한다고 할지 모르지만, 그럼에도 불구하고 그들에게 십자가의 흔적이 어디에 있는가? 그토록 많은 사람들이 주님의 사랑에 대해서 설교한다. 그러나 그들이 듣는 사람들에게 전달하는 결과는 그분의 사랑이 아니라, 그들 자신의 기질이다. 설교는 넘칠 만큼 많지만, "말씀"은 아주 적다. 왜 그런가? 이는 진정한 말씀 사역자들을 찾기가 참으로 어렵기 때문이다.

우리는 항상 하나님의 말씀을 찾으려고 애를 쓰지만, 하나님께서는 그분이 쓰실 사람을 끊임없이 찾고 계신다. 우리는 하나님의 말씀을 찾지만, 하나님께서는 그분의 말씀을 나누어 줄 사람을 찾고 계신다.

겉 사람이 깨어진다는 것은 하나님께서 우리의 인간적인 요소들을 전혀 받아들이지 않으신다는 것을 의미하는 것이 아니다. 그와는 반대로, 그분은 우리의 인간적인 특성을 활용하기를 원하신다. 문제는, 우리가 어디에서 시작하고 또는 어디에서 끝나야 하는지, 곧 우리는 우리의 겉 사람이 얼마나 우리의 삶속에 유지되어야 하는지 또는 얼마나 하나님께 깨어져야 하는지를 모른다는 것이다. 그분께 가르침을 받은 사람만이 말씀 사역이 분명한지 또는 명확하지 않은지를 민감하게 구별할 수 있다.

방출(放出)된 말씀의 순도(純度) 하나님 앞에서 받은 훈련의 양에 달려있다. 누구든지 깨어지면 깨어질수록, 더욱 더 말씀이 순수하게 될 것이다. 누구든지 보다 적게 배우면 배울수록, 더욱 더 말씀의 방출이 와전(訛傳 : 사실과 다르게 전해짐-역주) 될 것이다.

대언자로서 당나귀를 사용하는 것이 하나님의 의도는 아니시다. 하나님께서는 사람을 대언자로 부르신다. 그러나 어려움의 각도에서 보면, 하나님께서는 사람을 통해서 말씀하시는 것이 쉽지 않으시다. 이 어려움의 결과는 하나님께서 대언자가 그의 직무에 실패 한다면, 때로는 그분의 말씀을 전하기 위해서 당나귀조차도 사용하신다는 것이다(민 22:28).

교회에서 사역자가 될 수 있느냐 아니면 더 나은 사역자가 될 수 있느냐하는 것은 우리에게 달려 있다. 교회의 빈약과 무지는 우리의 약한 상태 때문이다. 우리 진지하게 이렇게 기도하자. "오 주여, 당신의 말씀이 우리를 통해서 흘러나오도록 우리를 깨뜨려 주소서."

왜 율법이 주어졌는가? "율법은 범죄로 인하여 더해진 것이다"(갈 3:19, KJV). 인간이 타락한 후, 그는 죄가 무엇인지를 알 수가 없었다. 그 때문에, 하나님께서 비록 먼저 인간에게 은혜와 복음을 주셨을지라도, 인간은 그들을 받아들일 수 없었다. 율법은 그래서 인간이 하나님의 복음과 약속에 참여자가 되도록 하기 위해서 죄를 정죄하기 위해서 더해졌다.

성경은 하나님의 영감을 받았다(벧후 1:21). 이런 방법으로, 하나님께서는 성경을 살아있는 책으로 만드셨다. 성경은 살아계신 하나님께서 말씀하신 살아있는 말씀이 되었다. 이 책의 구별되는 특징은 두 가지다. 한편으로는, 성경은 겉껍질, 곧 흙으로 만들어진 사람의 부분과 비슷한 성경의 물질적인 부분이 있다. 다른 한편으로는, 하나님께서 영감하시고 말씀하신 성령 안에 있는 부분, 곧 성경의 영적인 부분이 있다. 많은 말씀 사역자들은 단지 물질적인 부분으로만 섬긴다. 그러나 말씀의 참 사역자들은 영적인 부분으로 교회를 섬긴다.

말씀 사역은 성령의 계시를 필요로 한다. 기름부음, 감화, 그리고 계시가 부족할 때마다, 단지 성경의 외적인 해석만 있다. 성령의 생생한 기름 부으심과 계시가 없이는, 같은 말씀조차도 같은 결과를 초래(招來 : 어떤 결과를 가져옴- 역주)하지 않을 것이다. 그래서 말씀 사역은 멈추게 된다.

하나님의 말씀이란 무엇인가? 말씀은 하나님 자신이 나타나시는 때이다. 말씀은 당신에게 말씀하실 뿐만 아니라, 당신을 통해서 말씀하시는 그분이다. 만일 하나님께서 침묵하신다면, 전달할 말씀이 없다. 이른바 대다수 하나님의 대변인들은 그들이 설교하는 동안 하나님께서 말씀하시기를 기대하지도 하나님 자신을 계시하시기를 고대하지도 않는다는 것은 얼마나 어리석은 일인가! 그들의 모든 초점은 그들이 조직적으로 세운 교리를 과시하는 것이다.

생명이 없는 교리는 진위여부(眞僞 : 참과 거짓의 그러함과 그렇지 않음-역주)와 교훈으로 시작하고 마친다. 생명이 없는 교리는 단지 문자 부문만 있다. 그것은 주 예수 그리스도의 생명을 다른 사람에게 충족시켜 줄 수가 없다. 그리스도의 인격으로부터 분리된 성경은 죽은 교리책에 지나지 않는다.

하나님께서는 영이시다. 그러므로 그분은 영으로 예배를 받으셔야만 한다(요 4:24). 하나님의 말씀 또한 영이다. 그러므로 하나님의 말씀은 영으로 받아야만 한다. 하나님의 말씀은 영이기 때문에, 단지 사람의 영이 활동할 때에만 풀리는 결과를 낳는다.

우리가 계시로서 점차로 아는 그리스도는 우리 안에서 말씀이 되신다. 우리가 점진적으로 말씀을 통해서 그리스도의 실체를 볼 때, 우리는 말씀으로, 그리스도를 다른 사람들에게 충족시켜 줄 수가 있다. 하나님의 자비하심으로, 그와 같은 말씀을 받는 사람들은 그 말씀 안에 역사하시는 성령께서 그 말씀을 그들 안에서 그리스도로 바꾸시는 것을 볼 수 있을 것이다. 이것은 그리스도의 공급이라고 불려진다, 곧 그리스도께서 성경 말씀을 통해서 충족되는 것이다. 사람들이 말씀을 받을 때, 그들은 그분을 받는다. 이것은 모든 말씀 사역을 위한 근거가 된다.

그리스도 밖에는, 생명도 빛도 없다. 성화도 의(義)도 없다. 일단 하나님께서 어떤 사람을 그리스도의 이 계시 안으로 이끄시면, 그는 그리스도 외에는 아무것도 없다는 것을 깨닫기 시작한다. 그리스도는 모든 것이다.

우리는 우리가 만일 성경을 공부하면서 시간을 보낼 수만 있다면, 우리는 기도를 하든지 또는 하지 않든지 성경을 이해할 수 있다고 생각한다. 이것은 그들이 성경을 공부할 능력이 있다고 생각하는 사람들을 통해서 바로 증명되는 인간의 어리석은 생각이다.

하나님의 순서는 무엇인가? 첫째, 주님을 아는 것이다. 그 다음에 책 속에서 그분을 찾는 것이다. 사람들의 문제점은 그들이 그리스도와 성경의 순서를 바꿔 놓는 것이다. 사람들은 먼저 성경을 알고 나중에 주님을 알아야 한다고 주장한다.

누가 말씀 사역자인가? 그리스도를 성경으로 설명하는 사람이다. 그는 성경 말씀을 사용해서, 그가 알고 있는 그리스도를 사람들에게 전한다. 성령께서는 그때 말씀을 받아들이는 사람들에게 이 말씀을 그리스도로 바꾼다.

오늘날 교회의 무지는 말씀 사역자들의 무지 때문이다. 우리가 알고 있는 그리스도가 충분하지 않다. 우리가 경험하는 교제도 충분하지 못하고 완전하지 못하다. 그 결과, 우리는 그리스도에 대한 공급이 거의 없다.

진정한 사역자는 그리스도에 대해서 설교하지 않는다. 그는 그리스도를 설교한다. 그는 메시지를 전달하는 것이 아니라, 단지 한 분만을 전한다.

열매는 교리 분야이든 또는 계시 분야이든 그들 각각의 분야에 따라서 맺는다. 그 결과, 한 분야를 전하는 말은 단지 그 분야의 열매만 맺을 수 있다. 결코 다른 분야의 열매를 맺을 수 없다. 사람들은 전하는 사람에게 들은 후, 그의 메시지를 통해서 그들의 삶과 그들의 육신이 훈련되지 않은 채로 계속 남아 있든지, 아니면 변화될 것이다.

지식은 단지 지식만 초래하고, 교리는 단지 교리만 초래한다. 그러나 계시는 더 많은 계시를 초래할 수 있다(시 36:9).

오늘날 성경을 읽는 대다수 사람들은 하나님의 살아있는 말씀이 아니라, 단지 성경의 문자만을 접촉한다. 성령께서 계시를 멈추실 때마다, 말씀은 단지 교리로 변할 뿐이다. 기름부음이 끊어질 때, 더 이상 보지 못한다. 따라서 더 이상 말씀 사역도 없다.

성령에 따라 처신함의 결과로서, 성령의 법이 당신 안에 나타나게 될 것이다. 그러나 만일 당신이 육신에 따라 처신한다면, 죄와 죽음의 법이 나타나게 될 것이다. 그러면, 누가 성령을 따르는 사람인가? 성령의 일에 그의 마음을 돌리는 사람이다. 이는 그의 마음이 성령의 일로 향할 때, 그는 성령에 따라서 처신하기 때문이다. 따라서 성령에 따라서 처신하는 사람은 죄와 죽음의 법을 이긴다(롬 8:2, 5).

성령의 훈련의 결과는 무엇인가? 훈련이 없으면, 계시가 없다. 가시가 없으면, 은혜도 없다. 하나님께서는 우리가 철저하게 약해지는 법을 알기를 원하신다. 왜 그런가? 이는 약함이 우리에게 떠나자마자, 능력도 마찬가지로 떠나기 때문이다. 약함이 있는 곳에, 능력이 있다(고후 12:9). 이것은 훈련을 통해서 열매를 맺게 하려는 영적인 원리이다.

주님에 대한 지식이 완전하려면 많은 시련을 필요로 한다. 각각의 새로운 관계, 각각의 새로운 훈련으로, 우리는 새롭고 더 깊게 보이는 지식을 받는다. 이렇게 해서, 그리스도에 대한 우리의 지식은 날마다 커지고, 우리는 우리가 알고 있는 그리스도를 교회에 공급할 수 있다.

각각의 시련은 꽤 많은 말을 만들어 낸다. 시련의 수가 증가할 때, 그 만큼 당신의 말은 풍부하게 되고, 당신은 말을 얻는 방법에 있어서 지혜롭게 된다.

최대한 버리는 사람은 다른 사람에게 최대한 줄 것이 있다. 만일 당신이 아무것도 버리지 않는다면, 당신은 아무것도 줄 것이 없다.

말씀 사역자의 우선하는 원칙이 있다. 우리는 먼저 온갖 종류의 시련으로 시험을 받아야 한다, 그 결과 우리는 우리가 배운 것을 다른 사람에게 공급할 수 있다.

말하는 과정에서, 말씀 사역자는 두 가지 것을 필요로 한다. 알맞은 감정과 알맞은 영이다. 왜 그런가? 이는 영이 나올 수 있는지를 결정하는 것은 대개 우리의 감정이기 때문이다. 만일 우리의 감정이 막힌다면, 영이 차단되기 때문이다.

왜 하나님의 자녀들이 영과 감정을 자주 혼동하는가? 이는 영이 독립적으로 나올 수 없기 때문이다. 영은 감정을 통해서 흘러나온다. 영은 우리의 감정의 경로를 통해서 흘러나온다.

만일 우리의 겉 사람이 하나님의 손에 의해서 깨어지지 않았다면, 우리의 감정은 부드럽고 섬세할 수가 없다. 이는 상처가 없기 때문이다, 곧 고난이 없었기 때문이다. 우리가 또한 부드러운 감정을 찾아낼 수 있는 곳은 다만 우리가 상처와 고난이 있는 곳 뿐이다.

가루가 되기 전에 땅에 떨어져서 깨어져야만 곡식알은 고운 가루가 될 수 있다. 압력을 받은 한 알의 밀은 더 이상 한 알이 아니다. 밀알은 셋, 다섯, 수백 개의 작은 조각이 되었다. 밀알은 이제 참으로 곱다. 상처가 많고 고난이 깊으면 깊을수록, 내적인 감정 의식이 더욱더 예민해진다.

그의 삶속에 역사한 십자가를 경험한 사람은 주님에 의해서 깨어졌다. 그의 완고한 고집은 더 이상 옹고집이 아니다. 그의 거만한 두뇌는 더 이상 우쭐대지 않는다.

주님께 많은 다루심(연단-역주)을 받은 후에, 당신은, 당신의 감정으로, 당신의 마음속에 있는 것을 완전하고 정확하게 표현할 수 있을 것이다. 당신은 참으로 당신의 마음이 기쁠 때, 기뻐하고, 슬플 때, 슬퍼하게 될 것이다. 하나님의 말씀이 당신에게 임할 때마다, 그 말씀의 맛이 무엇이든지, 당신은 당신 안에 동반하는 감정이 있을 것이다. 당신의 감정은 말씀을 따라잡을 수 있을 것이다.

대다수의 사람들의 감정이 사용될 수 없는 이유가 무엇인가? 이는 대다수의 사람들의 감정은 그들 자신을 위해서 써버렸기 때문이다. 우리 안에 있는 말씀의 특성이 우리의 감정에 의해서 좌우되기 때문에, 민감한 감정을 유지하는 비결은 우리 자신을 중심에 놓지 않는 것이다. 우리의 감정이 예민하면 예민할수록, 우리는 더 이기심이 없게 된다. 우리의 감정이 감동적이면 감동적일수록, 우리의 감정이 더 감동적이 된다. 우리의 감정이 풍부하면 풍부할수록, 더욱 더 우리 안에 있는 말씀이 풍부하게 된다.

사람의 말은 하나님 앞에서 깨어짐에 비추어서 평가된다. 사람이 영적이면 영적일수록, 그의 감정은 더 풍부하다. 영적인 사람은 온갖 감정에 풍부하다.

사람들에 대한 말씀의 효과는 말씀 그 자체에 의해서 결정되는 것이 아니라, 말씀을 전달하는 영에 의해서 결정된다. 말씀 사역자는 그의 영을 풀어주거나 그의 영을 억제할 수 있다. 그는 그의 영을 폭발시키거나 그의 영을 계속 우유부단(優柔不斷 : 줏대 없이 어물거리기만 하고 딱 잘라 결단을 내리지 못함-역주)하게 할 수 있다.

주님께서는 우리의 속사람을 단련시키고, 우리의 겉 사람을 깨뜨리기 위해서 우리의 삶속에서 단 한번이 아니라, 여러 번 역사하신다. 우리의 영이 점점 더 강하게 되는 것은 이 많은 다루심을 통해서 되는 것이다.

주님께서 우리에게 주시는 각각의 시련은 우리를 쓸모 없는 그릇으로 깨뜨리거나 또는 더 영광스럽게 만드실 수 있다. 만일 각각의 시련이 우리를 더 낫게 하지 않는다면, 우리를 더 나쁘게 할 것이다. 시련을 견디지 못하는 사람은 쓸모가 없다. 그래서 시련을 이기는 사람은 그들의 삶에 승리를 하나 더 추가하는 것이다.

우리의 영의 훈련은 정확히 말해서 영이 얼마나 쓸 수 있느냐를 결정한다. 우리는 훈련된 영의 부분만 사용할 수 있기 때문이다. 또한, 이 영을 내는 훈련은 무언가를 버리는 훈련을 필요로 한다. 훈련은, 무거운 짐으로, 고통과 상실이 따르는 막대한 손해를 발한다. 그것에 더하여 영이 낼 때마다, 영은 사람의 약함과 사람의 죽음을 접촉한다.

영의 해방 단계 만큼 정도가 높은 단계의 집중을 요하는 일은 없다. 당신의 영이 당신의 말과 섞여야만 한다. 이는 말은 영을 통해서 밖으로 보내지고, 단지 영을 통해서 나간 말씀만이 강하기 때문이다. 이렇게 됨으로, 사람들은 빛을 보고 실체를 접촉할 것이다.

강력한 사역에서 특히, 영은 단지 밖으로 밀리는 것이 아니라, 폭발한다. 말씀이 전달될 때, 영은 폭발하는 그와 같은 충만함 속에서 풀어진다. 이런 상황 하에서, 당신은 사람들이 하나님 앞에서 꿇어 엎드리는 것을 볼 수 있을 것이다.

사람의 몸이 사람의 생각을 표현하는 것처럼, 그리스도의 몸(교회)은 그리스도의 생각을 표현한다. "머리"의 생각은 몸의 생각을 통해서만 나타낼 수 있다. 몸이 없이는, 머리는 그 자체를 표현할 방법이 없다.

구약에서, 축복의 원리는 축복이 하늘에서 내려왔다는 것이다. 우리 시대에, 축복은 세상에 임했고, 성령께서 교회를 하늘까지 들어 올리시는 것이다.

말씀 사역이란 무엇인가? 영적인 풍부함을 사람에게 나누어 주는 것이다. 교회는 이런 선물들을 나누어 주어야 한다. 이는 이런 선물들이 이미 교회 안에 있기 때문이다.

영적인 겸손은 우리 자신에 대한 진정한 지식을 지니도록 하나님으로부터의 깨우침을 통해서 나타난다. 혼적인 자기비하(겸손)는 사람을 바라보고, 우리 자신을 다른 사람들과 비교하고, 사람들을 두려워한 결과이다.

하나님 앞에서 적게 배운 사역자의 우려되는 주된 문제는 그의 영의 상처이다. 바꾸어 말하면, 누구든지 막 배우기 시작할 때, 그 자신의 영이 자주 상처를 입거나 또는 아픔을 겪는다. 그러므로 영이 나오지 못한다. 더 많은 경험을 하려면, 그러나, 가장 큰 어려움은 말씀과 영의 접촉의 실패에 있다.

만일 누구든지 설교하는 것을 자만한다면, 하나의 결과만 있을 뿐이다. 비록 그가 설교를 잘할지라도, 그의 말씀 사역은 없다. 그는 그가 설교한 후 의기양양한 느낌이 들지 몰라도, 결코 말씀 사역자는 되지 못할 것이다.

말씀 사역에서, 단지 사람들을 이해시키려는 설교는 가장 낮은 수준이다. 이것을 어떻게 알 수 있는가? 사역자가 가장 높은 수준의 설교를 할 때 사람들을 깨닫게 하고 무릎을 꿇게 하기 때문이다.

하나님께서는 "지혜롭고, 영리한" 사람들에게는 그분 자신을 결코 계시하지 않으신다. 이는 그런 사람들은 그분께 직접 계시를 받을 수 없기 때문이다. 그들은 또한 말씀 사역자들에게도 계시된 것을 받을 수 없다. 더욱이 청중 가운데 "지혜롭고 영리한" 사람이 있을 때마다, 하나님의 말씀은 극적으로 약해지거나 또는 풀어지는 것이 전적으로 방해를 받을 것이다.

당신이 전달하는 본질이 영적이면 영적일수록, 더욱 더 당신은 사람들에게 감동을 받을 것이다. 당신의 메시지가 보다 덜 영적이면 영적일수록, 당신은 보다 덜 영향을 받을 것이다. 하나님의 말씀 사역자는 "지혜와 영리함"을 꺼린다.

마태복음 12장의 상황은 이렇다. 주 예수님께서 성령의 능력으로 마귀들을 내쫓으신 후, 유대인들은 그분이 바알세불을 힘입어 그렇게 하셨다고 주장했다. 이는 유대인들은 이유 없이 주님을 싫어했기 때문이다. 그들은 속으로는 예수님께서 성령으로 마귀를 쫓아 내셨다는 것을 알았다. 그럼에도 불구하고 그들은 몹시 예수님을 미워해서 그분이 바알세불을 힘입어서 마귀들을 내 쫓았다고 말하므로 성령을 모독했다. 유대인들은 그들 자신의 심중에 극도의 편견을 품고 있었다. 유대인들은 그들이 예수님께서 성령의 힘으로 마귀를 내 쫓으셨다는 것을 인정한다면 주님을 믿어야만 한다는 사실을 알고 있었다. 그러나 유대인들은 이미 믿지 않기로 결심했다. 그와 같이 유대인들은 오히려 주님을 받아들이지 않는 쪽을 선택했다. 결과적으로, 유대인들은 예수님께서 바알세불을 힘입어 마귀들을 내 쫓았다는 이유로 단호하게 항의했다. 유대인들은 마음은 부싯돌처럼 단단했다. 그와 같은 태도에 대해서는, 이 시대에도 또는 오는 시대에도 용서가 있을 수 없다(마 12:31-32). 용서받을 수 없는 죄(성령을 모독하는 죄-역주)는 사람들이 예수님께서 하신 일이 바알세불 일이라고 명백히 말함으로 성령의 구별되는 역사를 격렬하게 부인할 때 범하는 것이다. 사탄의 많은 이름 가운데 바알세불 가장 더러운 이름이다. 이는 바알세불 "파리들의 우두머리"를 의미하기 때문이다.

Chapter 50
"오시옵소서, 주 예수님이시여"

발람의 가르침의 결과는 이렇다.

(1)우상에게 바쳐진 것들을 먹은 것, 곧 다른 종교와 혼합된 것.

(2)간음을 행한 것, 곧 이 특별한 경우는, 세상과 친구가 되는 것을 의미한다(계 2:14).

오늘날, 개신교도들은 마치 잔이 있는 체 한다. 유사 이래 반복되었던 것과 같이, 하나님께서 어떤 사람을 축복하기 위해서 움직이실 때마다, 사람들 들은 필연적으로 움직임에 포함되기 위해서 그들 자신을 조직화했다. 1 세대 동안, 잔은 가득 찼고, 축복은 풍부했다. 2 세대와 함께, 그러나, 잔은 반 밖에 남지 않았고, 메시지는 덜 명확해졌다. 그 후에, 3세대 또는 5 세대가 지나서, 그 안에 아무것도 없이, 잔만 남아 있다. 사람이 마실 것이 아무 것도 없음에도 불구하고, 사람들은 그래도 자신의 잔이 최고라고 주장한다.

기독교가 유대교화 되는 것은 적어도 네 가지 문제가 있다. 중보하는 제사장, 성문법(문서의 형식을 갖춘 법 장로들의 유전 같은 인간들이 만든 법-역주), 유형의 성전, 그리고 세속적인 약속이다. 참으로 하나님을 아는 사람들은 이런 요소 가운데 하나도 그들의 영적인 삶속에 존재하지 않을 정도까지 유대주의의 영향을 완전히 파기했다.

신성모독이란 무엇인가? 자기 자신을 높이고 하나님을 떨어뜨리는 것은 무엇이든지 신성모독이다.

Chapter 51

마태복음 해석

성령께서 이 세상에 내려오신 주요 목적은 우리를 그분으로 충만케 하시려는 것이 아니다. 그보다는, 성령께서 내려오신 목적은 예수님께서 하나님의 그리스도이심을 입증하시기 위한 것이었다.

하나님께서는 심판 이상으로 자비를 좋아하신다. 그래서 하나님께서는 긍휼히 여기심으로 사람을 "의(義)롭다"고 선언하신다.

겸손의 가장 큰 표지 가운데 하나는 죄를 범하는 것을 두려워하는 것이다.

우리는 하나님께서 실존하시는 대로 우리 역시 실존할 정도로 구원을 받게 될 것이다. 이제부터는, 하나님의 보증은 우리의 보증이 되었다. 하나님의 필연(必然 : 반드시 그렇게 되는 수밖에 다른 도리가 없음-역주)은 우리의 필연이 되었다. 하나님의 영광은 우리의 영광이 되었다. 이것이 구원이다. 하나님께서 우리와 함께 계신다.

임마누엘("우리와 함께 계시는 하나님")이 없이는 구원이 있을 수 없다. 왜 그런가? 이는 우리가 그리스도 밖에 있을 때, 하나님께서는 우리에게 임마누엘이 아니시기 때문이다. 그리스도 밖에서, 우리는 하나님의 적이다. 하나님께서 임마누엘이시라는 것은 우리가 그리스도 안에 있을 때뿐이다. 무엇인가가 더 많거나 또는 적은 것은 구원이 아니다.

"하늘의 왕국"은 한 가지만을 의미한다. 하늘의 권위가 세상에 나타나는 것이다. 이 권위는 우리의 일, 우리의 고난, 또는 우리의 희생으로 보이는 것이 아니다. 이 권위는 우리의 순종으로만 보이는 것이다.

회개는 손과 발을 씻는 것이 아니다. 회개는 온몸을 물속에 장사지내는 것이다. 만일 당신이 이런 방법으로 회개의 영을 접촉하기 시작한다면, 하늘의 왕국이 실로 가까이 왔다(마 3:2).

세례를 받는다는 것은 죽음의 자리에 처하는 것이다. 그러므로 하나님 앞에서 본래의 위치가 없다.

회개는 부정적이다. 믿음은 긍정적이다. 회개는 나로 하여금 자아를 죽게 한다. 믿음은 나에게 그리스도를 얻을 수 있게 한다. 회개는 흔적이다. 믿음은 표현이다.

사람의 원죄(原罪 : 아담 하와의 타락으로 인한 인류의 죄-역주)는 그의 창조자를 의지할 필요를 없애는 것이었다. 사람의 소원은 하나님과 교제(交際)하고 하나님을 의지하기보다는 오히려, 마음대로 하는 것이었다.

하나님의 일에 대해서, 사람은 아무것도 결정할 권리, 곧 교회의 진로 또는 일의 방법을 선택할 권리가 없다. 더욱이 우리 자신이 필요한 것이 하나님의 일을 하는 동기가 될 때마다, 우리는 명백히 사탄의 길로 가까이 나가는 것이다.

율법을 지키는 것은 물에 불을 붙이려고 힘을 쓰거나 또는 모래 속에서 금을 찾는 것과 같다. 당신이 행동할 수 없으면 없을수록, 당신은 더욱 더 하라는 요구를 받는다. 이것이 성경에서 주어진 바 율법이다. 이는 성경의 율법은 지키라고 주어진 것이 아니다. 율법은 우리에게 어기라고 주어졌다. 율법은 율법을 지키려는 우리의 선천적인 본성의 무능력을 드러내고 우리의 죄를 확대해서 보여준다.

기독교가 이 세상의 소유물의 길로 여행한다는 것은 축복이 아니다. 오히려, 그것은 죄 받을 일이다. 주님을 생각해보라. 예를 들면 주님께서는 탄생하실 때에, 여물통을 빌리셨다. 주님께서는 죽으셨을 때, 다른 사람의 무덤에 묻히셨다. 살아 계시는 동안, 주님께서는 그분의 머리를 눕히실 곳도 없으셨다. 그리스도께서는 우리에게 그리스도인의 특징은 세상이 주는 모든 것에 대하여 가치가 없다는 마음가짐을 통해서 나타난다는 것을 보여 주셨다.

왜 우리가 우리 주위의 모든 무지(無知)와 불법(不法)에 대해서 슬퍼해야 하는가? 이는 우리가 사랑이 있기 때문이다. 사랑이 없다면, 눈물도 슬픔도 없을 것이다. 사랑이 없는 곳에 그런 반응이 있을 수 없다.

은혜는 하나님께서 죄인들에게 기꺼이 주신다. 한편, 상급은 이미 은혜로 구원받은 사람들을 위한 것이다(롬 5:2, 참조). 영원한 생명은 전적으로 믿음을 통한 은혜에 의한 것이다. 그러나 천년왕국은 전적으로 행위에 의해서 얻는다.

기도의 의미는 이렇다. 하나님께서는 뜻이 있으시다. 나는 하나님의 뜻을 언급한다. 나는 기도한다. 그리고 하나님께서는 응답하실 것이다. 참된 기도는 실은 결코 땅에서 시작하는 것이 아니다. 참된 기도는 언제나 하늘에서 시작된다.

우리는 우리 자신이 결점이 있기 때문에 다른 사람들 속의 결점이 보인다. 우리가 불결하면 불결할수록, 더욱 더 우리는 다른 사람들 속에서 불결함을 볼 수 있다. 반대로, 우리가 거룩하면 거룩할수록, 더욱 더 다른 사람들 속에서 결점을 적게 볼 것이다. 흠을 잡는 것은 아무런 밑천이 들지 않는다. 그러나 회복은 값을 매길 수 없다.

사람들은 생명이 일보다 더 중요한 결과에 속한다는 것을 알아야만 한다. 내적인 은혜는 외적인 은사보다도 훨씬 더 중요하다. 성령의 열매는 은사보다 훨씬 더 필요하고, 사랑은 능력보다 더 중요하다.

왜 세상 사람들에게 그 만큼 오락이 필요한가? 이는 세상 사람들은 그들의 고민거리를 잊어버리는데 도움이 되는 이런 자극이 필요하기 때문이다. 마음이 불안하고 불행한 사람일수록, 더욱 더 외부의 자극을 필요로 하고 원한다. 그리스도인들은 내적으로 만족한다. 그러므로 그리스도인들은 이러한 자극이 필요하지 않다.

누가 주님의 제자가 될 가치가 있는가? 그리스도를 최우선하는 사람이다. 그들의 삶속에 문제가 있는 모든 그리스도인들은 자신들에게 이 공통적인 원인, 곧 불충분한 헌신을 볼 수 있을 것이다.

최고의 영광은 내가 주님께 드려야만 하는 것에 있는 것이 아니라, 주님께서 나를 받아들이는 것에 있다. 주님께서 나 같은 것조차도 기꺼이 받아들이시는 것, 이것은 놀라운 은혜이다.

매번 우리가 능력이 필요하다는 것을 느낄 때, 우리가 실제적으로 필요한 것은 권위이다. 우리가 하나님을 알면 알수록, 우리는 그분의 권위를 더 많이 사용하게 되고, 능력이 보다 덜 필요할 것이다.

하나님 보시기에, 사람들은 죄인만이 아니다. 그들은 또한 죽은 사람이다. 그들은 완전히 죽었다. 단지 자신을 죄인으로만 보는 사람은 여전히 자기 자신을 과대평가 한다. 누구든지 자신을 또한 죽은 자로 간주해야만 한다(엡 2:1). 우리가 우리 자신을 평가하는데 있어서 이 단계에 이르렀을 때, 우리는 더 이상 발버둥치지 않을 것이다. 이는 만일 우리가 참으로 우리 자신에 대한 모든 기대를 포기했다면, 우리는 하나님을 바라볼 것이기 때문이다. 그때 하나님의 생명이 우리 안에서 나타나기 시작할 것이다.

사람에게 영광을 얻으려고 하는 사람은 하나님의 종이 될 가치가 없다. 그렇다. 세상 사람들이 우리를 칭찬한다면, 우리에게 화가 있다(눅 6:26)! 이는 우리의 길이 평탄할 때, 우리는 주님께서 항상 이 길로 여행을 하셨는지를 자문해 보아야 하기 때문이다.

구원이 우리의 노력에 달려 있지 않기 때문에, 우리가 구원을 얻으려고 힘을 쓰면 쓸수록, 우리는 실제로 구원으로부터 더 멀리 벗어난다. 우리는 노력이나 또는 "의로운" 행위가 아니라, 믿음으로 구원을 받았다(엡 2:8-9). 그러나 천년 왕국은 다른 문제이다. 천년왕국은 왕의 제자가 되어, 그들의 자아생명에게 폭력을 가하는 사람들이 힘으로 차지하여 들어간다(마 11:12; 눅 16:16, KJV). 이것은 천년왕국에 들어가는 자격요건이다.

언제 십자가가 가장 무거운가? 당신이 십자가를 지고 있는 동안이다. 언제 십자가가 더 이상 무겁지 않은가? 당신이 십자가에 매달려 있을 때이다. 만일 당신을 지고 있는 것이 십자가 자체라면, 당신은 더 이상 무거움을 느끼기 않을 것이다. 당신은 죽었다. 그래서 당신은 고통을 느끼지 않는다. 만일 당신이 참으로 자아가 죽었다면, 당신은 전혀 멍에를 느끼지 않을 것이다. 이것이 멍에는 쉽고 짐은 가볍다는 말씀의 참뜻이다(마 11:30).

처음에 예수님께서는 우리가 멸망하지 않도록 하기 위해서 우리를 죄의 형벌로부터 구원하셨다. 지금은 우리가 죄를 범하지 않도록 하기 위해서 우리를 죄의 능력으로부터 구원하신다. 장차 예수님께서는 우리가 완전히 영적인 사람이 되도록 하기 위해서 죄의 실재(實在)로부터 구원하실 것이다.

주님의 구원은 완전하다. 주님께서는 불완전한 구원자가 아니시다. 주님께서는 그들의 죄 가운데 있는 사람들을 구원하실 뿐만 아니라, 그들의 죄로부터 그들을 구원하신다. 주님께서는 죄의 능력으로부터 죄의 노예가 된 사람을 구원하신다. 만일 우리가 죄의 능력으로부터 구원을 받지 못한다면, 우리는 예수님께 속한 것을 반만 받는 것이다.

구약에서, 하나님께서는 그분의 사람들을 위해서 존재하시는 분으로 계셨다. 복음서에서, 하나님께서는 그분의 사람들과 함께 계시는 분으로 계셨다. 서신서에서, 하나님께서는 그분의 사람들 안에 계시는 분으로 계셨다. 이 세 가지 단계는 하나님과 교제하는 방법, 목적, 그리고 수단을 나타낸다.

하나님의 아들은 우리들, 곧 사람들의 자녀들을 하나님의 자녀들이라 부를 수 있도록 사람의 아들이 되기 위하여 자신을 낮추셨다.

성경의 문자적인 지식으로 가득 채워진 머리보다 그리스도의 동정적인 사랑으로 충만한 마음을 갖는 것이 더 낫다. 단지 성경 말씀만을 장황하게 말하는 입과 비교할 때, 주님을 기억하는 마음이 얼마나 더 나은가!

세상이 주님의 초림 때에 있었던 것처럼, 또한 주님의 재림 때에도 있을 것이다. 주님께서 오신다는 것을 알고 그뿐 아니라 주님의 재림에 대한 예언을 연구 하는 많은 사람들이 있다. 그럼에도 불구하고 주님의 재림을 고대하면서 기다리지 않는다는 것은 얼마나 가련한가! 우리가 어떻게 이것을 아는가? 그들은 여전히 그들 자신을 위해서 살고 땅에 속한 것들에 마음을 쓴다(골 3:2).

Chapter 52
하늘의 왕과 왕국

아담의 실패는 그가 하나님께서 명령하신 것을 행하지 않은 데 있었다. 그리스도 예수님의 승리는 그분이 하나님께서 명령하지 않으신 것을 행하지 않으신 데 있었다.

사탄의 주된 목적 가운데 하나는 사람의 예배 가운데서 하나님을 빼앗는 것이다. 이런 이유 때문에, 하나님께서는 그분이 질투하시는 하나님이라는 것을 그분의 말씀에서 반복해서 분명히 말씀하신다(출 20:5; 34:14; 신 4:24; 5:9; 6:15; 수 24:19).

오늘날 사탄이 세상에 여전히 남아 있는 것은 무슨 까닭인가? 이는 그리스도께 속한 사람들은 그리스도의 승리를 지금도 경험해야만 하기 때문이다.

구약의 원리는 먼저 행동하고 그 다음에 사는 것이다. 신약의 원리는 먼저 살고 그 다음에 행동을 한다. 하나는 행위이다. 다른 하나는 은혜이다. 이것은 복음의 놀라운 원리이다. 우리의 용서는 우리의 행위를 앞선다(마 9:1-8, 참조).

왕국의 복음은 은혜의 복음이다. 왕국의 복음은 다가올 시대에 능력의 추가적인 요소가 있다.

십자가를 진다는 것은 무슨 의미인가? 그것은 마음으로부터 하나님께 복종하는 것이다. 겟세마네 동산에서, 우리 주님께서는 아버지의 뜻을 행하기로 그분의 마음을 돌리셨다. 그 결과 그분은 거기에서 십자가를 지기 위해서 나아가셨다. 십자가를 진다는 것은 하나님의 뜻을 행하기로 결심하고 그 밖에 아무것도 하지 않는 것을 의미한다.

주님의 더할 나위 없는 종이 되는 것은 일의 결과에 따라 결정되는 것이 아니라, 우리가 하나님의 뜻을 행했느냐에 따라 결정된다.

십계명 중에서, 아홉은 윤리이다. 단 하나만이 의식이다. 안식일을 지키는 것이다.

하나님의 왕국은 하나님의 주권이다. 그 왕국이 밖으로 나타나는 증거는 무엇인가? 마귀를 쫓아내는 것은 하나님의 왕국의 실체가 가장 뚜렷하게 나타난 것 가운데 하나이다. 하나님의 주권이 있는 곳마다, 마귀들은 능력이 없다.

믿자마자, 우리는 구원을 받는다. 우리는 교회의 지체가 된다. 그러나 하늘의 왕국은 우리가 제자로 부름 받은 영역이다. 그래서 하나님께서는 우리가 즉시 왕국의 이러한 특권을 누리기 시작하도록 하신다. 한편 우리는 그분의 제자로서 우리의 의무를 수행해서 우리의 책임을 완수한다.

자아를 부인하는 것은 우리 자신의 생각을 부인하는 것이다. 그러므로 예수님의 발자국을 따르는 유일한 조건은 자아를 부인하는 것이다. 이것이 그리스도의 발자국이다. 그리고 그리스도의 발자국이 우리를 왕국으로 인도한다. 믿는다는 것은 교회에 우리를 위탁하는 것이다. 예수님의 발자국을 따른다는 것은 우리를 왕국에 위탁하는 것이다.

"누구든지 자기 생명을 구원하고자 하면 잃을 것이요 누구든지 나를 위해서 자기 생명을 잃는 자는 찾을 것이다"(마 16:25, KJV). 혼을 구원하는 것은 이 시대에 우리 자신의 마음, 뜻, 그리고 감정을 만족시키는 것이다. 지금 자신의 마음, 의지, 그리고 감정을 만족시키는 기쁨을 잃어버리는 쪽을 선택한 사람은 주님께 자신의 생명을 희생 제물로 드린다. 이 시대에 이러한 기쁨을 잃어버리려고 하지 않는 사람은 오는 시대에 그들을 잃어버릴 것이다. 곧, 그가 여전히 영원한 생명을 유지함에도 불구하고, 왕국 시대에 부끄러움을 당할 것이다. 만일 사람이 온 세상을 얻고도 마지막에 하나님께서 주신 것을 잃어버린다면, 무엇이 유익하겠는가?(마 16:26).

누구든지 미래에 상(賞)을 받을 수 있는지 알아보기 위해, 자기 자신의 행위를 시험할 수 있다. 만일 그가 오늘 자신의 혼을 잃어버린다면, 그는 미래에 상을 얻는 것이 확실하다. 만일 누구든지 오늘날 혼을 지키거나 또는 유지한다면, 그는 미래에 상을 잃어버리는 것은 확실하다.

왕국에 들어가려면, 누구든지 어린 아이와 같이 되어야만 한다. 그러나 이 지위를 유지하는 것은 바로 다음에 크게 되기 위한 기초이다. 만일 누구든지 거듭난 후, 항상 자기 자신을 어린 아이처럼 유지한다면, 그는 하늘의 왕국에서 크게 될 것이다(마 18:2-4). 불행하게도, 대다수의 사람들은 그들이 이 선행조건을 버린다. 그들은 그저 어린아이임에도 불구하고, 어른이 된 것처럼 행동한다(고전 3:1).

왕국에서 당신의 지위는 오늘날 당신의 지위와 정확히 정반대이다. 우리가 이 세상에서 크게 되고 먼저 되기를 원하지만, 주님께서는 우리를 오는 시대에 크게 되고 먼저 되라고 명하신다. 우리가 기꺼이 대가를 치르지 않고 어떻게 상을 갈망하겠는가!

로마서의 주제는 죄인은 율법의 행위로 의롭다하심(칭의-역주)을 받을 수 없다는 것이다. 한편 갈라디아서의 주제는 구원받은 사람이 율법의 행위로 성화될 수 없다는 것이다. 이 두 서신은 칭의도 성화도 율법의 행위로 이르지 못한다는 것을 충분히 보여 준다. 그러므로 율법에 대하여 죽어야만 한다. 그 결과 하나님의 은혜, 곧 주 예수 그리스도를 통한 그분의 은혜로 우리가 칭의를 받고 성화될 수 있다.

율법이 육신을 위해서 제정되었음으로, 구원을 받은 후 율법을 지키려고 힘을 쓰는 사람은 누구든지 로마서 7장에 따르면 간통(姦通)하는 사람으로 간주된다. 율법을 지키려는 우리의 노력은 우리가 죽지 않았다는 것을 보여주는 것이다. 이런 상황에서, 우리가 어떻게 그리스도와 결혼할 수 있는가?

성령께서 내주(來住)하시는 것은 중생 때에 받는다. 그러나 성령 충만은 그 후 계속적으로 구함으로 뚜렷이 나타난다. 믿는 사람은 각각 성령이 계신다. 하지만 모든 사람이 성령으로 충만한 것은 아니다.

대다수의 그리스도인들은 기름부음(성령)을 받는 것이 한번으로 충분하다고 생각한다. 그러나 하나님께서는 우리가 기름부음을 계속적으로 받기를 원하신다. 나중에 받는 것과 처음에 받은 것은 다르다. 처음에 받은 것은 하나님이 기꺼이 주신다. 그 후에는, 하나님께서는 대가를 치루기를 요구하신다. 만일 누구든지 자아를 부인하고 열심히 구하는 대가를 치루기를 거절한다면, 그 사람은 기름부음을 더 많이 받지 못할 것이다.

새 언약을 받은 후, 대다수 그리스도인들은 새로운 소망에 대해서는 알지만, 새로운 능력에 대해서는 모른다. 하지만 언약을 수행하려는 능력 없이 새로운 소망을 갖고 있는 것은 얼마나 실망스럽고, 얼마나 가슴 아픈 일인가! 이것은 성령으로 충만할 필요가 있다는 것을 보여준다.

우리와 아버지의 관계는 구원과 영원한 생명과 관련이 있다. 우리와 아들과의 관계는 승리와 상급과 관련이 있다.

옛 언약과 새 언약의 기본적인 차이점은 옛 언약은 생명에 앞서 행위를 요구한다는 것이다. 옛 언약은 자녀가 되기에 앞서 종이 되는 것을 의미한다. 그러나 새 언약은, 행위에 앞서 생명을 준다, 곧 종이 되기에 앞서 거듭나는 것이다. 이유가 무엇인가? 이는 하나님께서는 믿는 사람들이 그들의 육신으로 그분을 섬기기를 원치 않으시기 때문이다.

기름부음(성령 충만) 없이 은사를 행하는 것은 아주 위험하다. 이것은 고린도 교회에 나타났던 문제이다. 고린도 교회의 성도들은 그들이 은사는 풍부했으나 기름부음이 부족했기 때문에 혼란으로 가득 차 있었다. 우리의 은사의 사용은 오직 성령 충만으로 성취되어야만 한다.

어떤 사람이 심판의 보좌에서 상급을 받을지 또는 받지 못할지는 그때 결정되는 것이 아니다. 오늘 결정된다. 상급을 얻는 것은 미래 어느 때에 성취되는 것이 아니다. 주님께 충성스러운 섬김의 삶을 통해서, 지금 여기에서 성취된다. 지금 희생하고, 영원히 받으라, 곧 지금 받고, 영원히 희생하라.

피는 죄를 처리한다. 피로 우리의 죄가 용서 받는다. 그러나 피는 우리가 다시 죄를 짓지 않는다는 것을 보증하는 것이 아니다. 이 때문에 우리는 십자가가 필요하다. 십자가는 죄의 능력을 처리한다. 오직 십자가만이 우리가 다시 죄를 짓지 않도록 우리를 죄로부터 구해낼 수 있다. 그럼에도 불구하고 우리가 죄를 지을 경우를 대비해서, 피는 여전히 죄를 용서하기 위해서 있다.

Chapter 53
십자가의 말씀

고난을 받는 것은 영광이다. 주님과 함께 고난을 받으면, 우리는 주님과 함께 영광을 받을 것이다. 고난을 받는 것은 미래의 영광이다. 그리고 영광은 현재 고난을 받는 것이다.

이것은 내가 사람들과 토론에서 배웠던 가장 가치 있는 교훈이다. 문제가 무엇이든지, 일단 의견이 제기되면, 더 이상 억지를 쓰지 말라. 만일 사람들이 듣지 않는다면, 기도로 물러나라. 그리스도를 위해서 모든 것을 참으라.

병사가 최전선에 나갈 때, 그는 죽을 준비가 되어 있어야 한다. 병사가 죽는 것은 정상이다. 그가 사는 것은 예외이다. 그렇다면, 왜 그리스도의 병사들은 예외가 되어야 하는가? 병사는 승리를 기대한다. 대장이 상처를 입었기 때문이다.

하나님께 드리는데 있어서, 우리가 할 수 있는 것을 드리기는 쉽다. 마음(곧 우리가 희생한 것을 도로 찾으려는 소원)을 드리기는 어렵다. 이삭을 제물로 바치는 것은 상대적으로 쉽다. 그러나 마음(이삭을 도로 찾으려는 소원)을 드리고 하나님께서 우리의 마음을 지켜주시도록 하는 것, 그것은 아주 어렵다.

십자가는 양 면으로 이루어져 있다. 하지만 그것은 나눌 수가 없다. 한 면은 죽음이다. 다른 한 면은 부활이다. 자연인은 생명이 무엇인지조차도 알지 못하기 때문에 죽음을 알 수가 없다. 그런데도 영적인 사람이 죽음을 모른다면 어떻게 생명을 알 수 있겠는가?

"죽음"은 죄에 대하여 믿는 사람의 수동적인 면이다. 반면에 "생명"은 의에 대하여 그의 능동적인 면이다. 대다수 믿는 사람들은 "죽음"의 상황에 압도당한다. 따라서 그들은 매우 약하고 능력이 없다. 그들의 죽음 안에서 그들은 생명을 경험하지 못한다. 이는 죽음을 겪지 않고 생명에 이르지 못하기 때문이다.

십자가의 "생명"의 부분은 세 부분, 곧 (1)주님과 함께 사는 부분 (2)내 안에 사시는 주님을 경험하는 부분 (3)주님을 위해서 사는 부분으로 구성되어 있다. 이 세 부분을 성취할 때만이 믿는 사람들은 승리의 삶을 살 것이다.

만일 누구든지 날마다 죽는다면, 그는 날마다 산다. 만일 누구든지 죄에 대해서 죽는다면, 그는 주님께 대하여 산자가 된다(롬 6:11). 그리스도인의 삶이 승리하게 되는 것은 이 영적인 경험의 단계에 이를 때이다. 이러할 때 그리스도인은 사탄과의 영적인 전투에서 싸울 준비가 되는 것이다. 슬프게도, 대부분의 그리스도인들은 결코 로마서 7장에 있는 갈등을 넘어서 나아가지 못한다. 이 갈등은 단지 옛 사람과의 싸움에 지나지 않기 때문에, 이것은 영적인 전투라고 일컬을 수가 없다.

사람들은 주 예수님과 그분의 죽으심에 대해서 이야기하기를 좋아하지만, 주 예수님과 십자가에 대해서 이야기 하는 것은 싫어한다.

아버지의 뜻을 행하여 세상을 구원하시기 위해서, 그리스도께서는 십자가에서 내려오지 않으셨다. 주님께 있어서, 문제의 핵심은 명백했다. 주님께서는 그분 자신을 구원하시려면, 사람들을 저버리셔야만 한다. 그러나 사람들을 구원하시려면, 그분 자신을 저버리셔야만 한다. 주님께서는 자신을 저버리셨다. 주님께서는 우리를 위해서 자신을 포기하셨다. 오, 주님께서는 당신과 나를 얼마나 사랑하여만 하셨는가!

"의(義)"는 율법의 한계를 처리한다. 율법에는 긍휼(矜恤 : 불쌍히 여겨 돌보아줌-역주)도 사랑도 없다. 율법을 어기는 사람은 누구든지 율법에 따라서 처벌을 받아야만 한다. "사랑"은, 반면에, 인정이 있고 관대하다. 사랑은 모든 것에 대해서 무조건적이고 압도적인 애정을 보여 준다. 그분의 사랑에 준해서, 하나님께서는 은혜를 주신다. 그분의 거룩하심에 준해서, 하나님께서는 의로운 방법으로 거룩함을 주신다.

중생(거듭남 또는 영적으로 새로 태어나서 새 사람이 됨-역주)은 단지 영적인 삶의 첫 단계일 뿐이다. 누구든지 중생을 할 때, 그는 생명을 받는다. 그렇다고는 하지만 이 생명은 단지 유아(幼兒 : 젖먹이-역주) 단계에 있을 뿐이다. 이 후에, 주님과 함께 죽고 주님과 함께 부활하는 것은 모든 믿는 사람들의 경험이 되는 것이다. 그들은 주님 안에서 성숙한 사람들이 몸에 지니는 흔적이다. 이것들을 나타내는 사람이 아주 적다는 것은 얼마나 비참한 일인가!

누구든지 믿는 순간, 그는 새롭게 태어난다. 중생을 한 후, 그는 영원한 생명을 얻는다. 이 생명은 아직 성숙하지 않았음에도 불구하고, 이 생명은 그럼에도 불구하고 영원히 지속되기에 충분하다.

하나님께서는 죄를 모르는 체 하거나 하찮게 여길 수 없으시다. 이렇게 하는 것은 그분의 의(義)의 모든 기준을 무효와 하는 것이다. 율법의 성취는 하나님의 의(義)를 밖으로 나타내는 한편, 속죄(贖罪)는 우리를 위한 하나님의 사랑을 나타낸다.

구약의 사람들은 그리스도를 고대했다. 우리는 뒤를 돌아본다. 만약 그들이, 믿음으로, 미래의 구세주를 받아들일 수 있었다면, 왜 우리가, 믿음으로, 과거의 구세주를 믿을 수 없겠는가?

오늘날 믿는 사람들의 부르짖음은 더 큰 믿음을 얻기 위해서다. 그러나 어디에서 더 큰 믿음이 나오는가? 믿음은 그 근원이 있다. 믿음의 근원은 믿는 사람이 아니라, 하나님이다. 불행하게도, 믿는 사람들의 믿음이 하나님께 있는 것이 아니라, 그들이 더 큰 믿음을 지니는데 있다.

믿는 사람들이 하나님께서 그들을 위해 하실 수 있는 것을 볼 수 없는 것은 그들이 풍부하거나, 또는 궁핍한 중에서 하나님을 의지하지 않기 때문이다. 만일 우리가 하나님께 믿음을 고백한다면, 우리의 믿음은 실제적인 면에서, 곧 우리의 매일의 행동을 통해서 입증되어야만 한다.

믿음과 안식은 나눌 수가 없다. 그래서 믿는 사람들은 그 안식으로 들어갔다(히 4:3). 그 때문에 믿음의 첫 행위는 우리 자신의 행위를 중지하고 하나님의 사랑, 지혜, 그리고 능력 안에서 안식하는 것이다.

그리스도인들이 흔히 받아들이는 일반적인 착각은 정직한 사람은 속을 수 없다고 생각하는 것이다. 그들은 "나의 마음에 거짓이 없는 한", 나는 속지 않을 것이라고 생각한다. 가장 많이 속임을 당하는 사람이 이런 정직한 혼들이라는 것을 누가 상상이나 할 수 있겠는가!

사탄은 일반적으로 그들이 속지 않을 것이라는 것을 먼저 그들에게 암시 을 줌으로 믿는 사람들을 속인다. 이것이 그들이 속임을 당할 수 없다고 믿는 사람들이 통상 가장 많이 속임을 당하는 이유이다. 하나님께서는 우리를 무조건적으로 보호하겠다고 약속하지 않으신다. 그와는 반대로, 우리가 완전히 보호를 받게 되는 것은 단지 하나님과 함께 협력하기를 배운 후이다.

Chapter 54

성령의 고제

성령의 가장 중요한 사역은 우리에게 부활하신 그리스도를 전하는 것이다. 성령께서는 주님의 눈에 보이는 특성과 관계가 있는 복음서에 기록된 그리스도를 전하시는 것이 아니다. 그보다는 성령께서는 부활하신 그리스도를 전하시는 것이다.

오늘날 이 세상에서 주님께서 그분의 길을 받아들이도록 인도하시는 길은 우리의 행실이 얼마나 바뀌었느냐 또는 우리가 진리를 얼마나 아느냐에 있는 것이 아니다. 오히려 그것은 우리가 참으로 부활과 성령과 그리고 교회에 대해서 알기 위하여 어떤 희생도 기꺼이 치르느냐 또는 치르지 않느냐의 문제이다. 만일 우리가 그렇게 한다면, 교회는 영광스러운 증언이 있을 것이다.

누구든지 부활이 무엇인가를 볼 때만이 그는 몸(교회·역주)이 무엇인가에 대해서 분명하게 될 것이다.

우리가 성령의 역사를 어디에서 볼 수 있는가? 성령의 역사는 주님의 부활의 능력이 역사하는 곳마다 볼 수 있다. 그렇지 않다면, 그분의 역사로 간주할 수 없다.

하늘의 권위는 영광스럽고 대단히 크다. 그러나 하늘의 권위가 이 세상에 의해서 제한되고 있다. 이 세상에서 단 두 사람만이라도 부활이 무엇인지를 인정하고 부활의 근거위에 서 있을 때, 그들은 세상의 죽음을 뒤흔들 수 있다. 따라서, 오늘날, 우리는 이미 가지고 있는 것이 더 필요한 것이 아니다. 오히려, 우리는 우리가 이미 가지고 있는 것이 얼마나 영광스럽고, 풍부하고 큰 것인가를 보는 것이 필요하다.

성령께서 당신에게 임하시도록 하려면, 당신은 당신 자신이 당신의 소원을 말씀드려야만 한다. 그러면 성령께서는 임하신다. 성령께서는 따로 역사하지 않으신다. 능동적으로 일하는 것은 당신이다. 그리고 돕기 위해서 성령께서 임하신다. 당신이 허용하는 정도 안에서 성령께서 임하시는 정도를 볼 수 있을 것이다. 성령의 부으심은 나사렛 예수님의 높아지심과 승리하심의 증거이다. 우리는 우리의 믿음과 승리를 보여 주기 위해서 아니라. 예수님께서 주와 그리스도이시라는 것을 보여 주기 위해서 성령의 부으심을 받는다.

성령의 부으심을 받으려면 확실한 조건이 성취되어야만 한다. 첫째, 마음속에 처리되지 않은 알고 있는 죄가 없어야만 한다. 둘째, 영 안에 갈망이 있어야만 한다. 셋째, 열렬한 기도가 있어야 한다.

성령의 부으심을 받는 것은 벽 사이에 있는 문을 여는 것과 같다. 문을 연 후, 영적인 영역에 있는 것들과 끊임없는 접촉이 있을 것이다.

당신이 성령의 부으심을 경험하는 때는 어느 때 이든지, 당신은 영(사탄-역주)들을 시험하는데 주의를 기울여야 한다(요일 4:3; 고전 12:3). 당신은 그리스도께서 육체로 오셨는지를 그에게 묻고 또는 예수님께서 주님이신지에 대하여 물음으로서 성령의 부으심을 받고 있는 그 사람에게 이의를 제기해야만 한다.

교회의 모임에서, 성령의 부으심은 자신을 세우는 것이 아니라, 다른 사람들을 세우기 위한 것이다. 이것은 고린도전서 14장에서 우리에게 상세히 설명된 원칙이다.

우리가 우리 안에 거하시는 성령께 복종하더라도, 우리 자신이 우리에게 쇄도하는 영(사탄-역주)을 제어(制御-억눌러서 마음대로 다룸-역주)해야 한다는 것을 완전히 알아차리도록 하자. 우리가 성령의 부으심을 구할 때, 우리는 우리에게 부어지는 것을 통제해야만 한다. 왜 그런가? 이는 만일 우리가 주의 깊게 그 상황을 통제하지 않는다면, 사탄이 쉽게 가짜를 제시할 수 있기 때문이다.

성령의 부으심은 특히 우리의 기도 또는 선한 행위가 아니라, 특히 주 예수 그리스도의 높아지심에 연관되어 있다.

성령의 역사는 세 부분이다. 첫째, 성령께서는 사람들에게 생명을 주신다. 둘째, 성령께서는 생명으로 사람들 안에 거하신다. 셋째, 성령께서는 능력으로 사람들에게 임하신다.

사람들 안에 거하시는 성령께서는 생명을 목적으로 하신다. 한편 사람위에 임하시는 성령께서는 능력을 목적으로 하신다.

성령께서는 믿는 사람들에게 증인이 되도록 주님의 능력을 부여하시고 성령의 은사를 분명하게 보여 주도록 하기 위해서 그들에게 임하신다. 이런 방법으로, 우리는 하나님을 위해서 일할 재능과 성령의 뜻을 성취할 능력을 갖추게 된다.

사람 안에서 역사하시는 성령의 역사는 생명과 삶을 목적으로 하고, 우리에게 성령의 열매를 맺을 수 있도록 한다. 사람 위에 임한 성령의 역사는 증언과 섬김을 목적으로 하고, 우리에게 영적인 은사를 분명하게 보여 주게 하신다.

내적으로 성령에 충만하고 외적으로 성령이 임하는 사람은 주님을 섬기는데 있어서 큰 능력을 지닌다.

주님을 섬기는 데 종사(從事 : 일삼아서 함-역주)하기를 원하는 사람은 먼저 피를 발라야 한다. 다음에, 곧 피를 바른 후, 기름이 부어 질 수 있다(레 14:14-17). 성령께서 당신이 행동하고 일하도록 도우실 수 있기 전에 먼저 십자가가 당신의 귀, 손, 그리고 발을 움직여야만 한다. 먼저 승리하는 생명에 이르고, 다음에 성령의 부으심이 있다.

만일 어떤 사람이 안에 참 생명이 있고, 밖으로 성령의 부으심이 있다면, 그는 주님께 아주 유용하게 될 수 있다.

성령의 부으심은 단지 필요할 때만 구해야 한다. 우리의 영적인 기쁨을 위한 즐거움의 대상으로 삼아서는 안 된다.

영들을 시험하는 것에 대하여, 어떠한 종류의 기름부음이라도 있을 때마다, 우리는 항상 그 영을 시험해야만 한다(요일 4:1). 우리는 매번 시험을 해야만 한다. 왜 그런가? 이는 우리는 영적인 영역에서 악한 자에게 상대가 되지 않기 때문이다. 그러므로 영을 시험하는 것은 매우 중요하다.

성경은 두 종류의 능력을 말씀한다. 하나는 우리 안에 있는 부활의 능력이다. 다른 하나는 우리 밖에 있는 성령의 능력이다. 후자는 성령의 부으심으로 나타나는 능력이다.

그리스도 안에 있는 형제자매들을 돕는데 있어서, 우리는 먼저 그들이 승리의 삶을 경험하도록 돕고 그 다음에 그들이 성령의 부으심을 구하도록 확실하게 이끌어 주어야 한다.

성경에서, 부활은 죽음과 연관되어 있고, 성령 충만은 비우는 것과 연관되어 있다. 또한, 성령 충만은 오직 특별한 집단, 곧 그들 자신을 비운 사람들을 위한 것이지만, 성령의 부으심은 모든 성도들을 위한 것이다.

성령의 충만에 관련해서는, 우리의 순종 때문에 우리를 충만하게 하시는 분은 부활하신 주님이시다. 성령 충만은 우리 안에 거룩한 삶을 필요로 한다. 그러나 성령의 부으심에 관련해서는, 승천하신 주님께서 우리의 믿음 때문에 우리에게 성령을 부으신다.

만일 당신이 성령으로 충만하기를 원한다면, 당신은 당신 자신을 비워야만 한다. 당신은 성령 충만을 열망해야 하고 만족하지 않아야 한다. 결코 당신이 이미 받은 것을 족한 것으로 여기지 말라. 결코 당신이 받은 것을 만족하는 단계에 이르지 말라. 이런 방법으로, 당신은 항상 더욱 많이 받을 것이다.

만일 당신이 주님께서 당신 안에서 행하시는 일을 탐구하여 찾아내어 몰두할 수 있다면, 당신은 주님께 크게 쓰임을 받을 것이다. 그러나 만일 당신이 초조하여 하나님과 논쟁을 한다면, 당신은 즉시 당신의 승리하는 삶을 지속하지 못하게 되고 성령의 어떤 기름 부으심도 도움이 되지 못할 것이다. 십자가가 당신을 상처내서 깊이 관통하도록 하자. 이는 각각의 십자가의 상처는 당신이 사랑하고 갈망하는 것을 당신으로부터 처리하기 때문이다. 이러한 상처들은 당신 안에 있는 그분의 은혜의 분량을 증가시키려는 십자가의 역사이다.

우리가 만일 십자가를 경험하지 않고 성령으로 충만하지 않는다면, 사람들 앞에서 우리의 증언은 힘이 없고 불완전할 것이다.

만일 어떤 사람이 성령의 기름 부으심을 받을 필요가 있다면, 몇몇 성도들을 모으라, 그리고 그를 주님 앞으로 데리고 가라. 그 다음에 그가 성령의 기름 부으심을 받을 때까지 함께 기도하라.

오순절 날에 성령의 기름 부으심은 사람들의 선함과 진실함을 보여주기 위해서 일어난 것이 아니라, 예수님께서 주와 그리스도시라는 것을 이스라엘의 온 집에게 보여주기 위해서 일어났다(행 2:36).

우리는 우리가 가지고 있는 모든 것, 곧 중생을 통해서 나오지 않는 것에서, 손을 놓는 법을 배워야 한다. 이는 "육으로 난 것은 육이요, 성령으로 난 것은 영이기"(요 3:6)때문이다. 그런데도, 우리가 어떻게 성스러운 일을 하는데 있어서 그처럼 우리의 선천적인 힘을 의존하겠는가!

대다수의 사람들은 성령에 따라 사는 것을 싫어한다. 그들은 어떤 규범에 따라 살기를 좋아 한다. 사람들은 오히려 율법에 따라 산다. 이는 율법이 그들에게 잘못된 것에서 옳은 것을 아주 쉽게 구별하게 해주기 때문이다. 율법에 의해서 사람들은 그들이 가야할 곳과 가지 말아야 할 곳, 그들이 해야 할 것과 하지 말아야 할 것을 알 수 있다. 그러나 율법의 문제점은 이렇다. 사람들이 율법에 따라서 처신할 때, 그들은 하나님을 그들의 뒤에 두게 된다.

하나님께서는 우리가 그분의 말씀 가운데서 무의미한 문자만을 지키기를 원치 않으신다. 하나님께서는 우리가 그분께 끊임없이 기도하고 그분이 우리의 모든 필요한 것을 공급해 주시도록 조용히 기다리는 것을 기뻐하신다. 하나님께서는 우리가 어떤 "것"도 의지하기를 원치 않으신다. 이는 우리가 오직 하나님만 의지할 때, 그것이 그분께 기쁨을 드리기 때문이다.

성령 안에서의 삶은 정해진 규범이 없다. 성령 안에서의 삶은 모든 생명이 없는 규범을 버리고 직접 하나님의 뜻을 구하는 것이다. 성령 안에서 삶은 성령께서 인도하시는 곳으로만 가고 성령께서 하라고 말씀하시는 것만 한다.

성경 안에 있는 모든 것은 살아 있다. 곧 성령 안에서 살아있다. 만일 우리가 성경에 있는 것들을 법이나 규칙으로 바꾼다면, 그들은 죽게 된다. 성경의 진리가 살아있도록 하려면, 그것은 성령 안에 있어야만 한다.

순간 순간 성령의 살아계시는 인도하심을 따르지 않는 모든 것은 법이다. 어제의 인도하심을 모방하는 것조차도 법에 따라 사는 것이다.

그러나 이론적인 면에서, 우리 안에 성령의 인도하심이 우리를 인도하시기에 충분해야 한다. 그러나 실제적인 면에서, 그분의 내적인 인도하심에 대한 우리의 이해가 잘못에 빠지기 쉽기 때문에, 우리는 여전히 성경이 필요하다.

우리가 참으로 하나님께 순종하는 것은 단지 주님께서 우리에게 주시는 내적인 인도하심과 외적인 인도하심에 순종할 때 뿐이다.

만일 당신이 사역을 할 때 성령의 기름 부으심이 없다면, 당신은 말을 많이 하면 할수록, 능력이 더 적다. 당신이 말을 길게 하면 할수록, 당신은 안에 든 것이 더 없다. 당신은 의심스러운 무미건조함을 느낀다. 한편으로는, 만일 당신이 당신 안에 기름 부으심과 마음의 부담이 있다면, 당신이 일을 하면 할수록, 당신 안에 아멘이 더 클 것이다. 당신은 힘이 들지 않고 말이 줄줄이 나가는 것을 느낀다. 당신은 이것이 하나님께서 당신에게 말씀하시고 행하기를 원하시는 것이라는 것을 안다.

우리는 우리에게 임한 기름 부으심 이상 결코 하나님을 알 수 없다는 것을 항상 기억하자. 우리에게 임한 기름 부으심의 분량은 하나님을 섬기는 우리의 범위이다.

하나님께서 부으시는 기름은 전적으로 그분의 마음을 만족시켜 드리기 위한 것이다. 이는 성경은 "그것을(거룩한 기름) 사람의 몸에 붓지 말라"(출 30:32, KJV)고 말씀하기 때문이다. 그러므로 우리는 우리가 그리스도 안에 있을 때만 기름 부으심을 받는다.

어떤 사람이 기름 부음을 받을 때, 그 기름은 몸이 아니라, 머리에 부어진다. 그러나 기름이 머리에 부어질 때, 기름이 온 몸을 덮을 때까지 흘러내린다(시 133:2). 이것은 그리스도와 교회에 대한 생생한 묘사이다.

우리는 기름이 매끄럽고 부드러운 바르는데 사용하는 물질이라는 것을 안다. 그것은 성령께서 우리를 가르치시는 방법과 같다.

구약 시대는, 사람들이 하나님의 말씀을 입 밖으로 낼 때, 하나님의 말씀이 그들에게 율법이 되었다. 신약 시대에도, 역시 성령의 기름 부으심이 없이 하나님의 말씀을 입 밖으로 낸다면, 하나님의 말씀은 역시 율법이 된다.

그리스도인으로, 우리는 우리 자신의 마음을 의지하거나 또는 우리 자신의 뜻을 따라서는 안 된다. 그보다도, 우리는 그리스도께 마땅히 그분이 받으실만한 절대적인 주권을 넘겨 드리고 그리스도께서 우리의 마음과 의지를 지배하시는 주님이 되시도록 해야 한다. 이는 우리의 선천적인 육신은 단지 죽어야 마땅하기 때문이다. 곧 십자가에 못 박혀서 먼지와 재로 매장되어야 마땅하기 때문이다.

진리에서 배운다는 것은 어떤 사람이 그가 배웠던 성경에 관련된 가르침에 따라 행동하는 것을 의미한다. 성령의 훈련으로부터 배우는 것은 어떤 사람이 그를 다루시는 주님의 손을 경험한 후, 서서히 주님에 의해서 깨어지는 것을 의미한다. 이 과정이 끝날 때, 누구든지 불순종, 불평, 초조 그리고 소신의 초기 단계에서 순종의 단계로 완전히 넘겨진다.

누군가의 말이, 영으로부터 나오는지 또는 혼으로부터 나오는지에 대해서 판단하는 것은, 영분별의 첫 단계이다. 더욱이 영에 속한 것과 혼에 속한 것을 분간할 수 없는 사람은 영적인 판단을 할 수가 없다.

우리가 다른 사람에 대한 우리의 지식의 근거는 우리가 우리 자신을 판단한 정도에 근거한다. 우리는 자신을 아는 정도만큼 우리 동료 그리스도인들을 알 것이다.

당신의 사역의 범위는 당신의 삶속에서 성령의 훈련의 양에 따라 결정될 것이다. 훈련을 많이 받으면 받을수록, 그릇이 커져서 더 쓸모가 있게 될 것이다.

보통 사람은 그의 육신만 처리되는 것이 필요하다. 그러나 자만하는 사람은 그의 육신뿐만 아니라, 그가 덧붙여 말한 거짓의 껍질까지 처리되어야만 한다.

그의 영으로 판단하는 능력을 갖으려는 사람은 그의 겉 사람이 깨어져야만 한다. 왜 그런가? 이는 겉 사람이 깨어지지 않고는 그 사람의 영은 봉쇄(封鎖 : 드나들지 못하도록 막음-역주)되어서 쓸 수가 없기 때문이다.

세상에서, 사교적인 교제는 친한 친구를 얻기 위해서 하는 것이다. 그러나 그리스도인들의 교제는 형제 사랑에 근거하여 행해진다. 우리는 서로 사랑한다.

성경은 우리에게 잠복기(潛伏基)에 있는 나병은 치료될 수 없다고 가르친다. 그러나 나병은 일단 완전히 드러나면, 치료가 될 수 있다(레 13:13). 이것은 죄를 깨끗케 하는 첫째 원칙이다.

우리가 사람들을 설득시키려고 할 때, 만일 어떤 개인적인 문제 또는 이기심이 있다면, 우리는 그들이 그들의 문제를 해결하도록 도울 수가 없을 것이다. 우리의 동기가 그들이 필요한 것을 채워줄 충분한 관점을 갖도록 하기 위해서 이 결점으로부터 순화(純化 : 불순한 것을 제거하여 순수하게 됨-역주)되어야만 한다.

오늘날 교회에서는, 가령 있다 할지라도, 감히 책망을 하는 사람은 거의 없다. 왜 그런가, 이는 우리의 삶이 올바르지 않기 때문이다. 그러므로 우리는 책망할 만한 자격이 없다. 우리가 다른 사람들은 책망하자마자, 우리는, 실제로는, 우리 자신을 책망하게 될 것이다.

Chapter 55

하나님을 예배하라

계시로 우리는 하나님을 안다. 양도(讓渡)함으로 우리는 하나님께서 행하신 일들을 안다. 하나님께 예배를 드린다는 것은 하나님께서 행하신 일들을 존경하고 찬미하는 것이다.

주 예수님께서는 하나님께 대한 예배를 회복하시기 위해 이 세상에 오셨다. 사탄은 하나님으로부터 그분께 대한 예배의 권리를 빼앗으려고 힘쓴다. 사람은 하나님보다도 다른 것을 예배하도록 시험을 받는다.

왜 사탄은 사람들이 구원받는 것을 두려워하는가? 이는 사람들이 구원받은 후 곧이어 하나님께 예배를 드리게 될 것이기 때문이다. 그러므로 사탄은 사람들이 구원받는 것을 몹시 싫어한다.

구원을 경험하는 것만으로는 충분하지 않다. 우리는 우리가 하는 모든 것이 예배가 되게 해야 한다. 교회는 하나님의 피조물의 첫 열매이다(약 1:18). 어느 날 세상이 하나님께 드릴 것을, 우리는 먼저 그분께 드린다.

예배란 무엇인가? 예배는 간단히 말해서 이렇다. 그분은 하나님이시고 나는 단지 사람에 불과하다는 것을 인정하는 것이다. 내가 하나님을 아버지로 볼 때, 나는 구원을 받는다. 내가 하나님을 하나님으로 볼 때, 나는 꼼짝 못하고 죽는다. 이는 우리가 그분을 하나님으로 볼 때, 우리는 단지 겸손하게 무릎을 꿇고 그분을 예배할 수가 있기 때문이다. 모든 문제는 우리가 보는 것에 달려 있다.

"우리의 하나님께서는 소멸하는 불이시다"(히 12:29). 그분은 탈수 있는 모든 것을 태우실 것이다. 다니엘의 세 친구들이 풀무(불을 피울 때에 바람을 일으키는 기구-역주)불 속에서 소멸되지 않을 수 있었던 것처럼(단 3), 그와 같은 경우는 십자가에서 철저히 죽음을 경험한 사람들과 일치한다. 하나님의 심판의 불을 이미 겪고 새로운 생명으로 들어간 사람들은 불에 탈 수가 없다.

왜 하나님께서 어리석고 약하고 그리고 천한 사람들을 선택하셨는가?(고전 1:27-28). 이는 그들의 혼들은 우쭐하지 않기 때문이다. 만일 우리가 영을 좇아서 산다면, 하나님께서 원하시는 예배를 받으신다. 그러나 만일 우리가 혼을 좇아서 산다면, 사탄이 우리에게 원하는 숭배(崇拜 : 절대시하여 우러러 받듦-역주)를 받는다.

예배는 하나님께 영광을 돌려 드리는 것이다. 내가 하나님께 드리는 예배는 그분의 영광이다.

예배란 무엇인가? 내가 하나님의 뜻에 복종하는 것이다(히 11:21). 이것이 예배이다!

하나님의 생각하시는 바에 의하면, 교회는 임전 태세(臨戰態勢)에 놓여 있다. 그러므로 만일 교회가 전투중인 교회가 아니라면, 그 교회는 전혀 교회가 아니다.

그리스도인으로 우리는 세 가지의 적(敵)이 있다. 세상, 육신, 그리고 마귀다. 경험에 의하면, 세상이 무엇보다도 먼저 무력화(無力化)되어야 한다. 세상에 대한 승리는 가장 약한 단계이다. 다음에는 육신이다. 빛은 육신의 힘을 제거함으로서, 육신이 전에 일어섰던 대로 일어 설 수 없도록 한다. 마지막은 마귀이다. 마귀는 영이기 때문에, 자신의 육신에서 해방된 사람들만이, 그들의 영안에서, 영의 영역에서의 전투에 대해서 알 수 있다. 세상과 육신은 우리가 세 번째의 적, 곧 마귀에게 접근하기 전에 먼저 우리의 삶속에서 처리되어야만 한다. 세상과 육신으로부터 해방되지 않은 사람은 사탄에 대해서 명확하지 않을 것이다.

성경에는 이십 세부터 육십 세까지의 남자가 가장 값이 비싸다. 그들의 금전상 가치는 모든 나이 가운데 가장 비싼 오십 세겔로 평가되었다(레 27:3). 왜 그런가, 이들은 가장 적합한 사람, 곧 대부분 전쟁에 나갈 수 있는 사람들이었기 때문이다(민 1:3). 바꿔 말하면, 각 사람에 대한 하나님의 평가는 적과의 전투에 참가하는 남녀의 능력에 의해 평가된다.

만일 우리가 자아, 환경, 사람, 또는 세상과 이 땅의 어떤 것에 의해서 지배를 받는다면, 우리는 영적인 영역의 전투에 부적당하다.

세상이 당신에게 단지 적은 것들을 공급한다 할지라도, 그것들을 관대하게 받아들이라. 그렇지 않으면, 어느 날 당신은 그것들을 얻을 수 없게 될 때, 기가 죽을 것이다.

두 가지가 계시를 위해 필요하다. (1)하나님께로부터 빛 (2)열린 눈.

영적인 향상은 어떤 심오한 기준에 이르거나 또는 어떤 아득한 목표를 향해서 시종 밀어 붙이는 문제가 아니다. 영적인 향상은 전적으로 하나님의 기준을 보는 문제이다. 영적인 향상은 당신이 무엇인가 되려고 하는 것이 아니라. 참으로 당신이 누구인가를 앎으로 얻는다.

당신이 죽는 것은 당신이 죽었다는 것을 볼 때이다. 당신이 부활하는 것은 당신이 부활했다는 것을 볼 때이다. 당신이 거룩하게 되는 것은 당신이 거룩하다는 것을 볼 때이다. 당신이 주님께서 이미 받으신 것을 받는 것은 당신이 그리스도 안에 있는 당신 자신을 볼 때이다.

하나님께서는 교회를 전적으로 깨끗하고 전적으로 흠이 없는 것으로 보신다(민 23:21). 우리가 이 세상에서 그 실체의 능력 안에서 살기 시작하는 것은 우리가 하늘에 있는 이 영적인 실체를 보기 시작할 때다.

슬프다! 기독교는 대부분의 그리스도인들의 경험에서, 그들이 무엇인가 되기 위해서 힘을 쓰고, 그들이 할 수 없는 것을 하려고 힘을 쓴다. 그들은 항상 세상을 사랑하지 않기 위해서 몸부림치고 있다. 이는 마음으로 그들은 참으로 세상을 사랑하기 때문이다. 그들은 항상 겸손해지려고 힘을 쓴다. 이는 마음에 그들은 여전히 교만하기 때문이다.

우리가 하나님을 피할 수 없다는 것을 배우는 것은 쓰라린 경험을 통해서이다. 하나님께서 불완전한 마음에 의해 제한 받으실 수 없다는 것을 배우는 것 역시 쓰라린 경험을 통해서이다(막 6:5-6, 참조). 그런데도 우리는 하나님을 훼방할 충분한 능력이 있다.

몸이 누군가의 인격을 완전히 표현하기 위해서 있는 것처럼, 그리스도인들은 그리스도를 표현하는 수단이다. 더욱이 이 세상과 악한 권세 자들의 영의 세계를 주님의 뜻으로 향하게 하는 것은 몸을 통해서이다. 그것이 우리의 삶속에서 그리스도의 통치권이 그만큼 아주 중요한 이유이다.

우주 가운데 지금 활동 중인 의지는 세 가지이다. 신의 의지, 사탄의 의지, 인간의 의지이다. 하나님께서는 인간의 의지를 사탄 대신에, 그분 편에 두기를 원하신다. 왜 그런가? 이는 만일 사람의 의지가 하나님의 편에 있지 않는다면, 하나님께서 사람의 의지를 쓸모 없게 하지 않으신다 할지라도, 사람의 의지가 그분의 목적을 위해서 사용될 수 없기 때문이다. 하나님께서는 사람의 모든 의지를 간섭하지 않기 위해서 이런 한계 상황을 받아 들이신다.

왕국이란 무엇인가? "당신의 뜻이 하늘에서(이미) 이루어진 것 같이 땅에서도 이루어지는 것이다"(마 6:10, KJV). 이것은 그분을 제한하기 위해서 나타나는 인간의 의지가 없을 것을 의미한다.

대다수 믿는 사람들의 불행은 그들이 단지 그들의 관심의 대상을 바꾸지만, 그들의 능력과 힘의 근원을 바꾸지 않는다는 것이다.

하나님께서 우리의 구원에 관해서 모든 것을 행하신 것처럼, 하나님께서는 또한 우리의 섬김에 관해서 모든 것을 행하신다. 왜 그런가? 이는 만일 하나님께서 모든 영광을 받으시려면, 하나님께서는 또한 모든 일을 하셔야만 하기 때문이다. 하나님께서는 사람에게 속한 모든 것을 배제시켜야만 하신다. 그 결과 영광을 받으신다.

우리의 선천적인 생명과 선천적인 힘은 우리가 죽을 때까지 계속 우리와 함께 있을 것이다. 그러나 하나님께서 야곱의 허리뼈의 우묵한 곳을 상하게 하셨던 것처럼, 선천적인 생명, 능력, 그리고 힘이 깨어져야만 한다(창 32:24-25). 그 후, 그는 계속 걸었으나, 계속 발을 절었다. 하나님의 모든 참 종은 그가 결코 회복할 수 없는 그와 같은 상처의 흔적을 경험한다.

죽음은, 원칙적으로, 위기 속에서 우리의 선천적인 생명에 역사해야만 한다. 이런 위기를 겪게 함으로 하나님께서는 우리를 부활로 해방시키신다. 위기를 겪은 후, 우리는 부활의 장으로 나온다.

Chapter 56
이 사람이 무엇을 할까?

당신은 그리스도의 왕국을 어디에서 찾는가? 주 예수님의 주권이 인정되는 곳은 어디든지 그리스도의 왕국이 있다. 마찬가지로, 주권이 인정되지 않는 곳은 어디든지, 그리스도의 왕국이 아직 임하지 않았다.

"율법과 선지자는 요한의 때 까지요 그 후부터는 하나님의 왕국(의 복음)이 전파되었다"(눅 16:16). 만일 아직도 율법이 있다면, 왕국은 없다. 만일 아직도 선지자들이 있다면, 왕국은 없다. 왜 그런가? 이는 율법과 선지자들은 예수 그리스도의 왕국에 자리를 내어 주어야 하기 때문이다.

율법은 하나님의 뜻을 표명(表明 : 드러내어 명백히 함-역주)하는 기록된 말씀이다. 선지자들은 그 뜻을 말로 나타 내는 살아있는 사람들이다. 구약 시대에, 하나님께서는 일반적으로 이 두 가지 직접적인 수단 가운데 하나로 이스라엘 백성들에게 그분 자신을 나타 내셨다. 그러나 우리 시대, 곧 신약시대에는, 하나님께서는 더 친밀한 방법으로 우리와 교제하신다. 이는 기독교는 그분의 성령을 통해서 직접적으로 하나님께 대한 우리의 개인적인 지식을 필요로 하기 때문이다.

대부분의 사람들이 그들의 최종 권위로 예수 그리스도 그분 자신보다 훨씬 더 말씀의 문자에 시선을 돌린다. 그러나 이것은 참 기독교가 아니다. 이는 참 기독교는 정보에 근거하는 것이 아니라 인격적인 계시에 근거하기 때문이다.

정보 또는 교리는 항상 외면적이고 비인격적이다. 그러나 기독교는 계시된 종교이다. 계시는 항상 내면적이고, 직접적이고, 그리고 인격적이다.

아마도 십자가의 가장 어렵고 고통스러운 면은 하나님의 뜻에 대한 우리의 열심과 하나님의 일에 대한 우리의 사랑으로 우리가 끼어들 때이다. 우리의 옛 자아는 항상 하나님의 뜻을 행하기 위해서 기꺼이 끼어들기를 마다하지 않는다. 그러나 하나님께서는 그분의 때가 있으시다. 하나님께서는 그분 자신의 방법대로 그분의 일을 성취하신다.

우리의 타락한 관점으로는, 우리는 보통 하나님께서 한 가지 조건, 오직 하나, 곧 하나님께서 우리에게 먼저 요구하는 것이 있으시다는 것을 보지 못한다. 그것은 믿거나, 회개하거나, 죄를 자각하거나 심지어 그리스도께서 죽으셨다는 것을 아는 것이 아니다. 하나님께서 우리에게 가지고 계시는 오직 한 가지 요구는 우리가 거짓이 없는 마음으로 그분께 다가가는 것이다(시 51:17).

복음서에서, 주 예수님께서는 죄인들의 친구로 소개된다. 이는 우리가 예수님께 나아가게 된 것은 그분이 우리에게 먼저 오심으로 가능하게 되었기 때문이다(요일 4:19). 실로 우리가 예수님을 기꺼이 구세주로 받아들일 수 있기 전에, 그분은 우리에게 친구로 오셨다. 예수님께서는 먼저 하늘에서 우리가 닿을 수 있는 곳으로 내려 오셨다.

누구든지 그가 불을 켜기 전에 전기 이론을 공부해서 완전히 그것을 이해할 필요가 없다. 같은 의미로, 혼의 구원에 대해서 말하면, 누구든지 그가 하나님께 다가가기 전에 구원의 계획을 이해해야만 하는 것이 아니다. 오히려 첫 단계는 하나님의 인격을 접촉하는 것이다.

흔히 우리가 복음을 제시할 때, 우리는 사람들에게 구원의 계획을 이해시키려고 힘을 쓰거나 또는 죄의 두려움과 죄의 결과를 통해서 사람들을 주님께 몰아넣으려고 애를 쓴다. 그러나 이것은 우리가 실패하는 경우가 된다. 우리가 "하나님의 아들로서 주님"을 충분히 제시하지 않기 때문에, 우리에게 듣는 자들이 그리스도를 보지 못한다. 그들은 그리스도를 보기보다는 오직 "죄" 또는 "구원"을 본다. 반면에 그들이 필요한 것은 주 예수 그리스도 "그분"을 보고, "그분"을 만나고, 그리고 "그분"을 접촉하는 것이다.

인격적이고 주관적인 경험으로서 구원은 주님의 죽으심보다 오히려 부활에 달려 있다. 그리스도의 죽으심이 하나님 앞에서 객관적으로 속죄를 위해서 없어서는 안 되지만, 신약은 우리의 믿음의 강조점을 부활에 둔다. 우리가 주님의 죽으심의 증거를 받아들이는 것은 그분의 부활을 통해서이다.

죄인의 구원에 대한 기본적인 조건은 믿음, 또는 회개가 아니라, 있는 그대로 하나님께 거짓 없는 마음을 나타내는 것이다.

"씨 뿌리는 자의 비유"의 주요한 교훈은 말씀을 받아들이는 사람이 하나님보시기에 완벽하게 정직한 사람이 아니라, 그는 하나님께 대하여 정직한 사람이다(눅 8:15, KJV). 그는 그의 마음속에 있는 것은 무엇이든지, 그것을 하나님께 숨김없이 솔직하게 내놓을 준비가 되어 있다.

어떤 사람이 구원받기를 원하는지 어떤지가 우리의 주요한 관심이 되어서는 안 된다. 복음을 이해하는 것 조차도 또한 이차적인 문제이다. 가장 중요한 문제는 이렇다. 그가 이러한 것들에 대해서 하나님께 정직하게 준비가 되어 있는가? 만일 그가 그렇다면, 하나님께서는 그를 만날 준비가 되어 있으시다.

죄인을 구원하는 것은, 죄인이 복음을 이해하는 것에 달려 있는 것이 아니라, 예수님을 처음으로 접촉하게 하는 복음의 실체에 달려 있다.

예수님께서 죄인들의 친구이시기 때문에, 그리고 성령께서 사람들이 그들 스스로 할 수 없는 것을 떠맡으셨기 때문에, 죄인들은 그들이 있는 모습 그대로 하나님께 나아갈 수 있다. 그들은 전혀 바꿀 필요가 없다. 더욱이, 그들은 스스로 무엇인가를 할 능력을 찾아낼 필요가 없다.

회개하지 않을 사람들도 있고, 믿지 않을 수도 있는 사람들도 있다. 구원을 원치 않는 사람들도 있고, 그들이 너무 사악해서 구원받을 수 없다고 생각하는 사람들도 있다. 복음을 구별하지 못해서 이해하지 못하는 사람들이 있고, 복음을 이해하지만 아직도 그들에 대한 하나님의 권리를 인정하지 않는 사람들이 있다. 나는 이와 같은 여섯 가지 유형의 사람들을 모두 만나 보았다. 그들 가운데 많은 사람들은 즉석에서 구원을 받았다. 그에 더하여, 나는 일곱 번째 유형, 곧 전혀 하나님을 믿지 않는 사람들을 만났다. 그들에게까지도, 먼저 무신론에서 유신론으로 바꿀 필요가 없다고, 나는 감히 말했다. 하나님에 대한 믿음이 조금도 없어도, 만일 그들이 단지 그것에 대해서 솔직하다면, 있는 모습 그대로 구원받을 수 있다. 당신이 알다시피, 하나님을 찾는 것은 우리의 책임이 아니다. 만일 우리가 진심으로 하나님께 이렇게 해주시도록 간청한다면, 하나님께서는 우리에게 그분 자신을 드러내시기를 기뻐하신다.

바울의 삶이 그랬던 것처럼, 그리스도인의 삶은 끊임없는 기적이 있을 수 있다. 신의 생명이 새로 태어남으로 속에 심겨진 역설(逆說 : 모순 되어보이나 실제로는 옳음-역주)이, 의식적으로 성령을 따라 행하는 사람의 죽어야 할 몸을 통해서 나타나 환하게 빛난다.

기독교는 흙으로 만든 그릇도, 안에 있는 보배도 아니다. 그러나 기독교는 흙으로 만든 그릇 속에 있는 보배의 연합이다. 왜 그런가? 이는 모든 사람에게 지극히 큰 것은 흙으로 만든 그릇이 아니라, 하나님의 능력이라는 것을 알도록 하기 위해서이다(고후 4:7).

그리스도인은 그의 삶속에서 선천적이고 신비적인 역설이 있는 사람, 곧 그 사람 안에 모순된 것이 공존하는 것처럼 보일 뿐만 아니라, 그 사람 안에 되풀이해서 하나님의 능력이 승리를 거두는 사람이다. 그는 두려워하는 사람이지만, 그럼에도 불구하고 단호한 사람이다. 적들에게 포위되어 있는 사람이지만, 그럼에도 불구하고 갇히지 않는 사람이다. 지금 막 이기려고 하는 사람이지만, 그럼에도 불구하고 패배하지 않는 사람이다. 그가 약하다는 것은 명백하다. 그럼에도 불구하고 그는 약할 때, 강하다는 것을 선언한다(고후 12:10). 당신은 이 사람이 그의 몸 안에 예수님의 죽으심을 짊어지고 있는 것을 볼 수 있다(고후 4:10). 그럼에도 불구하고 그는 이것을 그의 죽어야할 몸 안에서 몸을 통해서 그리스도의 생명을 표명하는 바로 그 근거로 간주한다.

기독교는 약함을 제거하는 것도, 단지 신의 능력이 나타나는 것도 아니다. 오히려, 기독교는 인간의 약함에 직면하여 신의 능력이 나타나는 것이다. 하나님께서는 사람들에게 그분의 능력을 주시지만, 그 능력은 그들의 약함 속에서 나타난다(고후 12:9). 하나님께서 주시는 모든 보배는 흙으로 만든 그릇 안에 놓여진다.

기독교는 단지 믿음의 문제만이 아니라, 의심 앞에서 승리하는 믿음의 문제이다.

그리스도인은 믿음의 행실이 어뗘해야 하는가? 다만 절대적으로 하나님을 꽉 붙잡으려는 믿음이 생길 때, 동시에 그가 잘못하고 있는지 어떤지에 관해서 의심이 생길 수 있다. 누구든지 그가 그의 무능력을 최대한 자각할 수 있는 것은 주안에서 가장 강할 때이다. 누구든지 그가 심중에 가장 많이 두려움을 의식할 수 있는 것은 주님에 대해서 가장 대담할 때이다. 누구든지 고통의 감각이 그에게 닥치기 쉬운 것은 가장 기쁠 때이다. 이 역설(逆說)은 보배(주님-역주)와 하나님께서 두기를 원하시는 곳, 곧 보배가 흙으로 만든 그릇 안에 둔 증거이다.

우리는 슬픔이 있는 곳에, 기쁨이 있을 수 없다고 생각하는 경향이 있다. 눈물이 있는 곳에, 찬양이 있을 수 없다고 생각하는 경향이 있다. 약함이 있는 곳에, 능력이 부족한 것은 틀림이 없다고 생각하는 경향이 있다. 적들에게 에워싸여 있는 곳에, 우리는 꼼짝 못하는 것이 틀림이 없다고 생각하는 경향이 있다. 그리고 의심이 있는 곳에, 믿음이 있을 수 없다고 생각하는 경향이 있다. 그러나 하나님의 의도(意圖)는 인간의 모든 것이 실패하는 그곳으로 우리를 데리고 가시는 것이다. 이는 이것만이 하나님께서 신의 보배를 증명하실 수 있는 흙으로 만든 그릇을 제공하기 때문이다. 만일 우리가 하나님께서 그렇게 하시도록 한다면, 하나님께서는 그곳으로 우리를 데려가실 것이다, 이제부터, 우리는 억압을 자각할 때, 억압에 꺾이는 것이 아니라, 주님께 꺾이는 것이다. 우리의 마음에 의심과 두려움이 일어날 때, 우리는 그것에 무릎을 꿇는 것이 아니라, 주님께 무릎을 꿇는 것이다. 오직 이런 방법으로만 보배는 보배가 담겨진 흙으로 만든 그릇 때문에 더욱 더 영광스럽게 빛날 수 있다.

여기에 기독교가 있다. 우리는 모든 감정을 억누르기 위해서 우리 자신을 무감각하게 해서 그릇을 위장(爲裝)하는 것이 아니라, 흙으로 만든 그릇이 안에 있는 보배를 보이도록 해야 한다. 우리가 고통에 무감각해졌기 때문에 괴로운 상황을 벗어나는 경우가 아니라, 오히려, 고통의 감각에도 불구하고, 완전한 의식을 계속 유지하고 다른 것을 통해서 견디어 내는 것이다.

눈물을 훔치는 동안에도 쟁기를 붙잡는 것, 이것이 기독교다. 기독교는 안에 있는 보배에 의해서 흙으로 만든 그릇을 초월하는 것이다.

기독교의 영광은 하나님의 보배가 가장 천한 육체의 그릇에 나타나는 것이다. 기독교는 역설이다. 우리가 하나님을 아는데 이르는 것은 우리 그리스도인들이 이 역설 속에서 우리의 삶을 살 때이다. 실로, 우리가 그리스도인의 삶을 한층 더 살아가면 살아 갈수록, 더욱 더 우리의 삶은 역설이 된다. 이는 흙으로 만든 그릇이 흙으로 만든 그릇으로만 남아있을 때, 속에 있는 보배가 점점 더 분명하게 보이기 때문이다.

우리의 초점이 그 안에 보배를 담는 그릇의 부족이 아니라, 그릇 속에 있는 보배의 질에 맞추어져야 한다. 그것은 그릇 안에 있는 귀중한 보배의 기적이 그릇의 부족을 통해서만 의기양양하게 빛날 수 있는 것은 십자가의 흔적이 우리 인간의 약점을 나타내기 때문이다.

그리스도의 십자가는 하나님께서 그분의 사망 선고 아래 있는 사람 안에 있는 모든 것의 마침이 되도록 하기 위해서 예정하신 것이다. 그러나 우리에게, 그리스도인으로서, 십자가는 한층 더 가치가 있다. 야곱의 힘과 선천적인 독립심이 얍복 나루에서 깨어졌던 것처럼, 믿는 사람들의 선천적인 생명이 깨어진 것은 역시 십자가에서이다.

옛 사람과 새 사람 사이에 십자가가 우뚝 솟아 있다. 십자가는 또한 그리스도 예수 안에서 서로 교제로 들어가는 출입구이다.

그리스도인들 간에 서로 끊임없는 신학의 훈련으로 일생을 보내는 것이 우리를 그분의 교회의 일부가 되게 하지 않을 것이다. 그분의 교회의 일부가 되게 하는 지식은 외적이 아니라, 내적인 지식이다. 이것이 영원한 생명, 곧 유일하신 참 하나님이신 주님, 하나님께서 보내셨던 주님을 영으로 아는 지식에 이르는 것이다(요 17:3). 혈과 육으로는 주님을 알 수 없다.

하나님의 교회는 장식이 아니라, 사용하기 위해서 있다. 종교적 의식, 교훈 그리고 머리의 지식은 상태가 순조로울 때, 생명의 겉모습을 불러일으킬지는 모르지만, 그러나 지옥의 문들이 우리를 대항해서 나타날 때, 우리의 참 모습은 신속히 노출된다. 이러할 때, 이론(理論)만으로는 예수님께서 그분의 교회가 이겨야만 한다고 공표하신 지옥을 이기지 못할 것이다.

"그분 자신"을 고백하는 것을 들으시는 것보다 하나님께 더 큰 만족을 드리는 것은 없다. 예수님께서는 종종 "내가 있느니라"고 말씀하셨다(요 8:58, 실례 참조). 주님께서는 우리가 "당신이 계신다"라고 말하는 것을 듣기를 좋아하신다. 우리는 그것을 아주 적게 한다. 모든 것이 빗나가고, 온통 뒤죽박죽이 될 때, 기도하지 말고 "예수님께서는 주님이시다!"라고 고백하라.

헌신은 영적으로 꿰뚫어 보는 힘의 결과이며 그것이 없이는 헌신은 일어날 수 없다. 통찰력은 또한 하나님의 일이 시작되는 곳이다. 우리의 일은 언제든지 시작할 수 있지만, 우리들을 통한 하나님의 일은 하나님께서 주신 통찰력으로만 시작할 수 있다(창 18:17; 37:5; 출 25:9; 역대상 28:19; 마 16:17; 엡 3:3).

사탄은 사람들이 하나님의 목적에 대해서 듣고 그것을 지적으로 이해할 때 신경을 쓰지 않는다. 사탄의 가장 큰 두려움은 하나님의 사람들이 하나님의 목적에 대해서 내적인 빛을 받을 때이다. 왜 그런가? 이는 내적인 빛을 받는 것은 삶을 변화시키는 경험이기 때문이다.

영적인 통찰력을 얻는 비결은 그것을 얻기 위해서 대가를 치를 준비가 되어 있어야 한다. 이것은 우리가 하나님의 날카로운 빛을 향하여 우리의 영이 겸손하게 열려 있을 때 일어난다. 하나님께서는 온유한 자를 공의로 지도하시고 온유한 자에게 그분의 길을 가르치실 것이다(시 25:9, KJV). "주님의 비밀이 그분을 경외하는 자들에게 있으니, 그분이 그들에게 자신의 언약을 보이시리로다"(시 25:14, KJV).

하나님의 일의 눈에 띄는 특징은 교리가 아니라, 생명이다. 생명은 하나님의 빛 안에서 계시로만 나타난다. 교리 배후에는 논쟁 이외에 아무 것도 있을 수 없지만, 계시 배후에는 하나님 자신이 있으시다.

우리의 일에 대한 하나님의 주요한 관심은 우리가 재료를 사용하는 것만큼 일을 하느냐가 아니다. 하나님께서는 질(質)을 기대하신다. 계산 하시는 것은 무게이다. 나무, 건초 그리고 짚은 가볍다. 반면에 금, 은 그리고 보석은 무겁고, 값이 비싸고, 그리고 영원하다. 만일, 하나님을 위해서 터를 세우는데 있어서, 우리가 후자 세 가지만을 사용한다면, 우 리는 마지막에 우리의 수고들이 불에도 살아 있을 뿐만 아니라, 영원한 상급을 확보하는 것을 안심할 수 있다. 아아, 전자(前者)로 터를 세운 사 람에게는, 아무것도 남지 않을 것이다(고전 3:12-15, 참조).

하나님의 일에 있어서, 본래의 사람은 전혀 쓸모가 없다. 나무, 건 초, 그리고 짚은 본질적으로 사람과 그의 육신에서 나오는 것을 의미한 다. 그들은 흔하고 평범하고 그리고 손쉽고 또는 값싸게 얻는 것을 뜻 한다. 물론 그들은 사멸(死滅 : 죽어 없어짐-역주)하기 쉬운 것이다. 풀이 오 늘날 아름답게 땅을 뒤덮음에도 불구하고, 풀은 내일 어디에 있는가?(사 40:7-8).

이 세상 것을 만들어 내는 것은 우리에게 쉽다. 만일 우리가 세상의 기초에 근거해서 겉보기에 형식적인 그리스도인의 행동에 만족한다면, 우리가 우리 스스로 그것을 하는 것은 사실상 가능하다. 그러나 그것은 교회의 부분이 되지 않을 것이다. 교회는 영적이다. 그리고 교회의 일 은 세속적이 아니라, 거룩하다.

사람의 인격이 그의 몸을 통해서 밖으로 드러나는 것처럼, 그리스도께서는 교회를 통해서 나타나신다. 교회는 이 시대에 그리스도를 담고 그분을 세상에 나타내는 그릇이다.

오늘날, 서로 다른 인종이나 배경, 또는 그리스도인의 교파에 속한 하나님의 사람들이 신조의 전제(前提) 또는 "믿음을 기초"로 하여 모인다면, 이것이 일반적으로 교회의 본질로 여겨진다. 그러나 바울은 이것들은 실로 교회 안에 있어서는 안 되는 것들이라고 말했다. 교회 안에는 헬라인도 유대인도, 여성과 남성도, 이방인도 스구디아인도, 종도 자유인도 없다(골 3:11; 갈 3:28). 만일 우리가 바울을 정확히 이해한다면, 우리가 그리스도인이 되기를 원한다면, 우리는 그리스도인 이외에 그 밖에 달리 아무것도 될 수 없다는 것을 의미한다!

그리스도 없이, 나는 스스로 생명을 유지 못한다. 더욱이, 주님의 몸인 교회 없이, 나는 내가 소유한 생명을 이어갈 수단이 없고 그 생명을 나타내야 할 때 표현할 수단이 없다.

달란트의 비유에서, 강조점은 열 달란트를 받은 사람 또는 다섯 달란트를 받은 사람에게 있는 것이 아니다. 오히려, 강조점은 한 달란트 받은 사람에게 있다. 한 달란트 받은 사람은 그의 달란트를 묻어 둠으로 달란트를 사용해 갑절로 늘리는 상급을 잃어버리기 쉬운 사람이다.

우리 시대에 교회는 다섯 달란트 받은 사람 또는 열 달란트 받은 사람만 큼 고통을 받는 사람은 없다. 교회는 주로 자신들의 달란트를 묻어 두었던 한 달란트를 받은 모두에게 훼방을 받고 허약해진다. 얼마나 부끄러운 일인가. 이는 우리가 생명이 있는 것을 풍성하게 발견하고 경험하는 것은 다만 하나님께서 우리에게 주신 생명을 가지고 역할을 다할 때이기 때문이다.

몸(교회-역주)의 교제(交際)는 항상 상호적이다. 받는 것과 주는 것이다. 결코 당신 자신이 모든 것을 하거나 또는 모든 것이 되려고 힘쓰지 말라. 이것은 고수(固守)해야 할 원칙이다. 우리가 몸의 부분으로 기능을 할 때, 우리는 항상 다른 사람을 위한 기회를 남겨둘 것이다.

그리스도인으로서, 우리는 생명에 많은 역점을 두어야 하지만, 이것은 충분하지 않다. 우리는 생명의 자의식(自意識)에 역점을 두어야 한다. 자의식은 말이 없이 보고 이해하는 내면적인 감각이다. 자의식이 없는 생명은 생명의 아주 적은 징표(徵表 : 다른 사물과 구별하여 그것이 무엇인가를 나타내 보이는 지표-역주)를 나타내는 사람이다.

나비의 특성은 항상 도움을 받지 않고 "자력(自力)으로 한다." 꿀벌의 특성은 항상 전체를 위해서 일한다. 만일 우리가 참으로 생명을 접촉했다면, 우리는 차츰 커지고 깊어지는 소속감을 깨닫게 되고 더 이상 이기적이고 오만한 그리스도인의 삶을 살지 않을 것이다. 우리는 나비가 아니라, 꿀벌처럼 될 것이다.

한 몸은 우리의 것이 아니라, 그리스도의 것이다. 우리가 하나인 것은 우리가 주님의 것이기 때문이다. 이것은 우리가 우리의 동료 지체들을 단단히 붙잡는다고 말하지 않고, 머리를 단단히 붙잡는다고 말하는 이유이다. 이것이 교제(交際)에 이르는 길이다.

성령을 억누르는 것은 하늘의 "사람"(그리스도-역주)과 하나 되는 바로 우리의 생명의 의식을 질식시키는 것이다. 그것은 마치 수족이 몸에서 끊어진 것처럼, 머리(그리스도-역주)와 우리의 교제를 무섭게 해치는 것이다.

우리의 삶의 모든 행동의 근거는 무엇인가? "이것이 옳은 일인가" 또는 "이것이 그른 일인가"가 아니다. 오히려 그것은 "기름 부음을 받았는가?"이다. 이 일에 성령이 계시는가, 그리고 성령께서 생명을 나타내시는가?"이다.

그리스도인의 경험 속에서, 우리가 성장하여 성숙하게 될 때, 하나님의 영적인 일들은 차츰 외면적(곧 은사에 초점)인 것은 줄어들게 되고, 점점 더 내면적(생명에 초점)이 된다.

몸(교회-역주)의 건강과 성장은 그저 은사에서 나오는 것이 아니라, 그리스도의 역사하심으로만 되는 것이다. 따라서 몸에 있어서 중요한 것은 우리의 은사가 아니라, 우리가 그 은사에 의해서 전달받는 그리스도에 대한 인격적인 지식이다.

하나님께서 생명을 주시는 것은 찾고, 연구하고 또는 비교하는 것에 있는 것이 아니라, 우리의 삶속에서 절박한 입장에 있는 것이다. 이

것이 아브라함의 삶의 위기에 해당되었던 것처럼, 그의 모든 믿음의 자녀들에게도 해당된다.

내가 어떻게 특별한 사역을 할 수 있는가? 교리가 아니라, 생명으로 할 수 있다. 그리스도에 대한 우리의 인격적인 경험이 우리의 사역을 만들어 낸다. 우리가 사역에 쓰임 받을 수 있도록 그리스도께 대한 경험이 우리 속에서 역사하게 하는 것은 우리의 믿음의 이런 시련들이다.

우리의 개인적인 시련과 시험들을 통해서 하나님께서 역사하시도록 하고, 하나님을 찬양하고, 하나님의 뜻에 순종함으로서, 우리는 하나님께서 우리를 통해서 다른 사람들에게 생명에 이르게 하시는 것을 가능하게 한다. 그러나 이런 값을 지불하는 사람만이 이런 귀중한 직무를 받는다. 이는 생명은 죽음을 통해서만 해방되기 때문이다.

우리는 몸(교회-역주)이 세워짐으로 두 가지 사역을 볼 수 있다. 은사들과 생명이다. 우리 시대에 많은 사람들이 은사로 사역을 하지만, 비교적 생명으로 사역하는 사람은 거의 없다.

시작 된지 얼마 안 되는 교회의 신앙심을 함양(涵養 : 차차 길러냄-역주)하고 혼을 얻기 위해서, 영적인 은사들은 특별한 의미를 떠맡을지 모르지만, 은사는 본래 성숙의 표시는 아니다. 은사들은 반드시 자랑할 것은 아니다. 그의 영적인 성장에 대한 진정한 평가를 특징짓는 것은 그 사람의 삶 속에서 역사하는 십자가의 양이다.

주님의 교회를 영적으로 향상시키시는데 있어서, 하나님께서는 생명을 더 크게 사용 하시고, 은사를 더 적게 사용하신다.

교회에 대해서, 사탄이 가장 두려워하는 것은 죄에 대한 교회의 저항, 세상 사랑에 대한 교회의 저항, 또는 사탄의 어떤 직접적인 공격에 대한 교회의 저항이 아니라, 사탄의 죽음의 권능에 대한 교회의 저항이다. 이는 그리스도의 죽으심은 죽음의 권능이 있는 사탄, 곧 마귀에게 아무 것도 가져다주지 않았기 때문이다(히 2:14). 그러므로 사탄은 우리를 지배할 죽음의 권능이 없다. 이는 우리는 이미 그리스도 안에서 죽었기 때문이다. 사탄은 우리가 죽었다는 사실을 두려워한다. 이는 사탄이 우리를 붙잡는 것을 놓치는 것이 죽음 안에 있기 때문이다. 당신이 알다시피, 아담 안에서 죽음이 사람을 재기 불능하게 한 것이 아니라, 그리스도 안에서 죽음이 사람을 재기 불능하게 만들었다.

죽은 사람은 생명도 죽음도 인식하지 못한다. 그러나 생명이 있는 사람은 다른 사람들 안에서 그것을 인식한다. 왜 그런가? 이는 선천적인 사람은 뜨거운 것 또는 차가운 것을 분별하는 것은 갖추었다 할지라도, 그는 생명과 죽음을 분별하는 것은 갖추지 못했기 때문이다.

어떤 사람이 있을 때는, 설교하기가 더 쉽고, 다른 사람이 있을 때는, 왜 설교하기가 더 곤란한가? 이는 오로지 생명이 거침없이 쏟아져 나오거나 또는 고갈되는 것에 따라 좌우되기 때문이다. 생명 또는 죽음을 전파하는 것은 가정에서, 교회에서 또는 당신이 있는 곳 어디에서나 있는 사실이다.

우리의 모임의 영적인 능력은 참석하는 사람이 단지 부정적이냐 또는 생명을 가져오느냐에 달려있다. 생명이 있는 사람들은 모임에서 그리스도의 생명을 충족시켜 준다. 한편, 다른 사람들은 그들의 아멘 조차도 죽어있다!

몸은 하나이기 때문에 한 지체가 고통을 받을 때도 전체가 고통을 받는다. 한 지체가 향상되면, 전체가 향상된다(고전 12:26). 몸 안에서 일어나는 것에 대한 우리의 자각은 정보에 달려 있는 것이 아니라, 생명의 "영"을 통한 주님에 대한 우리의 지식에 달려 있다.

오직 "예수님을 죽인 것"은 당신 안에서 역사하고, 생명은 다른 사람들 안에서 그 자체가 증명되어야만 한다. 그것은 다를 수 없다. 죽음은 우리 안에서 역사하고, 생명은 당신 안에서 역사한다(고후 4:12). 이것은 몸의 영구적인 원칙이다.

한 형제가 말을 하기 위해서 일어설 때, 당신은 즉시 그가 교리에 무게를 두는지 또는 생명에 무게를 두는지 안다. 만일 그가 가지고 있는 모든 것이 교리라면, 그는 결코 위험을 무릅쓰지 않을 것이다. 그는 탈 없이 어떤 일어날 수 있는 오해를 피하기 위해서 그의 교리 체계의 한계를 넘지 않고 신중하게 유지한다. 그러나 생명에 무게를 두는 사람은 형식적인 정확성 또는 자신의 주제를 철저하게 다루는 것에 훨씬 덜 관심을 가질 것이다. 그의 강조점은 그리스도를 소개하는 것이다.

하나님께서는 우리를 그리스도인의 길로 인도하기 위해서 삼겹줄,

곧 성령, 하나님의 말씀, 그리스도의 몸(교회-역주)을 준비하셨다. 만일 우리가 하나님께서 준비하신 것을 사용한다면, 이 삼겹줄은 쉽게 끊어지지 않는다(전 4:12).

성경에 따르면, 하나님께서는 우리의 삶속에서 특별히 약한 부분 또는 죄를 제거하신 후에야 비로소 우리가 다른 사람들의 삶속에서 이 같은 문제를 판단할 가치가 있다고 여기신다.

기도는 항상 세 가지, 곧 누군가를 대상으로 기도하고, 누군가를 위해서 기도하고, 누군가를 대적하여 기도하는 면이 있어야 한다.

전체(全體)로서 이기는 것은 교회이다. 영적 전투는 개인이 아니라, 교회의 직무이다. 개인 그 자신은 그가 그리스도의 사랑을 이해할 수 있는 그 이상으로 "하나님의 전신 갑주"(엡 6:11)를 입을 수 없다. 우리가 완전한 보호를 받는 것은 전체, 곧 몸으로서이다. 이 보호 없이는, 우리는 전투에 선발되어도 오히려 쉽게 패배할 수 있다.

그리스도께서 성취하신 일이 우리에게 경험하도록 한 것은 한 가지 이다. 그러나 불행하게도 우리가 세상에서 경험하는 것은, 훨씬 도를 넘어, 그 진리에 미치지 못하여 모순되는 것 같이 보인다.

당신은 당신이 기대하는 사람이 되려고 힘을 씀으로서가 아니라, 당신이 참으로 어떤 사람인가를 앎으로 영적으로 향상된다. 당신이 죽는 것은 단지 당신이 죽었다는 것을 볼 때이다. 당신이 부활하는 것은 단지 당신이 부활했다는 것을 볼 때이다. 그리고 당신이 거룩하게 되는 것은 당신이 거룩하다는 것을 볼 때이다.

대다수의 그리스도인들은 천국을 얻기 위해서 애쓰고 힘쓰는 것이 잘못되었다는 것을 인정할 것이다. 그런데도 그들은 계속 애쓰고 힘쓴다. 이것은 그들이 천국을 끊임없이 노력하여 도달하는 것으로 여기도록 가르침을 받아왔기 때문이다. 그들에게 있어서, 기독교는 되지 못할 것을 되려고 힘을 쓰고, 할 수 없는 것을 하려고 힘을 쓰는 것이다. 얼마나 어이가 없는가!

현세적인 기독교는 비참한 상태에 있다. 기독교는 세상의 모든 만성적인 병과 약점을 분명하게 보여준다. 기독교의 사역은 짧은 설교와 사소한 사회 복지 사업으로 변형되어 왔다. 사람들에 대한 기독교의 영향력은 보잘 것 없다. 그러나 우리를 더욱 더 직접적으로 슬프게 하는 것은, 하나님의 사람으로서, 우리의 양심이 이 사실에 대해서 거의 고통을 받지 않는다는 비극이다.

하나님께서 사람을 평가하신 성소의 세겔의 가치는 은 반 세겔이었다(출 30:11-16). 이것은 구속에 대해서 말씀한다. 이것은 하나님께서 우리를 위해서 행하신 것이다. 그러나 레위기서에서는, 우리는 하나님께 기꺼이 바치기로 서원했던 각 사람들을 다른 가치로 평가하는 것을 볼 수 있다. 그들 중 가장 높은 가치는 50세겔이었다(레 27:1-7). 이 가치는 전쟁에 나가기에 가장 적당하고 최대한으로 전쟁에 나갈 수 있는 사람으로 평가되었다(3절). 더욱이, 우리가 정확하게 이해한다면, 하나님께서는 우리 시대에 오래 계속되는 주님의 전쟁에 기꺼이 참가해서, 그분의 적들을 몰아내고 그분의 백성들이 그들의 상속의 기쁨을 가져올 준비를 할 이런 사람을 언제나 찾고 계신다(엡 6:12-13). 전쟁을 용기와 원숙으로 수행했던 사람은 하나님께서 전쟁에 나갈 수 있는 사람을 그분의 가장 높은 가치로 평가하신다는 것을 알 것이다.

결코 당신의 선행을 자랑하거나 당신의 죄를 슬퍼함으로 사탄에게 응수하지 말고, 언제나 그리스도의 피로만 응수하라. 그리스도의 피만이 오로지 우리의 충분한 능력이 있는 방어물이다.

때때로 우리는 왜 사람들이 말씀을 갈망하지 않는가에 대하여 당황한다. 그러나 내 말을 신뢰해 달라. 만일 우리가 그들에게 줄 독특한 것이 있다면, 그들은 갈망하게 될 것이다. 만일 우리가, 우리의 삶과 행동 그리고 인품에서, 그리스도의 생명을 분명하게 보여 주고 있다면, 우리 주위의 다른 사람들이 곧 우리가 가지고 있는 것에 대해서 갈망과 열망을 나타낼 것이다.

우리가 영적인 실체들을 보는 것은 계시를 통해서 뿐이고, 우리가 이 실체들에 들어가는 것은 그분의 사랑의 훈련을 통해서 뿐이다. 성령의 계시 없이는, 우리는 그 과정을 시작할 수 없고, 성령의 훈련 없이는, 우리는 그것을 성취할 수 없다.

영적인 허약과 영적인 결핍은 교회안의 가장 큰 문제 가운데 둘이다. 그러나 허약과 결핍은 원인이 아니라, 결과이다. 이 허약과 결핍의 원인은 몸의 지체들 안에서 성령의 훈련이 부족한 때문이다.

만일 당신이 결코 성령께서 당신에게 고통을 주시는 것을 허락하지 않는다면, 당신은 평생 허약하게 살 운명이 될 것이다. 날마다 하나님께서는 우리를 넓히셔서 사용하기를 원하시는 기회를 우리 앞에 놓으신다. 그러나 우리 모두는 너무나도 자주, 어려움이 일어날 때, 그것을 피한다. 게다가 시련이 올 때, 우리는 그것을 교묘하게 회피한다. 우리는 하나님께서 그들의 삶을 위한 그분의 목적을 이루기 위해서 그분이 관여하시는 사람들은 오직 그분의 다루심에 복종하는 사람들이라는 사실을 못 보고 지나치는 것 같다. 당신은 기꺼이 이렇게 말하겠는가? "주여, 나는 당신이 주신 잔을 마시겠나이다. 나는 당신이 나를 위해서 기꺼이 경험하신 십자가를 지겠나이다. 당신의 뜻이 나의 삶속에서 이루어지게 하소서."

Chapter 57
영적인 사람(제1권)

주님께서는 항상 우리를 생명을 경험하는 곳으로 인도하기 전에 더 깊은 생명의 전조(前兆 : 미리 나타나 보이는 조짐-역주)를 주신다. 그러나 많은 사람들은 충만함을 위한 전조를 혼동한다.

하나님의 자녀들을 위한 하나님의 목적은 그들이 옛 창조로부터 완전히 구원 되어서 전적으로 새 창조로 들어가는 것이다.

영적인 것과 혼적인 것을 구별하는 능력을 개발하지 못하는 것은 영적인 성숙에 치명적이다.

하나님께서는 우리의 생각, 감정 또는 개념으로 알려지실 수 없다. 그분은 우리의 영으로만 직접적으로 알려지실 수 있다.

거듭나기 전, 사람의 영은 혼의 힘으로 너무 시들고, 너무 약하고 그리고 너무 압도당해서 이 둘을 구별하는 것이 불가능하다. 문제들을 복잡하게 하기 위해서, 이 둘의 기능이 혼합되어 있다. 더욱이, 영은 그것의 가장 중요한 기능, 곧 하나님과 관련된 것을 잃어 버려서 하나님께 대하여 죽어 있다. 이러하기 때문에 믿는 사람이, 중생(거듭남 : 영적으로 새 사람이 됨-역주) 후에, 말씀이 영과 혼을 구별하는 작용을 하도록 하는 것이 필수적인 이유이다(히 4:12).

하나님의 생각은 영이 혼을 능가하여 우위에 있게 하는 것이다. 타락을 통해서 사람은 육체가 되었기 때문에, 그의 영은 혼에 예속되어 타락했다. 따라서, 사람은 영의 지배에서 혼의 지배로 옮겨 갔을 뿐만 아니라, 혼의 지배에서 몸의 지배로 옮겨 갔다.

중생 이전에, 사람의 혼은 그의 영을 지배하고 있다. 이 상태에서, 자아가 그의 혼을 지배하는 한, 그의 정욕이 몸을 좌우한다. 바꿔 말하면, 혼은 몸의 생명이 되었다. 중생 때에, 사람은 그의 죽어 있는 영 안에 하나님의 생명을 받는다. 이 거듭남이 성령께서 사람의 영을 지배하시도록 한다. 만일 성령께 순종한다면, 이 사람은 이제 지배력, 곧 그의 혼을 지배할 뿐만 아니라, 그의 몸의 지배력을 되찾는데 필요한 능력이 있다.

세속적인 그리스도인은 하나님의 생명으로 새로 태어났지만, 그의 육신을 이기기 보다는, 그는 그의 육신에 의해서 압도 당하는 사람이다. 이것은 믿는 사람으로 하여금 그의 삶속에서 하나님의 구원이 완전히 나타나는 것을 가로 막고, 구원의 완전한 잠재력을 깨닫고 또는 경험하는 것을 방해한다.

많은 사역자들이 죄인들에게 완전한 구원의 복음을 제시하지 못하는 것은 참으로 애석한 일이다. 이를테면 이것은 그들에게 절반의 구원만 받게 한다. 이 상태 가운데서, 그들의 죄는 용서를 받았을지라도, 그들은 더 죄를 짓는 것을 중단하는 힘이 없다.

우리가 육신으로 태어남으로 육신이 되었기 때문에, 만일 우리가 육신이 죽는다면, 우리는 육신으로부터 자유하게 되는 것은 당연하다. 십자가에 못박히는 것이 유일무이한 방법이다(갈 2:20; 롬 6:7).

그리스도의 죽으심 안에서 그리스도와 우리의 연합은 그것이 우리의 영 안에 성취된 사실이라는 것을 의미한다. 믿는 사람이 해야만 하는 것은 그의 정욕이 일어날 때마다, 이 확실한 죽음을 그의 영 밖으로 끌어내어 그것을 그의 지체들(그의 육신의 몸)에게 적용해야만 한다.

육신은 사탄의 일터, 곧 그의 작용(作用 : 현상이나 행동을 일으킴-역주)의 영역이다. 만일 부분이 아니라, 육신 전체가 우리 주님의 죽음의 능력아래 있다면, 사탄은 할 일이 없다.

오늘날 그리스도인의 삶속에서 가장 필요한 것은 더 나은 삶이 아니라, 더 나은 죽음이다! 우리는 완전한 죽음을 죽는 것이 필요하다.

패배는 항상 둘 중 하나의 탓이다. 패배는 믿음이 부족하거나 또는 순종이 부족한 것이다.

성령 안에서 삶은 죄를 짓지 않을 뿐만 아니라, 자아가 지속하도록 허용하지 않는다. 더욱이 성령께서는 그분에 의해서 그들의 삶을 이어가는 사람들 안에서만 그분의 능력을 나타내실 수 있다.

십자가는 결코 그것의 역사를 갑자기 그만 두지 않는다. 만일 허락된다면, 십자가는 우리 안에 있는 옛 창조의 모든 것이 완전히 못 박힐 때까지 계속 우리의 삶속에서 점점 더 깊게 역사할 것이다.

죽음 안에서 계속해서 우리의 혼의 생명을 더 많이 잃어버림으로, 우리는 부활 안에서 하나님의 풍성한 생명을 계속해서 더 많이 얻을 것이다.

사람의 혼은 항상 그것의 권위를 계속 유지해서 따로 활동하려고 한다. 한편 영은 하나님의 권위를 유지하기 위해서 모든 것을 굴복시키려고 힘을 쓴다. 이것은 모든 믿는 사람의 혼과 영간에 벌어지는 싸움이다(갈 5:16-18; 롬 7:14-25).

Chapter 58
영적인 사람(제2권)

우리의 영적인 삶에 있어서 하나님의 역사와 사탄의 역사를 구별하는 하나의 방법은 이렇다. 하나님께서는 항상 중심에서 밖의 영역으로 역사하신다. 한편 사탄은 내부의 영역에서 중심으로 역사한다.

그리스도와 올바른 관계일 때, 그리스도인을 낳는 것처럼, 성령과 올바른 관계일 때, 영적인 사람을 낳는다(롬 8:4).

보고 느낄 수 있는 것들을 붙잡음으로, 확신을 얻는 사람은 혼적인 (혼의 지배를 받는) 사람이다. 보고 만지는 것의 정반대는 믿음이다. 영을 따르는 사람은 보는 것으로 사는 것이 아니라, 믿음으로 산다(고후 5:7).

"영적인 사람"이 된다는 것은 무슨 뜻인가? 그것은 그 자신을 자신의 영의 복종아래 전적으로 두는 사람, 곧 그의 전인(全人)이 자신의 영의 지배를 받는 사람이다.

　영적인 사람은 영적인 적의 실체를 감지하고 그와 교전하는 사람이다(엡 6:12). 이 전투는 육신의 무기로 싸우는 것이 아니라, 영적인 무기로 싸우는 것이다. 그것은 사람의 영과 그의 적의 영과의 싸움, 곧 영과 영의 교전이다(고후 10:3-4).

　믿는 사람의 행실의 각 단계는 그 단계마다 개개의 위험요소가 있다. 초기. 육신적인 단계에서는, 죄와 겨루는 싸움이다. 다음, 혼의 단계에서는, 그의 선천적인 생명과 겨루는 싸움이다. 마지막, 영적인 단계에서는, 영적인 어둠의 세력들에 대한 맹공격이다.

　어둠의 영들이 그리스도인에게 맹공격을 퍼붓는 것은 단지 그가 성숙하기 시작할 때이다. 그것은 영과 영의 싸움이다. 그러므로 그것은 영적 전투라 부른다.

　성경은 새로 태어난 믿는 사람을 갓난아이에 비유한다. 이는 그가 지금 그의 영안에 지니고 있는 생명은 선천적으로 태어난 유아처럼 아주 작고 약하기 때문이다. 그가 필요이상으로 오랫동안 이 생명의 단계에 머물러 있지 않는 한 그가 유아로서 잘못은 없다. 그는 그가 능숙하게 그의 모든 감각 기능을 알고 성숙한 상태로 그의 능력을 행사하는 법을 알 때까지, 운동, 훈련, 그리고 성장을 통해서 끊임없이 지식과 경험이 늘어나야 한다(벧전 2:2).

우유(젖 : 개역 개정-역주)는 소화하기 쉽게 가공된 음식물이다. 계속 우유를 먹고 있는 사람은 하나님과 직접 교제를 할 능력이 훨씬 적다 그래서 다른 사람들이 하나님의 메시지를 그들에게 전해 주는 것에 의존해야만 한다(고전 3:2, 참조).

하늘의 빛은 성도로서 어울리지 않은 처세로 우리가 생각하고, 말하고, 또는 행동을 할 때마다 잘못을 드러내고 태만을 책망하기 위해서 양심을 통해서 들어온다. 하늘의 빛의 조명에 순종함으로 그리고 하늘의 빛이 드러내는 것을 제거함으로, 우리는 양심이 양심의 활동을 하도록 하는 것이다. 이와 같이 양심은 더 많은 빛이 장차 우리에게 속속들이 비추도록 확대시키는 창 역할을 한다. 불행하게도, 만일 우리가 우리의 삶속에 죄가 쌓이도록 한다면, 정반대 현상이 일어난다. 창의 크기가 줄어들어, 결국 빛이 전혀 스며들지 못하도록 하는 것이다.

만일 하나님의 자녀가 자신의 죄를 처리하는데 있어서 충실하고 성실하게 자신의 양심을 따른다면, 그는 이전에 주의를 끌지 않았던 죄들을 드러내기 위해서 하늘로부터 빛을 점점 더 받을 것이다. 이 과정이 일어날 때, 성령께서는 사람이 그의 마음속에 기록된 하나님의 법을 더 많이 알 수 있도록 하셔서, 거룩, 의(義), 순결 그리고 정직에 대해서 이전에 아주 희미했던 것들을 이해되는 사실들로 전환시키신다(시 36:9; 요일 1:7).

하나님의 자녀는 세상에서 오로지 하나님의 은혜로만 그의 삶을 사는 것이다. 은혜는 우리를 향한 선물로서 오직 하나님에 의해서 행해지는 것을 뜻한다. 그러므로 하나님께서 선언하신 것을 성취하시는 것은 그분의 책임이기 때문에 사람들은 관여해서는 안 된다(롬 11:6).

교제(交際) 문제에 있어서, 하나님께서는 우리가 그분의 뜻을 얼마나 아느냐가 아니라 그분의 뜻에 대한 우리의 마음가짐이 어떠한가에 관심이 있으시다. 만일 우리가 참으로 하나님께서 원하시는 것을 순종하려고 한다면, 아마도 비록 우리 안에 알려지지 않은 많은 죄가 있다 할지라도, 하나님과 우리의 교제는 계속 중단되지 않을 것이다.

매일 영에 따라서 처세하는 것보다 그리스도인의 삶에 더 활력을 주는 것은 없다. 그리스도인을 확고한 영적인 상태로 유지하게 하고, 육신의 힘으로부터 그를 해방시키고, 항상 하나님의 뜻을 순종하도록 돕고 그리고 사탄의 맹공격에서 그를 보호하는 것은 이것이다.

영안에서의 계시(啓示)는 사역자들에게 첫째 조건이며 그리스도의 종의 삶에서 큰 위치를 차지하여야 한다. 영적인 봉사를 수행하고 영안에서 행동하는 사람에게 권능을 부여하는 것은 이 계시뿐이다.

그리스도인들은 항상 모든 의식이 영으로부터 나오지 않는다는 것을 알아야한다. 잊지 말라. 몸, 혼 그리고 영은 각각 그 자체의 의식이 있다.

몸으로서 교회의 개념을 이해하지 못하는 사람만이 교회의 한 가운데에 경계선을 긋고 오로지 그들의 작은 집단 또는 파벌에 전념한다. 슬프게도, 이것은 그들의 약한 영적인 상태를 분명하게 보여 주는 것이다. 영적인 사람들은 주위의 지체들을 그들 자신의 사람으로 생각하지 않고, 오히려 하나님의 사람으로 생각한다. 그들은 그러므로 그들을 세속적으로 구별을 짓지 않고, 하나님께서 동등하게 선택하신 모든 사람들을 기꺼이 받아들인다.

우리는 무거운 짐이 모두 물러날 때까지 기도로 우리의 영들의 모든 짐들을 쏟아 놓아야 한다. 쏟아 놓으면 놓을수록, 더욱 더 우리는 기쁠 것이다. 흔히 있는 시험은, 역시 짐이 제거되기 전에 기도를 그만 두는 것이다. 우리가 우리의 영안에 쾌활함을 느끼기 시작할 때, 우리는 겨우 영적인 일을 시작하고 있다는 것을 깨닫지 못하고, 우리는 우리의 기도가 응답된 것으로 간주한다.

우리는 우리의 영안에 짐을 받을 때마다, 즉시 기도를 통해서 그 짐이 무엇인지를 찾아내야 한다. 만일 그것이 전투에로의 부름이라면, 우리는 전투하러 가야한다. 만일 복음을 전파하라는 부름이라면, 전도하자. 만일 그것이 기도의 부름이라면, 우리는 기도해야 한다.

그리스도인들은 그들이 하나님의 임재를 느낄 때 그들의 영적인 삶이 높은 추세(趨勢 : 대세의 흐름이나 경향-역주)에 있다고 간주한다. 그들이 침울하고 또는 무미건조함을 느낄 때는 그들의 영적인 삶이 낮은 추세에 있다고 간주한다. 그럼에도 불구하고 이런 것들은 단지 감정이다 그리고 이와 같은 것은 영적인 삶의 실체를 나타내는 것이 아니다. 분명하게 성숙으로 나아가는 사람은 이것을 안다 그러므로 이런 일시적인 감정에 많은 신뢰를 두지 않는다.

하나님께서는 그분의 "영"이 그분의 뜻을 우리에게 보여 주시고 계시를 주시기 위해서 역사하는 곳이 우리의 영이기 때문에 우리의 영에 관심이 있으시다. 또한 우리가 성숙하고, 적의 공격에 저항하고, 어둠의 세력을 이기는 권위를 받고, 봉사를 위한 능력을 확보하는 것도 우리의 영이다.

십자가가 믿는 사람들의 삶속에서 깊이 역사하기 시작한 후만이 그는 참으로 자신과 자신의 생각, 감정, 그리고 욕망이 실제로 얼마나 믿을 수 없는 가를 알게 된다. 이렇게 된 사람은 훨씬 그들 자신을 신뢰할 수 없다는 것을 알 뿐만 아니라, 끊임없이 하나님의 능력을 유지하는 것을 별개(別個)로 하고서는, 의심할 여지없이 실패할 것이라는 것을 알게 될 것이다.

겸손한 영은 가난한 사람들과 교제하는 사람들에 의해서 보여 진다. 하나님께서 창조하신 어느 누구도 얕보지 않는 것은 이 영이다. 하나님의 임재와 영광은 영적으로 겸손한 사람들의 삶속에서 나타난다.

흔히 그리스도인의 경험, 성장, 그리고 향상이 그에게 그토록 소중한 문제여서 그는 그의 보잘 것 없음을 유지하지 못하게 된다. 성숙한 성도에게 있어서 모든 위험 가운데 가장 위험한 것은 그가 영적으로 성장할 때 그가 얻은 것을 묵상하고 그가 경험한 것을 주목하는 것이다. 영이 가난한 사람은 항상 그 자신을 아무 것도 없는 사람으로 본다.

우리가 그리스도인으로 있어야만 하는 것은 적에게는 능력의 영, 사람들에게는 사랑의 영 그리고 우리 자신에게는 자기 절제의 영이다.

누구든지 영에 따라서 행동하는 법을 배운 이후에만, 그는 그의 혼의 생명 대신에 영의 생명으로 살고, 하나님의 일을 수행하는데 있어서, 그의 선천적인 생명보다 오히려 영의 능력을 사용하고, 그가 적과 싸울 때, 영적인 권위를 적용하는 법을 알게 될 것이다.

믿는 사람의 영이 주님과 하나로 연합된 후 만이, 그는 세상에서 나그네와 일시 체류자(滯留者)로 삶을 살기 시작하며(히 11:13), 하늘의 시민으로서의 삶을 경험할 수 있다(빌 3:20).

영적인 사람을 특징짓는 하나의 특성은 그가 모든 환경아래에서 유지하는 현저(顯著)한 평온함이다.

헌신은 우리의 영적인 삶의 첫 단계이다. 헌신은 그리스도인을 성별(聖別 : 신성한 일을 하기 위해 따로 구별됨-역주)된 지위로 인도한다. 헌신이 없다는 것은 영적인 생명이 없다는 것을 의미한다. 우리가 헌신을 하는데 있어서 애정보다 더 최고는 아무 것도 없다. 만일 우리가 사랑에 빠지지 않는다면, 헌신이 있을 수 없다.

아버지는 그분의 자녀들에게 절대적인 사랑을 요구하신다. 아버지는 누군가 또는 그 밖의 중요한 것들과 우리의 마음을 나누는 것을 좋아하지 않으신다. 아버지는 우리가 그분을 위해서 열심히 일하는 것이 아니라, 우리가 그분을 사랑하기를 기대하신다. 슬프게도 왕국은 그분께 높은 지위를 드리기보다 자신들의 배우자 또는 자녀들에게 높은 지위를 주는 무수히 많은 그리스도인들 때문에 많은 손실을 입는다.

헌신의 과정이 그리스도인들에게 얼마나 불리한 것처럼 보이는가. 그럼에도 불구하고 헌신의 과정을 경험하는 사람들에게는 얼마나 축복된 일인가! 믿는 사람들의 유익을 위해서, 곧 하나님께 그의 헌신을 구체화하기 위해서, 하나님께서는 그들에게 소중한 것과 하나님과 그들 사이에 장애물이 되었던 바로 그것을 그들에게서 빼앗으신다.

우리가 육신에 속한 사랑과 영에 속한 사랑을 어떻게 구별할 수 있는가? 만일 우리의 사랑이 혼적이라면, 그 사랑이 세상에서 우리가 해방되도록 능력을 부여하지 못한다. 따라서 믿는 사람은 세상을 떨쳐버리기 위해서 계속 안달하고 고심해야만 한다. 그러나 만일 우리의 사랑이 영적이라면, 세상에 속한 것들은 바로 사라질 것이다. 이런 성질의 사랑에 관여하는 사람은 세상에 속한 것들을 경멸(輕蔑)하기 시작한다.

그리스도인의 생활 초기에, 주님께서는 믿는 사람들을 그분께 끌어당기셔서 그들에게 그분의 사랑을 확인시키기 위해서 여러 가지 방법을 사용하신다. 후에, 하나님께서는 그분의 사랑의 마음을 믿도록 그들 인도하기 위해서 사랑의 감정을 도로 거두어 들이심으로 그를 더 멀리 인도하신다. 주님의 사랑의 감정에 끌림을 받는 첫 단계가 믿는 사람을 그 이후의 더 깊은 행실(行實)로 이끄는 것은 당연하다. 우리가 주님께 끌리지 않는다면, 우리는 모든 것을 버리고 그분을 따를 힘이 없다.

성숙에 상응(相應)하는 단계에서 특별한 영적인 경험을 만나는 것은 타당하고 유익하다. 그러나 나중 단계에서 이와 똑같은 경험을 열망하는 것은 영적인 성장을 후퇴 또는 지체(遲滯) 상태로 만든다.

그리스도인이 여전히 세속적인 채로 있을 때, 그는 자신의 욕망에 강력하게 지배를 받는다. 자기 기쁨, 오만, 자만, 자애, 자기 연민 그리고 거만 모든 것은 자아가 모든 것의 중심이 되도록 하는 사람의 욕망으로부터 나온다.

야망은 우리의 선천적인 성향을 풀어 놓음으로 일어난다. 이런 욕망에서 교만이 튀어 나온다. 모든 자랑은 인간의 욕망에서 나온다.

성급함은 주님을 계속 기다리는 법도 모르고 성령의 인도하심에 대해서 잘 알지 못하는 사람의 욕망의 증상이다. 더군다나, 하나님께서는 결코 급하게 무엇이든지 행하지 않으신다. 결과적으로, 하나님께서는 성급한 사람에게 그분의 능력을 맡기지 않으실 것이다. 성급함은 의심할 여지없이 육신의 일이다.

하나님께서는 그들의 혼적인 삶을 완전히 죽음에 기꺼이 내어주고, 오로지 영 안에 거하는 사람들을 얻기를 원하신다. 만일 우리가 하나님께서 실제적인 문제들로 우리 앞에 놓으신 십자가들을 진다면, 우리는 곧 우리의 자아생명이 곧 우리가 가지고 있는 십자가에 서서히 못박히는 것을 보게 될 것이다. 우리는 우리의 선천적인 기질에 맞지 않은 것을 묵묵히 받아들일 때마다, 우리의 혼에 속한 생명을 십자가에 더 단단히 고정시키는 또 하나의 못을 받는 것이다.

십자가는 열매를 낳는다. 각각의 십자가는 우리에게 하나님의 생명의 열매를 가져온다. 우리가 하나님께서 우리에게 지도록 주신 십자가를 기꺼이 받아들이게 될 때, 우리는 우리가 완전한 영적인 삶을 살고 있다는 것을 볼 수 있을 것이다. 모든 십자가는 성취해야할 각각의 특별한 사명이 있다. 십자가가 우리의 어떤 것도 쓸모가 없도록 하기를 기원한다!

그리스도인들이 주님을 애정이 넘치도록 좋아할 때, 그들은 통상적으로 감정의 삶을 경험하고 있는 것이다. 그들의 영적인 생활의 이 단계에서, 그들은 이런 종류의 감정적인 경험이 최고의 영적인 생활이라고 간주한다. 이는 그것이 그들에게 큰 기쁨을 주기 때문이다. 그러나 이것은 많은 문제의 원인이 된다. 이는 그것이 주는 기쁨이 매우 만족을 주기 때문에, 그들은 거기에서 헤어 나와 주님과 함께 더욱 더 깊은 생활로 옮겨 가는 것이 어렵다는 것을 깨닫는다.

많은 그리스도인들은 영적인 경험을 느끼는 삶에 대해서 잘못 생각한다. 그러나 참된 영적인 삶은 감정에 지배받지도, 감정으로 살지도 않는다. 그와는 반대로, 참된 영적인 감정은 우리의 감정을 조절하는 범위

안에서의 영적인 삶이다.

주님을 위해서 사는 것은 자아를 위해서 아무 것도 남겨두지 않는 것을 의미한다. 어둠, 목마름 그리고 답답함을 포함해서, 자기에게 일어나는 모든 것을 주님께로부터 나오는 것으로, 기쁨으로 그분의 뜻으로 받아들이는 사람은 주님을 위해서 사는 사람이다.

감정으로 사는 사람은 영적 전투가 일어날 때 무익하다. 이것은 기도로 적과 싸우는 것은 참으로 자기를 부인하는 일이기 때문이다. 영적 전투는 그러므로 감정에 대해서는 죽음의 태도를 그리고 하나님께 대해서는 절대적인 신뢰를 요한다.

Chapter 59
영적인 사람(제3권)

성경에 따르면, 사람의 마음은 사탄과 그의 악한 영들이 믿는 사람과 싸우는 싸움터이다. 사람의 의지와 영은 악한 영들이 사로잡으려고 열망하는 요새와 같다(고후 10:3-5, 참조).

사탄의 "수법"은 믿는 사람의 마음속에 생각들을 끼워 넣는다. 생각들이 받아들여진다면, 사탄은 이제 이 사람의 마음속에 앞으로의 전략에 대한 발판을 갖게 되는 것이다. 이런 이유로, 모든 헛된 생각, 입증(立證)되지 않은 추측, 알 수 없는 생각, 무심코 받아들인 거짓말 그리고 우연히 들은 말은 하나님보다 그것 자체를 높이는지를 확인하는 시험을 받아야 한다(고후 10:5).

수동적인 자세는 자기 스스로 움직이는 것을 자제하고 그보다는 자기 자신을 외부의 작용에 의해서 움직이게 하는 것이다. 수동적인 상태는 먹이를 찾아 배회하는 악한 영들을 가장 이롭게 한다. 수동적인 자세는 악한 영들에게 믿는 사람의 마음을 차지하게 할 뿐만 아니라, 게다가 그의 의지와 몸도 차지할 기회를 준다.

우리의 삶속에서 악한 영들의 역사와 성령의 역사 중 어느 하나를 허용하는 것은 결정적으로 중요한 차이가 있다. 악한 영들은 사람이 그들의 일하는 조건을 실행할 때 역사한다. 한편, 성령께서는 사람이 그분이 일하시는 조건을 실행할 때, 역사하신다.

그리스도인들은 오늘날 그들의 마음이 구원받을 필요가 있다는 것을 깨닫지 못하고 있다(엡 4:23; 6:17). 그들은 만일 그들이 최대한의 구원을 받으려면, 선천적인 모든 재능이 새로워져서 주님께서 쓰시기에 적합하게 되어야 한다는 것을 인식하지 못한다. 하나님께서 주신 구원은 새 생명 뿐만 아니라, 게다가 우리의 혼의 모든 부분이 새로워지는 것을 포함한다(고후 5:17).

그리스도인으로서, 만일 우리가 성숙하기를 원한다면, 우리는 전투 중에 있다는 사실을 직시하기 시작해야만 한다. 우리가 전투하는 법을 배우지 않는다면, 우리가 어떻게 적에게 점령당한 성을 되찾기를 바랄 수 있겠는가?

하나님의 자녀가 영적이면 영적일수록, 더욱더 그는 성령에 따라서 사는 의미를 자각하게 되고, 육신에 따라서 사는 위험을 자각하게 된다.

우리는 무엇을 따라야 하는가? 우리가 우리의 마음을 정한 것은 무엇이든지 그것을 따를 것이다. 만일 우리가 우리의 마음을 이 세상 것들에 기울인다면, 우리는 육신에게 점령을 당한다. 그런데 만일 우리가 언제나 우리의 마음을 영적인 것들에 기울인다면, 우리는 성령을 따르는 것이다(롬 8:5).

성령을 따르면, 우리는 생명과 평안을 낳는다. 한편 육신을 따르면 죽음을 낳는다(롬 8:6). 이것으로, 믿는 사람이 여전히 그가 생명을 지니고 있다 할지라도, 죽음 안에서 살 여지가 있다는 것을 볼 수 있다.

우리의 마음이 성령의 지배를 받지 않는다면, 육신의 지배를 받고 있음이 틀림없다. 우리의 마음이 하늘의 인도를 받지 않는다면, 세상의 인도를 받고 있음에 틀림없다. 우리의 마음이 위로부터 지배를 받지 않는다면. 아래로부터 지배를 받고 있음에 틀림없다.

주님과 우리의 연합은 두 단계가 있다. 생명의 연합과 의지의 연합이다. 하나님께서 우리에게 주시는 새 생명에 덧붙여, 우리의 의지를 그분께 돌려드리는 것은 구원에 있어서 가장 큰 역사이다. 그러므로 복음의 궁극적인 목적은 하나님과 우리의 의지의 연합을 촉진(促進)하는 것이다. 이것에 미치지 못하는 것은 무엇이든 사명의 실패이다.

우리가 의지로 하나님과 연합되려면 필수적인 두 가지 기준이 있다. 첫째, 하나님께서 우리의 의지 활동을 복종시키셔야 한다. 둘째, 우리의 의지적인 삶이 정복되어야만 한다. 흔히 의지 작용은 거의 우리가 그분께 위임하는 하나하나의 영역에서만 주님께 복종하는 것이다. 그러나 우리가 가지고 있는 가장 큰 축복과 가장 고귀한 특권은 우리의 육신의 모든 타락한 의지 작용을 받아들이지 않고 그분의 마음의 소원을 성취하기 위해서 하나님의 뜻과 완전히 하나 되도록 하는데 있다.

오늘날 많은 사람들은 주님과 함께 십자가에 못박혔다는 진리를 이해한다. 그럼에도 불구하고 그 진리의 실체를 거의 나타내지 못한다. 슬프게도 주님과 함께 십자가에 못박혔다는 진리는 단지 많은 성도들에게 교의(教義 : 종교상의 가르침-역주)에 지나지 않는다. 그들은 실제적인 구원의 실체가 과연 일상의 기저(基底 : 바닥이 되는 부분-역주)에서 경험될 수 있을까라고 의아하게 여긴다. 그런데도 믿는 사람들이 몸의 행실을 매장(埋葬)하고 그들 자신을 하나님께 완전히 내 맡기고 성령의 능력을 전적으로 신뢰하지 않는다면, 그들이 안다고 공언하는 진리는 단지 이론으로만 지속될 것이다.

우리가 하나님께서 순탄한 환경에서는 그분을 찬양하고 불행한 환경에서는 그분께 불평하는 사람을 어떻게 마음에 들어 하시는 분이라고 생각할 수 있는가? 하나님께서는 죽기까지 그분을 사랑하고 순종하는 사람을 찾고 계신다.

그리스도의 생명은 우리의 몸이 아니라, 우리의 영을 위한 것이라는 것을 일반적으로 믿는다. 그러나 하나님께서 우리에게 주신 구원은 영에 생명을 주신 후 혼과 몸에 이르게 하려고 계획하셨다는 것을 깨닫는 사람은 거의 없다.

그분의 자녀들을 죄, 자아, 세상 그리고 사탄을 제압하는 승리의 경험으로 데리고 가시는 것이 하나님의 목적이다. 그러나 우리 시대에 기꺼이 하나님과 함께 그렇게 멀리 가려는 사람은 거의 없다. 그럼에도 불구하고 기꺼이 받아들이는 사람에게는, 하나님께서 우리가 정복하기를 원하시는 하나의 적, 곧 죽음이 남아있다. 만일 우리가 완전하고 절대적인 승리를 경험하기를 원한다면, 우리는 마지막 적을 멸(죽음-역주)해야만 한다(고전 15:28).

Chapter 60
교회와 사역(제1권 - 모이는 생활)

처음부터 끝까지 하나님의 목적은 공동의 그리스도, 곧 교회를 얻는 것이다. 하나님의 교회를 다른 일로 대체시키려는 것은 오늘날 사탄이 그렇게 하도록 사람들을 부추기는 것이다.

하나님께서는 특정 지역에서 구원받은 사람들을 함께 모아서 특정 지역 모임으로 만드신다. 이것은 하나님의 영원하신 목적을 표현하는 각 지역에 있는 그분의 축소모형인 새 예루살렘이다. 이런 방법으로, 하나님의 뜻이 그들 주위에 있는 세상에 나타나는 것이다. 슬프게도, 하나님의 영원하신 목적에 대한 세밀화 된 표현에 주의 하는 사람은 거의 없다. 우리는 그보다는 개인적인 승리와 일을 강조한다.

그리스도인 학생들은 수업을 거부해서는 안 된다. 그리스도인 노동

자들은 파업을 해서는 안 된다. 그리스도인의 아들과 딸들은 불순종해서는 안 된다. 그리스도인들은 하나님께서 그들에게 임명하신 어떤 권위자들에게도 무례한 언동을 해서는 안 된다. 이는 이런 권위자들은 하나님께서 임명하셨기 때문에, 그들은 하나님과 그분의 권위를 대리하기 때문이다(롬 13:1).

일반적으로 권위에 관련된 성경 말씀은 "복종"이다. 성경에서 권위와 복종은 밀접한 관계가 있다. 만일 어떤 사람이 권위에 복종한다면, 그는 하나님의 권위에 복종하는 것이다. 만일 그렇지 않다면, 그는 하나님의 권위를 뒤집으려는 사람이다(롬 13:2).

그분의 백성을 위한 하나님의 목적은 그들이 그리스도의 몸 안에서 연합된 생명을 얻게 해서 모든 독자적인 행동을 삼가도록 하는 것이다.

우리는 하나님께서 우리들 위에 세우신 권위자들이 그분의 신적인 권위를 대리하는 것을 얼마나 무시하는가. 그리스도인은 그럼에도 불구하고 그들에게 복종하는 법을 배워야만 한다. 이는 모든 권위자들은 하나님께 속해 있기 때문이다(롬 13:1).

누가 장로가 되기에 부적합 한가? 그가 장로직에 관해서 들었을 때, 장로가 되기를 원하는 사람이다. 누가 장로가 되기에 적합한가? 그가 장로직에 관해서 들었을 때, 자신이 부적합하다고 생각하는 사람이다. 다스리기를 열망하는 모든 사람은 다스리기에 부적합하다. 권위가 그들의 손에 놓여서는 안 된다. 다스리려고 생각하지 않는 사람만이 다스릴 수 있다.

육신은 선천적으로 약한 면이 둘이 있다. 자랑하는 것과 뒷걸음질 치는 것이다. 결코 육신의 자랑을 용기로 또는 육신이 뒤로 물러서는 것을 겸손으로 받아들이지 말라. 왜 그런가? 만일 우리가 우리의 강한 면을 바라본다면, 우리는 교만하게 되는 경향이 있을 것이다. 그리고 만일 우리가 우리의 약함과 실패를 바라본다면, 우리는 뒤로 물러나서 아무것도 하지 못하는 경향이 있을 것이다.

겸손이란 무엇인가? 겸손은 자기 자신을 나쁘게 바라보지도, 좋게 바라보지도 않는 것이다. 따라서 참 겸손은 조금도 자신을 바라보지 않는 것이다.

의견이 하나로 일치하는 것은 성령의 역사이다. 한편 과반수 투표는 사람이 만든 것이다.

섬기는 사람은 섬김을 받는 사람보다 더 위대하다. 우리가 모임에 나올 때마다, 우리의 주의(注意)를 우리가 형제자매들을 얼마나 섬길 수 있는가에 집중시켜야 한다.

집에서 줄곧 철저히 기도하지 않았던 문제는 공동의 기도(합심기도-역주)를 할 필요도 가치도 없다는 것을 보여 주는 것이다. 개인적인 기도를 드렸는데, 불충분한 의식이 떠나지 않고 남아 있는 후에만 그 문제가 기도 모임에서 공적으로 언급되어야 한다.

십자가는 사회적인 차별의 모든 요소를 폐지한다. 주님 안에서는 부유한 사람도, 가난한 사람도, 귀족 계급에 속한 사람도. 천한 사람도, 주인도, 종도, 여자와 남자도, 부모와 자녀도 차별이 없다(갈 3:28; 골 3:11). 이런 사회적인 차별과 계급적인 차별은 그리스도의 몸 안에는 전혀 없다. 그러므로 우리는 십자가가 폐지해서 무덤 안에 둔 것들을 교제(交際) 속으로 가져와서는 안 된다.

성경은 종종 손을 높이 들고 기도하는 것에 대해서 말씀한다(출 17:11 그리고 딤전 2:8, 실례 참조). 이것은 하나님을 구하고 있는 사람을 가리킨다. 그것은 하나님의 주의를 끄는 목적에 도움이 된다.

Chapter 61
고회와 사역(제2권 - 사역의 재고(再考))

하나님께서는 우리의 내적인 생명에 대한 진리들을 계시하실 뿐만 아니라, 또한 그 생명을 외적으로 표현하는 진리에 대해서도 계시 하신다. 하나님께서는 내적인 실체를 높이 평가하시지만, 그것을 외적으로 표현하는 것을 무시하지 않으신다.

하나님께서는 하나의 목적이 있으시다. 그것은 그분의 아들을 높이시는 것이다. 하나님의 목적은 사람들을 자녀로서 그분의 아들의 이름의 지배아래 있게 하셔서 그들 역시, 성숙함으로, 완전히 성장한 아들이 되도록 그분의 아들의 생명을 나누는 법을 배우도록 하시는 것이다.

성경에는, 누구나 볼 수 있는 곳에 개인의 그리스도 뿐만 아니라, 공동의 그리스도가 계신다. 첫째는 완전한 승리가 있다. 둘째는 이 승리를 여전히 경험해야만 한다. 머리(그리스도-역주)의 승리는 여전히 몸(교회-역주)에 의해서 완전히 경험되어야만 한다.

사역은 그리스도를 교회에 충족시키는 것이나 다름없는 것이다.

아들은 아버지의 뜻을 성취하기 위해서 오셨다. 성령은 아들의 뜻을 성취하시기 위해서 오셨다. 아들은 아버지를 영화롭게 하기 위해서 오셨다. 아버지는 그리스도를 "사도"로 임명하셨다. 한편 세상에서는 아들이 12사도를 임명하셨다. 지금 아들은 아버지께로 되돌아 가셨다. 그래서 성령께서 세상에서 사람들에게 사도의 직무를 하도록 임명하고 계신다.

우리의 사역의 목적은 우리의 사역의 증거를 제시하는 것이 아니라, 주님의 부활의 증거를 제시하는 것이다.

하나님의 사역의 첫째 자격은 하나님의 소명(召命 : 부르심-역주)이다. 모든 것은 소명 여하에 달려 있다. 하나님의 소명은 하나님께 그분의 정당한 지위를 드리는 것이다. 그분의 정당한 지위를 드리는 것은 하나님을 사역의 창시자로서 인정하기 때문이다. 오늘날 그리스도인의 사역에서의 비극은 그토록 많은 사역자들이 단지 그들 마음대로 일하러 나갔다는 것이다. 그들은 보내심을 받지 않았다.

믿는 사람들이 하나 되는 것과 그들이 세상으로부터 분리되어야 하는 것, 곧 몸이 하나 되는 것과 세상으로부터 몸이 분리되어야 하는 이유는 같다. 이는 하나님의 영이 믿는 사람들 안에 거하시기 때문이다.

그릇된 일을 교회 안으로 들여오는 것은 세속적이다. 그러나 그릇된 일 때문에 교회가 나누어지는 것 또한 당연히 세속적이다.

성경을 해석하는 견해가 우리 자신과 일치 않는 사람과 규칙적으로 친밀한 교제를 갖는 것은 육신은 힘겹지만, 영은 만족할 수 있다. 하나님께서는 이런 문제들을 해결하시기 위해서 분열(分裂)을 사용하지 않으시고, 십자가를 사용하신다.

아담 안에 있는 모든 차별은 그리스도 안에서 폐지되었다. 인종, 성별 또는 사회적인 지위에 의한 모든 차별은 하나님의 말씀 안에서는 인정되지 않는다. 그러므로 교회에서 우리 모두는 그리스도 안에서 하나다(갈 3:28).

만일 사역이 하나님께 속해 있다면, 그것은 영적일 것이다. 만일 사역이 영적이라면, 공급하는 방법도 영적일 것이다. 만일 공급이 영적인 단계가 아니라면, 사역은 세속적인 사업의 단계로 즉시 표류할 것이다. 만일 영적인 것이 이 사역의 재정적인 면을 특징짓지 않는다면, 사역의 다른 부문이 영적인 것은 단지 이론에 불과하다.

하나님의 말씀에서 우리는 하나님을 섬기는데 있어서 사례를 요구하거나 또는 사례를 받는 하나님의 종이 없다는 것을 읽는다. 고정적인 수입이 하나님에 대한 신뢰를 촉진하거나 또는 그분과 교제를 촉진하는 것이 아니라, 우리가 필요한 것을 충족시키기 위해서 하나님을 철저히 의존하는 것이 확실히 신뢰와 교제를 촉진하는 것이다. 사역의 본질과 공급의 근원은 언제나 밀접하게 관련이 되어 있다.

우리의 신뢰가 사람들에게 있을 때마다, 우리의 사역은 사람들에게 영향을 받지 않을 수 없다. 만일 우리가 사람에게 재정적으로 지원을 받는다면, 우리는 사람을 기쁘게 하려고 할 것이다. 불행하게도, 하나님과 사람을 동시에 기쁘게 할 수는 없다.

주님을 대표하는 어떠한 사람이라도 필요한 것을 털어놓고 다른 사람에게 동정을 조장(助長)하는 것은 주님께 대한 모욕이다. 만일 우리가 하나님께 대한 살아있는 믿음이 있다면, 우리는 언제나 그분을 자랑할 것이다. 우리는 감히 모든 환경 하에서 이렇게 선언할 것이다. "내게는 모든 것이 있고 또 풍부한지라"(빌 4:18, 참조). 세상에서 하나님을 대표하는 사람으로서, 우리는 그분의 신실하심을 입증하기 위해서 여기에 있다.

하나님의 사역의 자연스러운 성장은 기금을 모으려는 인간의 본성의 어떤 활동을 필요로 하지 않는다. 이는 하나님께서 그분이 창조하신 사람들의 모든 필요를 충족시키시기 때문이다.

만일 하나님의 주권이 당신에게 실제가 된다면, 당신은 어떠한 염려도 없을 것이다. 당신은 단지 냉담한 사람들, 우연한 환경 그리고 훼방하는 악의 무리들이 하나님의 뜻을 성취하는데 이용되는 것을 볼 것이다. 관련이 없는 세력들이 그들의 뜻이 하나님의 뜻과 하나가 되는 사람들을 통해서 그분의 목적을 만족시키기 위해서 모두 하나로 관련이 될 것이다.

지역 교회는 세밀화(細密化) 된 몸의 생명이다. 성직자는 섬김으로 몸의 직분을 다하는 것이다. 사역은 성장으로 몸이 밖으로 뻗어나가는 것이다. 교회도, 성직도, 사역도 그 자체의 행위로는 존재할 수 없다. 이 셋 모두는 몸으로부터 나오고, 몸 안에 있고, 그리고 몸을 위한 것이다.

신약에서, 사도들은, 대개 다른 믿는 사람들을 동반하고, 나가서 새로운 교회를 설립했다. 여기에 하나님의 일을 하는데 있어서 중요한 비밀이 있다. 올해의 추수 후에, 밀은 다시 자라서, 다음 해에 틀림없이 풍부하게 자랄 것이다. 그러나 이렇게 되기 위해서, 당신은 움직이지 않고 있을 수 없다. 당신은 계속 나아가서 믿는 사람을 위한 자리를 만들어야만 한다. 이는 성장을 결정하는 것은 나가는 정도(程度)이기 때문이다. 밖으로 나가는 만큼 증가할 것이다. 그러나 만일 나가지 않는다면, 추가는 없을 것이다.

이전에 회사에서 20년의 행정 경험이 있는 믿는 사람이 있었다. 교회의 많은 사람들은 나에게 그가 장로로 임명되지 않은 이유에 대해서 물었다. 나는 이렇게 대답했다. "세상에서 20년의 행정 경험이 교회에서는 단 1년의 경험으로도 간주되지 않습니다."

만일 교회가 세상적인 조직이라면, 우리는 단지 유능한 사람을 선택해야 할 것이다. 그러나 교회는 영적인 조직이므로, 주요한 자질(資質)은 영성이다. 그 위에, 능력 등등이 해당된다.

몸(교회-역주)의 영적인 성장은 온 교회가 함께 섬기는데 달려 있다. 그러나 대부분의 개신교회들은 오늘 날 주일 설교에 중점을 둔다. 그럼에도 불구하고 만일 설교가 우리의 모임에 우선 한다면, 몸 전체가 섬기는 것이 아니다. 만일 몸이 섬기도록 동기를 부여받았다면, 나는 차라리 거기에서 설교를 하지 않을 것이다.

우리가 로마 가톨릭의 사제 체계(體系)와 개신교의 목사체계를 이어받았기 때문에, 교회에서의 문제가 우리에게 달려있다. 몸의 모든 지체들이 일어나서 기능을 다할 때만이, 우리는 그리스도의 몸의 실체를 볼 것이다.

현대 교회사에서, 당신과 나는 성전을 재건하기 위해서 일어나야만 하는 사람이다. 일어나 성벽과 예루살렘 성을 재건했던 스룹바벨, 에스라, 느헤미야, 그리고 남은 자들처럼, 우리는 우리 시대에 하나님의 교회와 교회의 증언을 밖에 제시하는 법을 배워야만 한다.

일반적으로, 세속적인 교회는 관대하여 어떤 방법으로든 처리되어야 할 것을 내버려 둔다. 더욱이, 교회에 있는 "강한 자(역주-사탄)"(마

12:29)를 단단히 장악하면 장악할수록, 더욱 더 영적인 생활이 무사평온하게 될 것이다. 그 반면에, 영적인 교회는 많은 어려움이 있는 경향이 있다. 이는 교회가 주의를 기울여야 할 많은 것들이 있기 때문이다. 생명이 있으면 있을수록, 해결해야 할 필요가 있는 문제가 더욱 더 많을 것이다.

그리스도의 몸 안에서 첫 번째 원칙은 권위의 원칙이다. 한편 두 번째 원칙은 교제의 원칙이다. 한편 몸의 사용 능력은 교제에 달려 있다. 몸을 일치시키는 공급은 지역적으로 교제 안에 있는 권위의 분량에 근거한다.

머리(그리스도-역주)로부터 나오는 것은 권위이다. 몸(교회-역주)으로부터 나오는 것은 교제이다. 오늘날, 만일 교회가 어떤 실패가 있다면, 당신은 그런 실패가 권위의 분야 또는 교제의 분야에 있다는 것을 알 것이다.

하나님의 권위가 왜 그분의 자녀들 가운데 확립될 수 없는가? 그것은 그분의 자녀들이 언제나 권위를 가지고 있는 사람을 비판하고 완벽을 요구하기 때문이다. 그들은 하나님께서 완벽한 사람에게 권위를 주지 않으셨다는 것을 깨닫지 못하고, 하나님께서 확립하신 권위에 복종하기를 거부한다.

개인주의란 무엇인가? 개인주의는 어떤 사람이 권위에 복종할 수 없는 것을 의미한다. 이는 일단 누군가가 권위에 순종하면, 그의 개인주의는 없어지기 때문이다.

권위에 복종한다는 것은 무슨 의미인가? 권위에 복종한다는 것은 의심할 여지없이 누구에게 복종해야 할지를 선택하지 않는 것이다. 만일 당신이 선택한다면, 그것은 당신이 권위가 무엇인지를 모르는 것이 분명하다. 권위를 아는 사람은 그가 어느 곳에 가더라도, 권위를 인정할 것이다. 그가 권위에 직면하자마자, 그는 누구에게 복종해야 하는지를 안다, 만일 그가 복종할 수 없다면, 그는 결코 권위를 모른다는 것을 입증하는 것이다.

Chapter 63
당신의 사역을 재개(再開)하라

사도행전은 성경에서 유일하게 끝나지 않은 책이다. 그 이유는 이렇다. 성령께서는 오순절 날에 그분께 위탁된 직무를 완수하시기 위해서 일하고 계신다. 성령께서는 그분의 머리와 그분의 몸의 분량에 충만한(엡 4:13, 15) "온전한 사람"을 창조하시는 것이다(엡 4:13). 이것이 성취될 때 사역은 끝날 것이다. 우리 시대에, 우리는 그 영광스러운 사역의 마지막 단계의 한 가운데 있다.

믿는 사람이 하나님의 구원을 받음으로 얻는 것은 지위(地位)이다. 이제부터는, 우리의 삶의 목적과 목표는 경험을 통해서 얻는 것이다. 우리가 얻기 위해서는, 우리는 손실을 겪어야만 한다. 따라서 우리는 우리가 그토록 단단히 붙잡고 있는 것을 버리지 않는다면, 우리는 우리의 삶속에서 하나님을 더 많이 경험할 수 없을 것이다.

몸의 지체로서, 우리는 몸의 부분이 되는 것과 몸의 조화되는 부분, 곧 이 둘이 개별적인 것이라는 것을 보는 것이 필요하다. 독립적인 행동은 아주 부적당한 것이다. 이런 이유 때문에, 우리가 만일 머리에 연결된 지체로서 역할을 한다면 권위에 있어서 우리보다 위에 있는 사람과 우리보다 아래 있는 사람을 인정하여야만 한다.

머리에 덮개를 쓰는 행동은 우리가 권위에 기꺼이 복종하는 것을 표현하는 것이다. 하나님께서 우리 주위에 놓으신 권위를 인정하고 그 권위에 복종하는 능력은 우리의 덮은 것과 같다. 우리 속에 있는 생명의 바로 그 본질은 우리가 복종해야 할 사람에 대해서 언제나 정통(正統)해야 하는 것을 필요로 한다. 우리가 복종해야 하는 권위의 98%, 곧 부모, 정부, 상관, 남편, 연장자의 권위가 하나님께로부터 위임 받았다는 사실(롬 13:1)은 몸의 지체들 가운데 없는 원칙을 우리에게 드러내 보여준다. 이 원칙은 우리가 기꺼이 권위에 복종해야만 하는 것이다.

하나님께서 사람들에게 바라시는 것은 증언이다. 이것을 표현할 수 있는 행위를 율법을 통해서, 하나님께서, 사람에게 주셨다. 만일 사람이 율법을 지킨다면, 그것은 하나님에 대한 증언이 될 뿐만 아니라, 하나님에 대한 사람의 복종의 증언이 된다. 그러나 오늘날 많은 교회에서 볼 수 있는 것처럼, 하나님께서 명령하신 것을 사람들은 복종으로 응하지 않는다. 그러므로 증언은 약해진다. 이것이 발생할 때, 몸 안에 분열과 파벌은 필연적인 결과이다.

누구든지 하나님께 받은 능력은 사역을 위한 권위이다. 능력을 넘어서는 것은 누구든지 권위를 넘어서는 것이다. 보는 사람은 눈에 권위가 있는 사람이다. 다른 사람들은 보이는 것에 복종해야만 한다. 말하는 사람은 입에 권위가 있다. 다른 사람들은 말하는 것을 들어야만 한다. 오늘날 문제는 많은 사람들이 그들이 하나님께 모든 것을 직접 받아야 한다고 생각한다. 이에 반하여, 하나님께서는 몸의 서로 다른 지체(肢體)들을 통해서 그분의 뜻을 실행하신다.

구약의 성막과 성전은 그리스도의 몸인 신약 교회의 예시(例示 : 실례로서 보임-역주)이다. 그들은 몸으로서 지체가 지체에게 그리고 각자가 머리께 복종하는 것을 보여줄 때 몸에 유효한 풍부함을 나타낸다. 그런 복종은 언제나 강한 증언으로 나타난다.

에스라와 느헤미야 시대에, 멸망한 것을 회복하는 것이 그들의 일이었던 것처럼, 교회는 오늘날 중세시대 이후로 일어나고 있는 것을 회복하는 한가운데에 있다.

왕국을 얻기 위해서, 곧 하나님을 위한 영토를 차지하기 위해서, 전투가 있어야만 한다. 그러므로 왕국의 어떤 회복도 먼저 영적인 전투의 부활이 있어야 하는 것은 필연적인 결과로서 수반된다.

교회를 위한 왕국의 실체는 사람들이 영적으로 하나님을 위한 특별한 영토를 차지하는 곳이며 차지할 때이다. 하나님의 왕국이 있는 곳은 어디든지 하나님께서 그 땅을 차지하신다.

복음은 사람들을 단지 죄, 세상 그리고 자아로부터 해방되도록 하는 것이 아니다. 복음은 또한 우리를 개인주의, 부귀 그리고 세상으로부터 자유롭게 한다. 그 결과 우리는 그리스도의 몸의 완전한 실체로 들어갈 수 있다.

오늘날, 복음은 정상적인 교회가 무엇인가를 아주 분명하게 보여주지 못하기 때문에 권위가 없다. 정상적인 교회에서는, 누구든지 구원을 얻자마자, 그는 전적으로 몸(교회-역주)에 자신을 위탁한다. 시작부터 전적인 헌신이 있다. 그러나 이미 지역 모임에서 이런 본보기가 없기 때문에, 우리는 새로 구원받은 사람에게 그리스도의 몸의 정상적인 표현이 무엇인지를 보여줄 수가 없다.

나는, 하나님 보시기에, 순종보다 더 나은 것은 없고, 질서보다 더 아름다운 것은 없다고 생각한다. 그럼에도 불구하고 하나님의 사람들 가운데서 조차도, 우리는 반항하고 순종하지 않는 사람을 볼 수 있다. 하나님의 왕국에는 이런 것들이 없음에도 불구하고, 사람들은 얽매이지 않고 자율적으로 그들 자신의 견해와 자기중심적인 관점을 갖기를 원한다.

만일 우리에게 큰 책임이 있다는 것을 깨닫는다면, 오늘날 교회 안에 있는 문제들은 우리에게 달려있다. 만일 우리가 변화시키는 복음을 전파하기를 원한다면, 우리 자신이 먼저 변화되어야만 한다. 만일 우리가 다른 사람이 헌신하기를 기대한다면, 우리가 먼저 전적으로 헌신해야만 한다. 만일 우리가 충실하지 않는다면, 하나님께서는 그분이 필요로 하는 것을 성취하시기 위해서 우리 보다도 오히려, 다음 세대를 찾으실 것이다.

우리 시대에는, 설교는 풍성하지만, 증언은 거의 없다. 이것은 분명히 열매가 없이 끝난다. 초대 교회는 설교는 많지 않았다. 그럼에도 불구하고 그들의 순교자들은 가장 능력 있는 증언으로 거리낌 없이 말했다. 이것 때문에, 열매는 풍성했고, 교회는 확 타오르는 불처럼 퍼졌다.

사도행전 2장의 사람들(눅 18:28, 참조)과 다를 바 없는 열심과 헌신으로 생활하는 사람들의 모임이 있을 때에는 언제나, 하나님의 능력이 똑같이 나타날 것이다.

사람들이 우리를 믿지 않는 이유는 우리 자신이 믿음이 없다는 것이다. 만일 우리가 충분한 영적인 영향력이 있다면, 우리는 말할 용기가 있을 뿐만 아니라, 사람들은 대담하게 충만한 복음을 믿을 것이다.

많은 사람들은, 한편으로는, 교회는 폐허(廢墟)가 되어 있고, 다른 한편으로는, 교회는 완성 단계를 향해서 흔들리지 않고 전진 하고 있다는 것을 깨닫지 못한다.

초대 교회에서, 사람들은 주님을 믿자마자, 세상과 관계를 끊었다. 그 후, 모든 그들의 직업은 그들 자신의 유익과 만족을 위한 것이 아니라, 교회를 위한 것이었다.

오늘날 교회에서는, 가인의 원칙이 만연하고 있다. 가인은 흙에서 나오는 저주에 대해서 어떤 자각도 없이, 그는 매일 흙으로 일하러 나가서 그 안에서 경작하는 것에 아주 만족을 느꼈다. 추수 때가 되었을 때, 그는 그뿐인가 제물로 하나님께 땅의 소출을 바치는 것을 만족했다. 마찬가지로, 마치 세상이 하나님과 적대하여 관심이 없는 것처럼, 많은 믿는 사람들은 그들이 주님 안에서 일을 하는 동안 세상이 권하는 것을 달성하고 즐기려고 한다. 게다가 그들의 이마에 땀을 흘림으로 그들의 육신으로 일을 한 후, 그들은 하나님께 그들의 노력의 열매를 드린다.

지난 20세기에 걸쳐서 교회를 살펴볼 때, 야곱의 실례가 갑자기 떠오른다. 야곱은 그의 생애 동안 자주 넘어지고 일어났음에도 불구하고, 그가 세상을 떠나기 전에, 그는 그의 지팡이에 의지해서 예배할 수 있었다(히 11:21). 그가 잃어버렸던 모든 것이 끝에 가서 그에게 되돌아 왔다. 이렇게 그는 맨 끝에 구원받은 사람처럼 하나님께 되돌아 올 수 있었다(히 7:25).

교회는 오늘날 두 가지의 정반대의 상태 또는 상황 속에 있는 역설이다. 외적으로는, 교회는 세상에 의해서 점점 더 부패되고 있다. 그런데도 내적으로는, 하나님께 더 깊이 그리고 가까이 계속 앞으로 나아가는 사람들이 있다.

우리 시대에 하나님을 찾길 원하는 사람들에게 있어서 문제는 이렇다. 당신은 하나님 편에 서서 그분의 풍성하심을 받아들이겠는가? 그렇게 할 사람은 기꺼이 그것을 얻기 위해서 어떤 대가도 치러야만 한다.

우리가 그리스도 안에서 가지고 있는 생명은 완벽한 생명이 아니라, 함께 나누는 생명이다. 우리가 다른 지체들의 풍성함을 경험하는 법을 배울 때만이, 몸이 올바르게 세워진다.

만일 성령께서 실제로 함께 하신다면, 중앙집권화가 필요 없을 것이다. 그에 반해서, 안건을 통과시키고, 일의 방법을 입안하고 그리고 많은 위원회와 모임을 보면 그 모임에 성령께서 실제로 함께 하지 않으시는 것이 분명하다.

몸이 건강할 때, 생명은 자유로이 흘러나올 것이다. 그러나 생명이 부족할 때, 조직은 필연적으로 있게 마련이다. 중앙 집권화가 나타나는 것은 생명의 부족 때문이며 내부가 병들었다는 징후이다. 조직이 그리스도의 몸 안에서 있을 때, 조직은 실로 개개의 지체들이 견디어 내야 하는 무거운 짐이 된다.

왜 하나님의 말씀에 진리를 기둥이라고 부르는가(딤 3:15)? 이는 기둥은 움직일 수 없는 것이기 때문이다. 하나님께서 자아를 처리하시는 것을 거부하는 사람들은 진리가 무엇인지를 알 수 없다. 이는 그들이 그릇될 때 그들은 진리를 낮추고, 그들이 옳을 때 그들은 진리를 높이기 때문이다. 진리가 우리를 따르도록 강요하는 것은 교회 안에 있는 어둠이 주된 요인이다.

성경을 해석하는 접근 방법에 있어서 개신교와 가톨릭교회 간에 근본적인 차이가 있다. 후자는 하나님의 말씀을 해석할 수 있는 유일한 사람은 로마교황과 교회의 지배층이라고 생각한다. 한편 개신교는 모든 그리스도인들이 하나님의 말씀을 읽고 해석할 수 있다고 믿는다. 그런데도 둘 다 잘못되었다. 이는, 몸 안에서, 주님께서 임명하신 어떤 특정한 지체들만이 그분의 말씀을 올바르게 해석하는 권위를 받았기 때문이다.

우리 시대에, 복음을 설교하는 대부분의 사람들은 지옥으로부터 혼을 구원하는 것에 관심을 갖는다. 그런데도 성경은 지옥으로부터 구원받는 것에 대해서 좀처럼 말씀하지 않는다. 주로, 성경은 세상으로부터 구원받는 것에 대해서 말씀한다. 아마도 이것을 설교하지 않는 이유는 사람들이 그것을 듣기를 원치 않기 때문일 것이다.

복종에 대해서, 성경은 단지 몇 구절만이 우리가 하나님께 직접 복종하는 것에 대해서 언급한다. 대부분의 구절은 현실적으로 우리가 우리 위에 권위를 갖고 있는 사람에게 어떻게 복종을 해야 하는지에 대해서 말씀한다. 아마도 이것은 우리가 하나님께서 우리의 위에 두신 사람들에게 복종하지 않는다면 그리스도인으로서 하나님께 복종하는 것이 불가능하다는 것을 배울 필요가 있기 때문일 것이다(롬 13:1-2).

몸의 지체들 가운데 조화는 순종과 복종을 통해서 배운다. 순종하지 않고 마음대로 하는 사람은 몸의 조화된 부분이 될 수 없다. 이런 결과는 몸이 결핍될 것이다. 이런 이유 때문에, 그리스도인들은 서로 복종하는 법을 배워야만 한다(엡 5:21).

우리 시대에 대부분의 교파 안에, 성숙으로 계속 앞으로 나아가기를 원하는 사람들이 인정하고 폐지해야만 할 하나의 허약한 전통이 있다. 그것은 지도자 제도이다. 바꿔 말하면, 개인이든 단체이든, 섬기는 단체와 섬기지 않는 단체가 있어서는 안 된다. 모든 사람은 섬기는 법을 배워야 하고, 강조점은 배우고 또는 섬기는 것이 아니라, 섬기면서 배워야 한다.

하나님께서는 그리스도의 교회를 초기의(초대 교회-역주) 상태로 회복시키기를 원하신다. 성경 전체에 걸쳐, 하나님께서는 에덴동산에서 처음 시작하여, 그 다음에 성막과 성전 시대에, 그 후 교회를 통해서 우리 시대에 이것을 위하여 끊임없이 역사하시는 것을 볼 수 있다. 하나님의 역사는 거룩한 성, 곧 하나님께서 영원히 거하시는 곳이 등장함으로 절정에 달할 것이다.

어떤 사람은 분주할지 모르지만, 그러나 하나님의 관점에서 보면, 그는 아주 한가한 것처럼 보일 수도 있다. 왜 그런가? 그 사람은 일을 시작하는 것이 하나님을 기쁘시게 한다고 생각하지만, 그렇지 않다. 마치 그는 놀고 있는 것으로 간주되기 때문이다.

성경은 다수의 법칙을 가르치지 않는다. 이것이 주님의 교회 안에 있어서는 안 된다. 그러나 성경은 한 마음과 한 뜻을 품을 것을 가르친다(빌 2:2, KJV). 교회의 근본적인 원칙은 교회의 지체들이 하나로 일치되는 것이다. 만일 이것이 없다면, 우리는 치료와 용서를 구하는 것이 필요하다.

개개의 등불들이 많은 주의를 끌만큼 충분한 빛을 내지 않는다 할지라도, 산위에 세워진 빛들 가운데 있는 도시는 숨겨질 수가 없을 것이다(마 5:14). 마찬가지로 몸이 교제로 연합되고 조화되어 한 끈이 될 때, 몸의 주위에 있는 세상이 주목할 것이다.

그리스도인의 생명의 주요 개념은 다음과 같다. 처음에, 나는 주님의 은혜, 곧 주님의 피로 구원을 받는다. 잠시 후에, 내가 나아갈 때, 나는 세상을 버려야 한다. 얼마 후에, 나는 모든 것을 버리고 주님을 섬겨야 한다. 그럼에도 불구하고 이것은 타락한 교회의 가르침이다. 구원받은 바로 그 첫 날에, 믿는 사람은 죽음을 맞아야 하고, 바로 그 같은 날에, 또한 세상을 버려야 한다.

알아보는 눈이 없는 사람은 볼 수 없는 사람이 아니라 보기를 원치 않는 사람이다.

구원은 우리의 혼을 구원하는 것 이상이다. 구원은 또한 이전 것들로부터 해방되는 것이다.

한 동안은, 로마에 있는 교회의 믿는 사람들은 무서운 박해아래서 죽임을 당했다. 뒤에, 그들은 순교자들이 나타냈던 널리 알려진 엄청나게 큰 영향 때문에 추방당했다. 오늘날 기독교는 그리스도인들이 능력이 없기 때문에 다른 사람들에게 능력이 없다. 초기의 믿는 사람들의 증언은 한편으로는 목격자들을 깜짝 놀라게 했다. 반면에 그들의 증언은 목격자들을 그런 복음으로 끌어 당겼다. 우리의 미적지근함이 우리의 주위에 있는 사람들에게 아주 적은 영향을 미치는 것이 조금이라도 놀라울 것이 있겠는가?

만일 내가 원만한 사람이라면, 완전한 몸이 되어 다른 지체들과 조화될 필요가 없을 것이다. 그런데도, 나는 단지 한 지체이기 때문에, 나는 그러므로 자신이 모든 것을 갖추었다고 생각할 수 없다. 만일 몸 안에 조화가 있으려면, 각 지체들이 단지 전체 몸의 한 부분이 됨으로 으레 따르는 한계를 받아들여만 한다.

교회가 강할 때, 교회는 자발적 가난(Voluntary poverty : 하나님을 섬기기 위하여 가난해짐-역주)의 토대 위에 설 수 있다. 따라서 교회는 거짓 형제들로부터 보호된다. 이는 거짓 형제들은 감히 그들이 가지고 있는 모든 것을 포기하는 희생을 함으로서 교회에 들어가지 않기 때문이다. 결과적으로, 교회는 깨끗하게 유지된다.

주님께 헌금을 드리는데 있어서, 그것은 십의 일조 또는 십의 이조의 문제가 아니다. 그것은 우리가 개인적으로 필요한 것 이상으로 모든 것을 드리는 문제이다. 이 보다 적은 헌신은 어떤 헌신이든 주님의 기준에 못 미친다.

교회 가운데 있는 하나의 문제는 흙으로 만든 그릇 속에 있는 보물(그리스도-역주)을 표명하기보다는, 흙으로 만든 그릇을 아름답게 하려는 것이 우리의 소원이다(고후 4:7 참조).

주님의 구원은 사람들 앞에 그리스도를 표명하는 것, 곧 우리 안에 계신 주님을 그들 앞에 드러내는 것이다. 우리는 흙으로 만든 그릇에 주의를 돌리려고 하는 것이 아니라, 안에 계시는 그리스도께 주의를 돌리려고 해야 한다.

우리가 그리스도를 알면 알수록, 더욱 더 우리의 삶은 단순하게 된다. 사람의 방법은 항상 우리와 우리의 삶을 더 복잡하게 만든다.

사역의 근거는 하나님에 대한 우리의 지식이다. 이 사역이 효과가 있을지 또는 없을지는 우리의 육신의 겉껍질의 깨어짐에 달려 있다.

영적인 성장은 사람의 에너지의 능력을 넘어선다. 주님께서는 우리를 전적으로 무력하고 불가능한 처지에 두신다. 그 결과 주님께서는 우리에게 그분의 방법을 행하실 수 있다. 그 후에 우리는 주님을 의지하는 법을 배우기 때문에, 주님께서는 우리가 무력함과 불가능한 상황을 처리하도록 도우심으로 그분의 자비를 보여 주신다. 반복해서 때려 눕혀지는 이 과정 속에서, 우리는 주님을 아는 것을 배운다. 일정 기간에 걸쳐, 우리의 겉 사람이 이러한 매일의 타격으로 주님에 대한 우리의 지식이 증가할 때, 우리는 주님의 생명이 우리의 생명을 어떻게 대체하는가를 볼 수 있다. 그럼에도 불구하고 그것은 생명을 증가시키는 것이 아니라, 주님의 생명에 대한 우리의 지식을 증가시키는 것이다. 이는 주님의 생명을 우리가 이미 가지고 있기 때문이다!

Secrets to SPIRITUAL POWER

영적능력의
비밀

초판 1쇄 발행	2012. 3. 14.
지은이	워치만 니
편 집	센티넬 컬프
옮긴이	한길환
펴낸이	방주석
편집책임	방미예
디자인	the 사랑
영업책임	곽기태
펴낸곳	베드로서원
주소	(110-740) 서울 종로구 연지동 136-56 기독교연합회관 1309호
전화│팩스	02)333-7316 │ 02)333-7317
이메일	peterhouse@paran.com
홈페이지	www.peterhouse.co.kr
창립일│출판등록	1988년 6월 3일 │ 2010년 1월 18일(제59호)
ISBN	978-89-7419-308-9 03230
책값	뒤표지에 있습니다.

베드로서원은 말씀과 성령 안에서 기도로 시작하며
영혼이 풍요로워지는 책을 만드는 데 힘쓰고 있으며
문서선교사역의 현장에서 세계화의 비전을 넓혀가겠습니다.

나의 힘이신 여호와여 내가 주를 사랑하나이다(시 18:1)